Stephan Richter

Irgendeiner singt hier Lieder

Zwischen Kunst, Kamera und Krankheit: Das bewegte Leben des Rüdiger Wolff

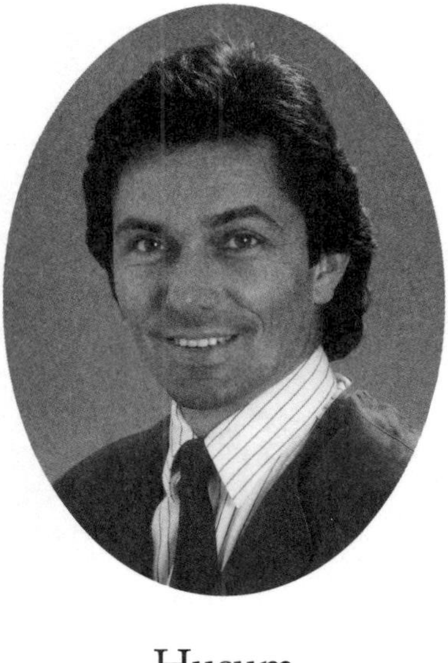

Husum

Umschlagabbildung: Porträt Rüdiger Wolff / Foto: Elke Leuschner

Bibliografische Information der Deutschen Nationalbibliothek

Die Deutsche Nationalbibliothek verzeichnet diese Publikation in der Deutschen Nationalbibliografie; detaillierte bibliografische Daten sind im Internet über http://dnb.dnb.de abrufbar.

Gesamtherstellung: Husum Druck- und Verlagsgesellschaft
Postfach 1480, D-25804 Husum – www.verlagsgruppe.de

ISBN 978-3-96717-081-8

Inhalt

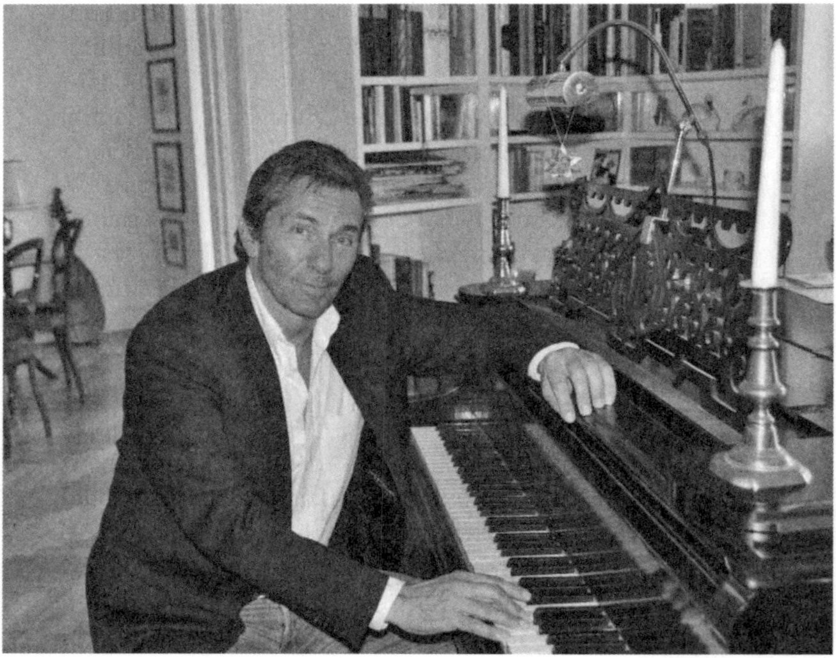

Vorwort

Zugegeben: Bei unserer ersten Begegnung war ich ein wenig irritiert. Ich hatte schon einige Zeit die NDR Talk Show moderiert und war vom Sender gefragt worden, ob ich nicht auch als Co-Moderatorin bei der „Aktuellen Schaubude“ einsteigen wolle. Da gab's nicht viel zu überlegen. Immerhin war die „Schaubude“ die älteste und traditionsreichste Sendung des NDR und das Angebot eine große Ehre. Und mit Rüdiger Wolff, einem erfolgreichen, beliebten und versierten Kollegen an meiner Seite, konnte mir nicht viel passieren.
Und dann kam er mir im Studio entgegen: mit einem strahlenden Lächeln, blendend aussehend und in einem knallroten Jackett! Ganz das Abbild eines Schlagersängers, als der er damals auch bekannt war.
„Uiuiui“, dachte ich mir, „der scheint ja echt nett zu sein, aber ob wir zwei auch zusammenpassen?“ Mein Musikgeschmack waren damals eher die Stones und Typen wie Keith Richards, und ich konnte mir nicht vorstellen, dass wir in Geschmacksfragen einer Meinung sein würden. Weder was Musik noch was rote Jacketts betraf.
Ich sollte noch reichlich Gelegenheit haben, meine Vorurteile über Bord zu werfen.
Rüdiger entpuppte sich als großartiger, loyaler Kollege, der mich immer unterstützte und mir half, mich in der Redaktion zurechtzufinden, wo ich als „die Münchnerin“ nicht von allen vorbehaltlos akzeptiert wurde. Wir haben richtig gut harmoniert. Jeder hat dem anderen seinen Platz gelassen und gegönnt, was bei Moderatorenpaaren nicht immer so ist. Und, Überraschung: Der Mann hatte auch noch Humor! Es war ein Vergnügen, mit ihm zu arbeiten – ein Geschenk.
Nach der Sendung luden er und seine Frau mich oft noch „auf einen Absacker“ zu sich nach Hause ein, und ich staunte nicht schlecht, als ich das erste Mal dort war.
Es war das Zuhause eines zweifellos feinsinnigen Menschen

mit einer großen Literatur- und Kunstbibliothek und mit außergewöhnlichen Bildern an den Wänden, allesamt Werke des 20. Jahrhunderts. Da wusste einer, was er sammelt – das war für mich als Kunsthistorikerin unübersehbar. Der Rotwein war erlesen, die Gespräche geistreich und inspirierend. Donnerwetter – da hatte mich mein erster Eindruck ja gründlich getäuscht!

Langsam und unaufdringlich entwickelte sich Freundschaft zwischen uns, die nach unserem Ende als „Schaubuden-Paar" zwar nicht aufhörte, aber doch etwas von ihrer Kontinuität einbüßte. Wir telefonierten zwar immer wieder zwischen Hamburg und München hin und her, aber am Ende hatte jeder doch wieder neue Projekte, neue Sendungen ... wie das eben so ist.

An einem dunklen Herbstabend im November, ich weiß es noch genau, wählte ich nach längerer Zeit mal wieder Rüdigers Nummer. Er war niedergeschlagen, wie ich ihn noch nie erlebt hatte, und eröffnete mir, dass er sehr krank sei. Von „Dreschflegelarm-Syndrom" war da die Rede, von einer noch nicht wirklich diagnostizierten Erkrankung, die die Nerven und Muskeln attackiere. Ich war fassungslos und in mir wurde es ganz still. Das hörte sich nicht gut an.

Rüdiger berichtete von Nackenschlägen, die er in den letzten Jahren erlebt hatte und die am Ausbruch dieser mysteriösen Symptome wahrscheinlich nicht unbeteiligt waren.

Vieles davon lässt sich auf den Seiten dieses Buches nachlesen. Die Chronologie einer Erkrankung, die schließlich als ALS diagnostiziert wurde.

Damals wusste man noch so gut wie nichts darüber, auch die Ärzte stocherten mehr oder weniger im Nebel. Was man aber sicher weiß: ALS kann einen Menschen nicht nur physisch, sondern auch psychisch zu Boden zwingen.

Aber da hat diese tückische Krankheit ihre Rechnung ohne meinen Freund Rüdiger gemacht.

Mit geradezu übermenschlicher Kraft und Willensstärke bietet er seinem Schicksal jeden Tag die Stirn. Trotz großer

Schmerzen und Einschränkungen hat er in den letzten Jahren ganz wunderbare Vertonungen von Gedichten Kästners und Tucholskys geschaffen und von der fast vergessenen Naturlyrik Wilhelm Buschs. Diese hoch gelobten CDs haben ihm endlich die Anerkennung gebracht, die er schon so lange verdient hat: die Anerkennung als sensibler Künstler, der er eigentlich ist.

Seit jenem dunklen Novemberabend vor einigen Jahren besuche ich ihn in Hamburg, wann immer ich kann, und wir telefonieren fast jede Woche. So gut wie nie höre ich von ihm ein Wort der Klage. Stattdessen erstaunt und beeindruckt er mich gleichermaßen mit seiner Lebensklugheit, seiner umfassenden Bildung und seinem scheinbar unbesiegbaren Optimismus. Zum Beispiel, wenn er mir erzählt, welches Glück er beim Anblick seiner Bilder empfindet, die inzwischen zu einer hochkarätigen Sammlung geworden sind. Oder wenn er mich an seiner Freude über eine kleine gelbe Blüte auf seiner Loggia teilhaben lässt.

„Wenn ich nicht so krank wäre – ich würde übermütig werden vor Glück. So gut geht es mir doch eigentlich" – sagt einer, der ertragen muss, woran andere schon längst zerbrochen wären.

Rüdiger, Du bist nicht nur für mich ein großes Vorbild. Du bist ein Leuchtturm, ein durch und durch feiner Mensch und ein echter Künstler. Und endlich können das alle sehen, wozu hoffentlich auch dieses Buch beiträgt. Meine Hochachtung und meine Freundschaft hast Du für immer und ewig. Selbst dann, wenn Du mal wieder ein knallrotes Jackett tragen solltest!

Sabine Sauer

Sabine Sauer ist dem Fernsehpublikum durch unzählige Moderationen von der Vorentscheidung des Eurovision Song Contest bis zur Kino-Hitparade des ZDF und der NDR Talk Show bundesweit bekannt. Von 1995 bis 1997 präsentierte sie gemeinsam mit Rüdiger Wolff die „Aktuelle Schaubude".

Vorneweg

Niemand wird als Künstler geboren. Rüdiger Wolffs Leben als Sänger, Schauspieler und Komponist zeigt: Der Weg zur Kunst ist ein Prozess. Und Ruhm und Popularität, die der Künstler zugleich als Fernsehmoderator erlangte, sind nur der schöne Schein der Karriereleiter. Er suchte das Rampenlicht, um sich in seinem Inneren zurechtzufinden.

Die letzte große Prüfung, die Erkrankung des motorischen Nervensystems, hat sein Durchhaltevermögen nicht gebrochen. Im Gegenteil. Die heimtückische Krankheit ALS schärfte seinen Blick für das, was ihm als Künstler und Mensch wichtig ist, was zählt.

Rüdiger Wolffs Biografie zeigt die Gratwanderung zwischen künstlerischem Anspruch einerseits und den Vermarktungsgesetzen der Unterhaltungsindustrie und der Kunst- und Kulturszene auf der anderen Seite. Sie verrät Höhen und Tiefen, sie erzählt vom Wunsch nach Selbstfindung und Selbstverwirklichung, sie berichtet von den Gesetzen des Unterhaltungsmarktes, von Fremdbestimmung und von Selbstinszenierung.

Bis zur Diagnose ALS.

Erste Anzeichen der Krankheit gab es während eines Konzertauftritts. Rüdiger Wolff war 59. Plötzlich wurde ihm das Mikrofon zu schwer; die Kraft in Arm und Hand versagte. Aufgeben war für ihn jedoch keine Option. Solange es ging, spielte er weiter Klavier, sang auf Bühnen, wenn ein Mikrofonständer aufgestellt war, so dass er das Mikrofon nicht halten musste. Und er nahm im Studio auch dann noch CDs auf, als Konzertauftritte nicht mehr möglich waren. „Das Wissen um die Krankheit hat mein Leben intensiver, wertvoller und bewusster gemacht", sagt er.

Als Moderator und Entertainer hatte Wolff vom Start der privaten Radio- und Fernsehsender profitiert, die in den 1980er Jahren frischen Wind in den erstarrten deutschen Rundfunkmarkt brachten. Hier startete neben seinem Weg als Sänger und Schauspieler seine Medienkarriere. Er war unverbraucht und kreativ und die neue Konkurrenz von ARD und ZDF noch innovativ. Als der NDR ihn schließlich von Sat.1 abwarb und zum Gesicht der Kultsendung „Aktuelle Schaubude“ machte, wurde er zu einem der bekanntesten und beliebtesten Moderatoren im Norden.

Doch schon am Anfang aller Erfolge standen Kompromisse. Noch Student, stürmte er als Schlagersänger mit eigenen Liedern die Hitparaden. Zuvor hatte er seinen Nachnamen ändern müssen, weil dieser aus Sicht der Schallplattenfirma nicht vermarktbar war. Der väterliche Familienname führte bei so vielen, die bei Kriegsende 1945 aus dem Osten vertrieben worden waren, zu Spott und Demütigung. Aus Rüdiger Pollack wurde Rüdiger Wolff.

Die Grenzen zwischen Schein und Sein verschwammen.

Als Schauspieler verschonten ihn die unterschiedlichen Rollen am Theater und auf Musicalbühnen noch eine Zeit lang davor, dass ihm das Image des Schönlings angeheftet wurde. Im Musikgeschäft galt er dagegen bald als eher seichter Schlagersänger. Gutaussehend gewiss, aber das wurde gleichgesetzt mit trivial. Und als Moderator war er manchem Programmgewaltigen beim öffentlich-rechtlichen Rundfunk mit seiner freundlichen, verbindlichen Art schließlich zu angepasst.

So blieb Rüdiger Wolffs Leben zwischen künstlerischem Anspruch und öffentlicher Vermarktung von einem zähen Suchen nach dem richtigen Weg geprägt. Er stellte sich den Herausforderungen – und manchmal verstellte er sich auch. „Vielleicht“, sagt er heute, „habe ich hier und da zu viele Zugeständnisse gemacht“.

Sein Talent fiel schon in jungen Jahren auf. Nicht nur in der Musik, wo ihm der Großvater – ein bekannter Kirchenmusiker – schon als Kind die Kompositionslehre nahebrachte. Er liebte zugleich das Schauspiel. Voller Begeisterung schlüpfte er an häuslichen Spielabenden in fremde Rollen, sprang in

bunte Kostüme, träumte von wunderbaren Verwandlungen jener Figuren, die seine Großmutter kreierte. Sie schrieb die Sketche zu den spaßigen Aufführungen im familiären Kreis.
Rasch bildete sich eine kleine Persönlichkeit, strebend nach Höherem. Rüdiger Wolff merkte schon als Kind, dass er das Publikum in den Bann zu ziehen vermochte. Und er war fasziniert von der Kraft, die ihm zuwuchs, wenn er nur hinaustrat auf die Bühne. Wenn alle Augen auf ihn gerichtet waren, war er stark – und nicht mehr allein. Dass dieser Kick auch Verführung sein kann, weil er sich am Ende um des populären Zaubers willen der Publikumsgunst willig anpasst, wurde ihm erst nach und nach bewusst. Die Maschinerie des Showgeschäfts und des Entertainments nahm Besitz von ihm. Zum Innehalten blieb kaum noch Zeit.
Wie bei vielen Künstlerkarrieren hatte auch Rüdiger Wolff sein Damaskus-Erlebnis. Mit seiner Mutter saß er im Flensburger Theater. Eigentlich sollte auch er auf der Bühne stehen. Doch es war anders gekommen; er durfte nur zusehen. Und litt. Er musste Schauspieler werden, sehnte sich nach Ruhm und Anerkennung. Nebenbei würde er seinem kritischen Vater beweisen, dass ein Künstlerleben nicht zwangsläufig brotlos sein müsse.
Nur raus aus dem bürgerlichen Milieu.
Sein schauspielerisches Talent, sein musikalisches Können und nicht zuletzt sein attraktives Äußeres machten ihn schnell zum gefragten Darsteller. Er ließ sich trotz des Einspruchs seiner Eltern, die ihm einen Beruf als Lehrer mit gesicherter Beamtenpension abverlangen wollten, professionell ausbilden.
Parallel dazu studierte er Literaturwissenschaft – den Eltern zuliebe. Er wollte es, wie so oft, allen recht machen – sich selbst, seiner Familie, dem Publikum. Auf Hunderten von Fotos aus seiner Zeit auf Bühnen, vor Kameras und Mikrofonen sieht man ihn stets freundlich lächeln. Spielte er in Fernsehfilmen die Rolle eines Fieslings, war man befremdet und irritiert. Er hatte als „Traum aller Schwiegermütter“ stets der Nette zu sein.

Als Kind und Gymnasiast blieb Rüdiger Wolff eher ein Einzelgänger. Er wollte sich nicht einfügen in den Mainstream jener Zeit, die vom Aufbruch der Rock- und Popmusik und vom Aufbegehren der 68er-Generation geprägt war. Er zog sich in seine Phantasiewelt zurück. Nach dem Abitur musste er sich dann anpassen, um bestehen zu können.
Die Fernsehkarriere bescherte ihm viele Begegnungen mit großen Künstlern und Prominenten aus dem Showgeschäft, aus Politik, Kultur und Gesellschaft. Erlebnisse und Erinnerungen, die ihn dankbar machen. Die Popularität verschaffte ihm, dem Freischaffenden, zudem immer mehr lukrative Aufträge. Damit ließ es sich leben.
So verdiente er im Gegensatz zur Sorge seiner Eltern, dass er mit seinen Ambitionen nie eine Familie ernähren könne, gut. Doch die Aufträge wurden zum Hamsterrad und die Ansprüche immer größer.
Das Glück, das er durch die Heirat und durch die spätere Geburt seiner Tochter empfand, mit der er als Gesangsduo Erfolge feierte, trug ihn immer weiter. Die Familie, das große Zuhause in der Dorotheenstraße in Hamburg-Winterhude fingen ihn immer wieder auf, sorgten für ein Gefühl der Geborgenheit. Seine Ehefrau war angesehene Ärztin, die Tochter in Schule, Studium und im Beruf erfolgreich – was wollte er mehr?
Es kam anders.
Niemand weiß, was zum Ausbruch seiner Krankheit geführt hat. Waren es die Schicksalsschläge? Ruhm und Honorare hatten ihm ein paradiesisches Feriendomizil direkt an der Flensburger Förde ermöglicht. Hier empfand er so etwas wie Heimat, fühlte sich „geerdet“. Doch der Untergrund der Steilküste gab nach, zerstörte das Idyll. So wie die 26-jährige Ehe ein jähes Ende fand. Die Unterströme des Lebens waren zu lange übersehen, verdrängt, überspielt worden.
Aus heiterem Himmel kam für den beliebten Moderator auch noch das Aus beim Norddeutschen Rundfunk. Dass dies nichts mit seiner Leistung, nichts mit seiner Beliebtheit zu tun

hatte und auch nicht mit dem Erfolg seiner Sendungen, sondern allein aus formalen Gründen erfolgte, kränkte ihn zutiefst. Er hatte sich den Medien und den Gesetzen des Showbusiness angepasst. Der Sender dagegen ließ ihn fallen wie eine heiße Kartoffel, weil es die Moderatorenverträge des NDR so vorschrieben.

Doch standen nicht Kunst und Kreativität schon in Kindertagen im Mittelpunkt seines Lebens? Beflügelten sie ihn nicht jeden Tag, wenn er in dem von ihm gegründeten Kinder-Zirkus „Nordstern“ auftrat, wenn er am Klavier Lieder von Schubert ebenso spielte wie Songs von den Beatles? Wenn er allein vor der vollen St. Michael-Kirche in Flensburg sang? So häutete sich der Künstler erneut, fand im Hamburger Ohnsorg-Theater zurück zum Schauspiel und begann schließlich literarische Texte von Wilhelm Busch und Erich Kästner, von Theodor Storm bis Kurt Tucholsky zu vertonen. Zeitlose Gedichte, voller Aktualität – und dank seiner Kompositionen zu neuem Leben erwacht.

Jetzt gab es keine Flucht mehr. Die heimtückische Krankheit ALS hatte ihm kompromisslos Grenzen aufgezeigt. Er nahm sie als Chance. Ja, er haderte mit dem Schicksal. Aber er fand seinen Weg. „Das Leben hat es eigentlich immer gut mit mir gemeint“, sagt er im Rückblick. Trotz der Krankheit.

Welche Faktoren die seit 1873 unter dem Namen „Amyotrophe Lateralsklerose“ – kurz ALS – bekannte Krankheit auslösen, ist bis heute unerforscht. Nur in seltenen Fällen wird ein genetischer Grund vermutet. Vielmehr konnten in den betroffenen Nervenzellen schädliche Eiweiß-Ablagerungen nachgewiesen werden, die zum Funktionsverlust der Motoneurone führen.

In Deutschland leben rund 8000 Menschen mit ALS. Die Erkrankung wird jährlich bei etwa 2000 Patienten neu diagnostiziert. Die unheilbare Krankheit tritt am häufigsten bei Menschen zwischen dem 50. und 70. Lebensjahr auf, wobei Männer deutlich häufiger betroffen sind als Frauen. ALS-Patienten werden zwar als Folge der neurologischen Erkrankung

von Muskelschwund bis hin zur vollständigen Lähmung des Körpers heimgesucht, sie bleiben aber geistig im Vollbesitz ihrer Kräfte. Sinneswahrnehmungen wie Sehen, Hören, Schmecken, Riechen oder der Tastsinn sind ebenfalls nicht von der Neurodegeneration betroffen.
Höchst unterschiedlich ist die Lebenserwartung mit ALS. Die durchschnittliche Lebenserwartung nach einer entsprechenden Diagnose liegt bei drei bis fünf Jahren. Doch der Astrophysiker Stephen Hawking als einst wohl bekanntester ALS-Erkrankter wurde 76 Jahre alt, obwohl er bereits mit 21 Jahren mit dem Befund konfrontiert wurde.
Die Erkrankung zwang Rüdiger Wolff, auch das Klavierspiel aufzugeben. Hände und Arme machen nicht mehr mit; er sitzt im Rollstuhl. Seine Lyrik-Vertonungen bleiben. Sie entstanden nach Ausbruch der Krankheit, sind auf vier CDs mit ihm als Sänger festgehalten und strahlen Tiefsinn, Trost und sogar Lebensfreude aus. Es sind Botschaften, wie sie nur die Kunst zu geben vermag.
Keiner weiß das besser als Rüdiger Wolff selbst. Er hat stets aus der Musik, aus der Literatur und aus der großen, einmaligen Grafiksammlung Kraft geschöpft, die er im Laufe mehrerer Jahrzehnte systematisch aufgebaut hat. Es sind vor allem Werke von Malern der „Brücke“, voran Erich Heckel.
Auch Rüdiger Wolff war Brückenbauer – als Schlagersänger, als Schauspieler, als Komponist und Moderator. Und er ist es jetzt noch. Als Mensch, der zeigt, dass eine schwere Erkrankung nicht das Ende bedeuten muss, sondern der Anfang von etwas Neuem sein kann.
Davon erzählt diese Biografie. Die hier beschriebenen Lebensstationen geben die Gespräche vieler Stunden wieder, in denen Rüdiger Wolff seine Karriere Revue passieren ließ und hinter die Fassade des Fernsehens und des Theaters blicken lässt – und auch in sein Innerstes.

An der Steilküste

Schwanholm. Wer dieses Fleckchen Erde an der Steilküste der Flensburger Förde finden will, sollte nach Schwänen Ausschau halten. Bei ruhiger See halten sie sich gern vor dem kleinen idyllischen Strand auf. Große Granitsteine ragen aus dem Wasser. Der Ufersaum ist flach und steinig und zieht sich, bevor die Förde in die Tiefe fällt: Ausschürfungen einer Gletscherzunge aus der Weichsel-Kaltzeit vor mehr als 11 600 Jahren, als sich ein großer Eisschild von Skandinavien bis an die schleswig-holsteinische Ostküste erstreckte.
Kaum einen Kilometer westlich von hier liegen scheinbar unverrückbar zwei Findlinge, die in die Kunstgeschichte eingegangen sind. In Erich Heckels berühmtem Bild „Gläserner Tag“ geben sie dem Auge Halt angesichts des Lichtspiels, das sich im Wasser bricht und die Wolken spiegelt.
Seine Sehnsucht nach einem Ort jenseits von Bühnen, Kameras und Mikrofonen, nach einem Ort, an dem er herausfinden konnte aus all‘ den Rollenspielen auf Theaterbühnen und vor Fernsehkameras, stillte Rüdiger Wolff in diesem abgeschiedenen Idyll. Der Aufstieg war mit vielen Zugeständnissen verbunden; in Schwanholm wollte er „endlich ich selbst“ sein.
Als Kind war es umgekehrt. Er schlüpfte gern in Rollen, liebte es, wenn Großmutter Huth mit ihm und der ganzen Familie Spiele spielte, bei denen er sich verkleiden und eine andere Person sein durfte. „Je weiter die Rolle weg von mir war, desto schöner“, erinnert sich Rüdiger Wolff. Diese Zerrissenheit, die Flucht vor und die Suche nach sich selbst, begleitete ihn ein Leben lang. Der Schein des gutaussehenden „Sonnyboys“, von der Boulevardpresse als „Traum aller Schwiegermütter“ gefeiert, trog. Wenn er durch die Straßen ging, erkannten ihn viele. Aber wer kannte ihn wirklich?
Schwanholm sollte Halt geben – wie jene großen Granitsteine in Heckels Bild. Ständig hatte Wolff Makler gelöchert, ob sie

nicht in der Nähe der Stadt Flensburg, in der er groß geworden war, ein Grundstück an der Förde für ihn hätten.
Dann, 1991, der Anruf. Es gäbe da etwas in Dollerupholz, 16 Straßenkilometer von Flensburg und gut 500 Meter Luftlinie von jenem Haus entfernt, in dem der große deutsche Expressionist Erich Heckel viele Sommer- und Herbstmonate verbracht hatte. 1913 entstand hier der „Gläserne Tag". Der Name der 1905 von Heckel mitbegründeten Künstlergruppe „Brücke" mag aus Nietzsches Zarathustra abgeleitet sein, wo es heißt:
„Was groß ist am Menschen, das ist, dass er eine Brücke und kein Zweck ist: geliebt werden kann am Menschen, das ist, dass er ein Übergang und kein Untergang ist."
Was für die „Brücke"-Künstler zu Beginn des neuen Jahrhunderts die Überwindung alter Konventionen in der Malerei, war für Rüdiger Wolff die Befreiung aus den Zwängen des Showgeschäfts und Entertainments. Schwanholm war Übergang, kein Untergang, auch wenn das Ende jener unbeschwerten Tage an der Steilküste tiefe Spuren in seinem Leben hinterlassen hat. Ein Trauma.
8000 Quadratmeter Grundstück zeigte ihm der Makler. Er war sofort von seinem Haus in Hamburg aufgebrochen, um sich das verlockende Angebot anzuschauen.
„Grundstücke und Häuser direkt an der Förde zu haben, können sich nur Reiche leisten." Diese Worte seiner Mutter hatte Rüdiger Wolff noch aus Kindertagen im Ohr. Wie sehr sehnte sie sich nach dem Blick aufs Wasser der schmalen Meeresbucht! Nun wollte der Sohn, der es als Sänger in die Hitparaden, als Theaterschauspieler in Paraderollen und als Moderator in Radio und Fernsehen zu großer Popularität gebracht hatte, ihren Traum in Erfüllung gehen lassen. Es war auch sein Traum.
Der Weg von Dollerupholz ans Wasser führt über eine schmale, asphaltierte Straße. Einige hundert Meter vor der Steilküste zweigt ein unbefestigter Weg ab in den Wald. Eine Biegung noch, dann schimmert die Förde durch. Sie liegt dem

Besucher zu Füßen; eine vielstufige Treppe führt hinunter an den schmalen Strand, dessen feinkörniger Sand mit Steinen übersät ist. Daneben ein Bootshaus, hinter dem sich das Grundmoränenkliff gut zehn Meter in die Höhe zieht.
Doch bevor der Weg hinabgeht, rücken zwei Häuser zur Linken ins Blickfeld. Neben dem Wäldchen tut sich eine Lichtung auf. Hier stehen eine Fischerkate, daneben das kleinere Haus, in dem zu Zeiten, als die Fanggründe in der Ostsee noch genug hergaben, Netze getrocknet wurden.
„Ich war sofort in dieses Paradies verliebt. Es sollte mein Ein und Alles werden", erinnert sich Rüdiger Wolff. Es wurde auch sein Waterloo.
Der Kaufvertrag wurde unterschrieben, und Rüdiger Wolff, seine Frau Dörten und Tochter Katharina gaben ihrem Wochenend- und Feriendomizil den Namen, nachdem sie die Schwäne auf der Förde vor dem Grundstück beobachtet hatten. Schwanholm. Hier traf sich die Familie mit den Eltern beider Seiten, hier konnte sich der Moderator, den ein großes Fernsehpublikum nur als stets freundlich lächelnden Entertainer in edlem Outfit kannte, zurückziehen und ausleben. „Holm" steht im Norddeutschen für „kleine Insel". Als er mal wieder in Arbeitskleidung an den Holzhäusern herumwerkelte, kam der benachbarte Landwirt Petersen vorbei und meinte trocken: „In Tüch as bi de Fernsehen gefallst du mi beter."
Und Rüdiger Wolff wollte als Künstler gefallen! In Hauptrollen in Theaterstücken, als Schlagersänger im Popmusikgeschäft, als Komponist und Texter, als Interpret von Gedichten Kurt Tucholskys, Erich Kästners oder Wilhelm Buschs, die er großartig vertonte. Er liebte die große Bühne und das Rampenlicht vielleicht auch deshalb, weil er einer inneren Einsamkeit und Verzweiflung entfliehen wollte. Auch als Moderator in Radio und Fernsehen, so sagt er, habe er immer nur eine Rolle gespielt, „weit weg von meiner Identität".
Fast wäre er daran zerbrochen. Doch dann fand er seinen Weg. „Vielleicht ist mir erst durch die Krankheit mit 60 Jah-

ren klar geworden: Das bist du", sagt er heute. Die Diagnose ließ ihm keine Wahl; die Show war zu Ende. Kompromisslos begann er das zu machen, was ihn ganz erfüllte: lyrische Perlen einzubetten in Chanson-Melodien. Daran konnte ihn auch die heimtückische Krankheit ALS nicht hindern.

In Deutschland leben etwa 8000 Menschen mit der Diagnose „Amyotrophe Lateralsklerose", jährlich sterben rund 2000 von ihnen. Welche Faktoren genau dazu führen, ist bislang unerforscht. Nur in seltenen Fällen ist ein genetischer Grund Auslöser der Krankheit. Am häufigsten tritt sie bei Menschen von 55 bis 75 Jahren auf. Bei Rüdiger Wolff begannen die Anzeichen, als er 59 war.

Die glanzvollen Auftritte in Stücken wie Berthold Brechts „Herr Puntilla und sein Knecht Matti" oder in der Wagner-Oper „Der fliegende Holländer" musste er zwar einstellen, das Engagement am Hamburger Ohnsorg-Theater beenden. Aber als Komponist und Sänger machte er noch weiter. 2018 erschien sein letztes Album, eine Hommage an Wilhelm Busch. 15 Texte des humoristischen Dichters sind darauf kongenial vertont. Chansons von großer Tiefe und Empfindsamkeit, mal nachdenklich und melancholisch, mal ironisch und heiter. Aber nie depressiv. „Mit einer Hand bekomme ich das am Klavier noch hin", meinte Wolf bei der Vorstellung des Albums. Im Übrigen gebe es „viele Schicksale, die schlimmer sind, und Menschen, die weniger Hilfe bekommen als ich".

Seinen Lebensmut hat er bis heute nicht verloren. Im Gegenteil. Jetzt spielt er nicht länger das, was er auf der Bühne und vor der Kamera zu oft für die Rolle seines Lebens hielt. Jetzt spielt das Leben seine Rolle. Er lebt sie – mit großen Schmerzen zwar, aber unverstellt. „Ich habe zu mir selbst gefunden", sagt er. Mit seiner großen Grafiksammlung, die er über Jahrzehnte aufbaute und zu der viele Werke Erich Heckels gehören, mit dem er die Freude an der Steilküste der Flensburger Förde teilte, ist er in seiner Hamburger Wohnung in der Hafencity bei sich angekommen.

Schwanholm, so sagte Tochter Katharina in jungen Jahren

einmal zum Vater, sei „ein Schlossgarten ohne Schloss" gewesen. Das Schloss waren Rüdiger Wolffs Lieder, die Musik, die Schauspielerei, das Entertainment. Ein Gebäude aus Kunst und Illusion, das das künstlerische Multitalent selber erschuf.
Von dem Grundstück an der Steilküste geht der Blick über die Flensburger Förde hinüber nach Dänemark. Rüdiger Wolff blieb ein Wanderer zwischen den Welten. Als Künstler ließ er Grenzen verschwimmen, als Moderator versuchte er Brücken zu bauen. Viele mochten seine verbindliche, höfliche Art, durch Programme zu führen und in Talkshows Gespräche zu moderieren. Kritiker meinten dagegen, er hake zu wenig nach, frage zu lasch, sei zu „glatt" und zu freundlich.
Erst als er sich als Chansonier einen Namen machte, schieden sich die Geister nicht mehr. Seine Lyrikvertonungen weisen über den Horizont hinaus. „Für mich haben diese Lieder eine klare Botschaft: für mehr Gemeinsamkeit, Zusammenarbeit, Kommunikation und Demokratie, gegen Vereinsamung, Entfremdung, Gier und Krieg", sagt er.
Von der fortschreitenden, neurologisch bedingten Nervenlähmung lässt er sich nicht unterkriegen. Die Krankheit nahm ihm die Kraft, Konzerte zu geben und Theater zu spielen. Aber so wie die Grafiken an den Wänden seiner Wohnung ihm täglich Mut machen und zeigen, was Kunst vermag, so hat er als Schauspieler die Bühnen bereichert, bleiben seine mehr als 30 Singles und die zahlreichen Alben ein kleines Stück Geschichte der deutschen Popmusik, bewegte er als Sänger in gut 100 TV-Shows und als Moderator in unzähligen Fernsehsendungen ein Millionenpublikum. Mehr als 300 Konzerte gab er in den letzten 14 Jahren, bevor ihn die Krankheit zur Aufgabe zwang.
Vielleicht war das untergegangene Refugium an der Steilküste der Flensburger Förde vor allem deshalb ein Sehnsuchtsort, weil es den Blick in die unendliche Ferne ermöglichte, wo Grenzen verschwimmen. Schwanholm lehrte ihn zugleich, wie in der Tiefe Dinge in Bewegung sind, während die Welt darüber in Ordnung scheint.

In seiner Hamburger Wohnung blickt Rüdiger Wolff heute nicht mehr über die Flensburger Förde gen Norden, sondern auf den Hafen. Fast zum Greifen liegt vor seinem Balkon das kleine Kreuzfahrt-Terminal. Er schaut gern zum Wasser und lässt sich von der heimtückischen Krankheit nicht unterkriegen, auch wenn sie ihn in den Rollstuhl zwingt. „Ich bin ja nicht der Einzige“, sagt er. Er klagt nicht. Den Astrophysiker Stephen Hawking ereilte ALS, der Maler Jörg Immendorff litt an ihr.

Das Schicksal hat Rüdiger Wolff nicht gebrochen. Unsterblich seine Vertonung des Wilhelm-Busch-Gedichtes „Auf Wiedersehen“. Man muss es hören.

„Ich schnürte meinen Ranzen
Und kam zu einer Stadt
Allwo es mir im Ganzen
Recht gut gefallen hat.

Nur eines macht beklommen,
So freundlich sonst der Ort,
Wer heute angekommen,
Geht morgen wieder fort.

Bekränzt mit Trauerweiden,
Vorüber zieht der Fluß,
Den jeder beim Verscheiden
Zuletzt passieren muss.

Wohl dem, der ohne Grauen,
In Liebe treu bewährt,
Zu jenen dunklen Auen,
Getrost hinüberfährt.

Zwei Blinde, müd vom Wandern.
Sah ich am Ufer stehn,
Der eine sprach zum andern
Leb wohl, auf Wiedersehn.“

Das Lied gehört zu den eindrucksvollen Aufnahmen der CD „Sündhaft blau“. Rüdiger Wolff hat sie seinen Eltern Annechristel und Wilfried Pollack gewidmet. Sein Vater, der anfangs nichts von den künstlerischen Ambitionen seines Sohnes wissen wollte, war in den letzten Lebensjahrzehnten vor seinem Tod stolz auf dessen Weg. „Er erkannte letztlich, dass ich diesen Weg gehen musste, um zu mir selbst zu finden“, sagt sein Sohn heute.

Die betagte Mutter Annechristel begleitete Rüdiger Wolff, als die Krankheit ihren Sohn schon gezeichnet hatte, ins Studio und half ihm, mit den Handicaps zurechtzukommen. Sie bestärkte ihn, nicht aufzugeben.

Drei Knaben, die keine waren

Es hätte anders kommen können. Doch dann waren da anstelle des Knabenchores drei opulente Frauen im fortgeschrittenen Alter. Rüdiger Wolff fand: Das geht gar nicht! Er war empört, fühlte sich herausgefordert.
Er glaubte zu wissen, wie es geht. Da waren schließlich die häuslichen Aufführungen von Sketchen, die seine Oma schrieb und die im Familienkreis zur Freude aller in ihrem großen Wohnzimmer in Glückstadt aufgeführt wurden. Wie wurde da an den Kostümen und der richtigen Besetzung gefeilt! Er liebte die Inszenierungen, konnte nicht genug davon haben. Ella Huth, die nicht nur Autorin, sondern auch Regisseurin der kleinen Stücke war, prophezeite ihrem Enkel damals: „Du wirst mal ein ganz Großer." Sie sah seine Lust am Verkleiden, seine Freude am Schauspiel, wenn sich die schwere hölzerne Schiebetür öffnete, die den Raum teilte und hinter der sich die Bühne befand.
Rüdiger Wolff wollte vorne stehen, nicht Zuschauer sein. Und er spürte, dass er Menschen in den Bann ziehen konnte, was ihm später als Sänger und Schauspieler und als Moderator vor der Fernsehkamera zu großer Popularität verhelfen sollte. Als sich andere Jungen in seinem Alter Anfang der 1960er Jahre vor allem für Fußball interessierten, hörte er mit seinem Großvater klassische Musik, spielte Klavier und sang nach Herzenslust. Kein Besuch, keine Familienfeier, ohne dass es hieß: „Rüdiger, sing uns etwas vor."
Jetzt also saß er als Zwölfjähriger mit seiner Mutter in der vierten Reihe des Flensburger Städtischen Theaters. 1965. Premiere „Die Zauberflöte". Eigentlich hätte er mitspielen sollen. Wie hatten nicht alle von seiner Sopranstimme geschwärmt, als er vier Jahre zuvor kurz vor Weihnachten in der vollen St. Michael-Kirche am Ochsenmarkt durch die Reihen geschritten war und voller Inbrunst „Ich steh an Deiner Krippen hier" gesungen hatte. Ein Solopart, der Erstaunen und

Bewunderung auslöste. „Der Junge muss zur Bühne", bedrängten begeisterte Kirchenbesucher seine Eltern. Schon in der Spielschar der Gemeinde war er aufgefallen, weil er notensicher singen konnte.
Rüdiger Wolff genoss die Aufmerksamkeit und Anerkennung vor fremdem Publikum und erinnert sich, bereits damals eine besondere Erfahrung gemacht zu haben. Ja, ihn plagte vor seinem Auftritt Lampenfieber. So wie später immer wieder, wenn er auf die Bühne oder vor Kameras trat. Doch kaum stand er im Rampenlicht, flog ihm jedes Wort, jeder Ton, jede Bewegung „wie im Traum" zu. Er musste nur hinaustreten und in eine andere Identität schlüpfen. Dann verspürte er plötzlich Sicherheit und sogar „inneres Glück". Erst viel später sollte ihm bewusst werden, wie leicht derjenige, der in eine Rolle schlüpft, abgestempelt werden kann. Kritiker und das Publikum steckten ihn in Schubladen; er wurde in der Welt der Schlagermusik, des Entertainments und des Fernsehens zum Gefangenen eines Showbetriebs, der seine eigenen Regeln hat.
Doch noch waren Strahlkraft und Verführung des Rampenlichts größer. Jetzt – nach seinem ersten Auftritt in St. Michael – saß er im dunklen Zuschauerraum des Flensburger Theaters und nicht in jener Gondel, die in der „Zauberflöten"-Inszenierung langsam vom Schnürboden nach unten gelassen wurde. Das Knaben-Terzett in Mozarts großer Oper war an der Reihe. Drinnen in der Gondel standen nicht Rüdiger und zwei Mitstreiter und sangen, wie er es sich so gewünscht hatte. Alle Augen richteten sich vielmehr auf die drei Mitglieder des professionellen Theaterchors, die den Part anstelle der ursprünglich vorgesehenen Jungen übernommen hatten.
„Bald prangt, den Morgen zu verkünden, die Sonn auf goldener Bahn", lauschte Rüdiger den für seinen Geschmack „viel zu alten und zu dicken Frauen" und hätte heulen mögen. Drei Knaben seien es doch, die in der „Zauberflöte" verhindern, dass sich Pamina das Leben nimmt, weil sie ihre Liebe zu Ta-

mino nicht erwidert glaubt. Keine drei Frauen! Er wäre der Richtige gewesen.

Die Enttäuschung über die weibliche Rollenbesetzung der Knabenstimmen saß tief – und hatte eine Vorgeschichte. Eines Tages war eine Bekannte der Familie, die von seiner Stimme begeistert war, auf Rüdiger Wolff und seine Eltern zugegangen. Die Städtischen Bühnen suchten für eine Inszenierung Knabenstimmen. Ob er nicht einmal im Theater vorsingen wolle? Er tat es – und wurde sofort genommen.

Erstmals wollte Flensburgs Generalmusikdirektor Heinrich Steiner die drei Knabenstimmen in der „Zauberflöte" mit entsprechend jungen Laiensängern besetzen. Rüdiger bekam die Rolle der 2. Knabenstimme. Neun Wochen wurde in den Probenräumen mit einem Repetitor geübt. Rüdiger brachte es Riesenspaß; es war seine Welt. Dann kam die Hauptprobe mit Orchester auf der „echten" Bühne.

Das Gefühl, als er zum ersten Mal in dem großen Theatersaal stand, hat er nie vergessen: „Es war großartig. Unfassbar, diese in meinen Kinderaugen riesengroße Bühne." Zugleich habe er gewusst: „Du schaffst das." Seit seinem Auftritt in St. Michael, der mit so viel Beifall geendet hatte, glaubte er an sich.

Die Gondel auf der Theaterbühne wartete bei der Probe schon auf die drei Jungen, damit sie darin hochgezogen werden konnten, um später während der Aufführung herunterschweben zu können. Aber nur Rüdiger war da. Die Ungeduld beim Generalmusikdirektor wuchs. Endlich erschienen keuchend die Mitstreiter. Ihr Bus hatte Verspätung gehabt.

Ohne Atempause ging's in die Gondel, aufwärts – und los. Doch nur Rüdiger sang glasklar. Die anderen beiden Knabenstimmen – noch atemlos – versagten. Also noch einmal. Aber auch der neue Anlauf ging daneben. Abgehetzt, aufgeregt und verunsichert, schnappten die zu spät Gekommenen weiter nach Luft. Rüdiger war verzweifelt, sehnte er doch den großen Auftritt herbei. Wie oft schon hatte er sich seinen Part vor vollem Haus ausgemalt. Das Lamento des Generalmusikdirektors, dass er die Rolle niemals unzuverlässigen Knaben hätte zutrauen dürfen und er doch besser wieder auf Mitglieder des professionellen Bühnenchors zurückgreifen werde, nahm er nur noch durch einen Schleier der Enttäuschung wahr. Aus, vorbei.

Als kleines Trostpflaster für die Entlassung bekamen er und seine beiden Mitstreiter jeweils zwei Eintrittskarten für die Premiere geschenkt. Seine Mutter Annechristel, die ihn begleitete, spürte, dass es Rüdiger – ganz im Gegensatz zu seinem eher scheuen Bruder Ulli – zur Bühne hinzog. Dabei hatte die Mutter nach dem Aus bei der Hauptprobe noch gesagt: „Ach Junge, ich glaube, das ist doch nichts für dich."

Das war ganz im Sinne seines Vaters Wilfried, der als leitender Polizist in der Polizeidirektion Nord arbeitete. Sohn Rüdiger, darauf pochte er, solle „etwas Anständiges werden" – nicht Schauspieler oder Sänger, wie dieser später beim Abitur als Berufswunsch angab.

Doch mütterlicherseits gab es mit Ella und Alfred Huth Großeltern, die das Talent des Jungen erkannten und förderten, wo sie nur konnten. Jede Ferien verbrachte Rüdiger Wolff bei ihnen in Glückstadt. Sein Großvater wurde zum wichtigsten musikalischen Mentor.

Bevor der Vorhang des 2. Aktes der „Zauberflöte" mit der Gondel fiel, schwor sich der zwölfjährige Rüdiger Wolff als Zuschauer in der vierten Reihe neben seiner Mutter heimlich: „Ich werde es euch allen zeigen." Rückblickend sagt er, er habe nicht nur ein, sondern „mindestens" drei Leben im Rampenlicht gelebt – als Schauspieler, als Sänger, als Moderator.

Der verhinderte Auftritt in der Flensburger „Zauberflöten"-Inszenierung hatte seinen Ehrgeiz geweckt. Er war sich seiner Talente plötzlich ganz sicher und wollte sie nicht verstecken, sondern seinen Weg gehen. Rüdiger Wolff führte damals noch den Familien-Nachnamen Pollack. Die Tochtergesellschaft Pinball der Schallplattenfirma Teldec bestand aber auf der Namensänderung, als sie ihm mit 25 Jahren seinen ersten

Schallplattenvertrag gab. „Pollack geht gar nicht", sagte sein Musikmanager.
Rüdiger Wolff beugte sich den Gesetzen des Marktes und dem Diktat der Plattenindustrie. Seine Freundin und spätere Ehefrau Dörten Maack, die er zu diesem Zeitpunkt gerade kennengelernt hatte, bestärkte ihn. „Pollack" passte nicht zu einem, der Karriere machen wollte. Ihr fiel der Name eines Schulfreundes ein, der ebenfalls mit Vornamen Rüdiger hieß – und mit Nachnamen Wolff. „Nimm doch diesen. Der klingt gut, und mit zwei ‚ff' hebt er sich auch in der Schreibweise hervor", lautete ihre Empfehlung.
Rüdiger Pollack gefiel das – und selbst sein Vater Wilfried hatte Verständnis. „Das ist okay. Wir nennen ihn zu Hause ja sowieso nur Rüdiger", wurde er in einem Zeitungsbericht zitiert. Also ging sein Sohn zum Einwohnermeldeamt, wo die Namensänderung – wie er fand – erstaunlich schnell und unkompliziert amtlich vorgenommen wurde. Dass ihm der Nachname „Wolff", nachdem er im Fernsehen zu einem bekannten Gesicht geworden war, ganz andere Schmähungen einbringen sollte, ahnte er zu diesem Zeitpunkt nicht.
Zunächst wurde er mit dem neuen Namen und seinem ersten Erfolgstitel in die Schublade seichter Schlagersänger gesteckt. Der Produzent seines Hits „Daddy's Disco" muss dies geahnt haben und hielt in einer Pressemitteilung dagegen. „Rüdiger lässt sich schwer einordnen. Er ist irgendwo zwischen den Begriffen Liedermacher und Entertainer angesiedelt", heißt es darin. Trotzdem dauerte es nicht lange, bis der Newcomer die Schallplattenfirma wechselte. Rüdiger Wolff wollte kein „Schlagerfuzzi" sein, auch wenn er die populäre Unterhaltungsmusik mochte. Aber anspruchsvoll sollte sie sein, auch anspruchsvoller als sein Disco-Song, der eigentlich nur eine Parodie auf die aktuellen Tanzclubs der 1970er Jahre war.
Seine Vorbilder in der Musikszene waren in der Schulzeit die Hits der Beatles. Doch deren Stücke wurden von Gitarren dominiert, nicht vom Piano, das er beherrschte. So entdeckte er immer mehr die Lieder von Gitte Haennig, Udo Jürgens

oder Cliff Richard. Damit stand er außerhalb des Musik-Mainstreams seiner Generation, der vom Rock und dem Folk bestimmt wurde.
Wolff versuchte seinen eigenen Weg zu gehen. Musik, Lyrik und Poesie gehören für ihn zusammen. Schon als Abiturient trat er in seiner Heimatregion mit kleinen Konzerten am Klavier mit eigenen Kompositionen zu Texten Theodor Storms auf. Doch die Musikbranche forderte in den kommenden Jahrzehnten Kompromiss um Kompromiss. „Ich hatte nicht den Mut auszubrechen", sagt er.
Es bedurfte fast 40 Jahre, bis er mit Vertonungen von Werken Wilhelm Buschs, Kurt Tucholskys und Erich Kästners sein feines Gefühl für Sprache und Musik unter Beweis stellen konnte. „Es musste wohl erst die Krankheit kommen, um mir zu schwören: ‚Jetzt mach ich nur noch, was ich will." Seine CD „Sündhaft blau", die nun entstand, wurde für den Preis der Deutschen Schallplattenkritik nominiert.
Rüdiger Wolff schwebte zwischen den Welten – und fühlte sich in der Schulzeit meist als Einzelgänger. Fußball war für ihn „eine Katastrophe. Diesen Sport begriff ich nie". Auch für Autos interessierte er sich nicht – wenn Gleichaltrige die damals so beliebten Autoquartetts spielten, blieb er draußen vor. Stattdessen träumte er immer wieder, als fünfter Mann von den Beatles entdeckt und endlich in eine Gemeinschaft aufgenommen zu werden. „Es reichte mir, auf der Traumbühne ganz im Hintergrund zu stehen. Hauptsache, ich war einer von ihnen."
Zu einem seiner Lieblingssongs der Beatles wurde das Ende 1965 auf dem Album „Rubber Soul" veröffentlichte Stück „Nowhere Man". Der fast 13-Jährige hatte da bereits die ersten Jahre Englischunterricht und mag den Songtext auf seine Situation übertragen haben.
„He's a real nowhere man
Sitting in his nowhere land
Making all his nowhere plans for nobody
Doesn't have a point of view"

Beatle Paul McCartney schrieb in seiner Biografie, dass John Lennons Stück „Nowhere Man“ von diesem selbst handle. Lennon habe „das Gefühl gehabt, ins Leere zu laufen“.
In einem „Nirgendwo“ saß auch Rüdiger Wolff. Irgendeiner, der hier Lieder singt. Erst auf der Bühne fühlte er sich „angekommen“, gesehen und verstanden.

Opa Huth und die verschwiegene Vergangenheit

Wie viele Jungen in seinem Alter bekam Rüdiger Wolff in den Wirtschaftswunder-Jahren von den Eltern einen Stabil-Metallbaukasten geschenkt. Den nahm er mit, als er 1962 für ein Dreivierteljahr zusammen mit Mutter und Bruder Ulli zu den Großeltern nach Glückstadt zog. Großmutter war krank, und Vater Wilfried bereitete sich in Lehrgängen auf die höhere Beamtenlaufbahn vor und war viel unterwegs. Da zog Mutter Annechristel Pollack den Ortswechsel vor.
Deren Eltern Ella und Alfred Huth lebten in einer großen Wohnung hinter dem Elbdeich. Rüdiger Wolffs Großvater hatte an der Glückstädter Stadtkirche eine Stelle als Organist und Chorleiter angenommen. Ihm eilte der Ruf eines außergewöhnlichen Kirchenmusikers voraus. Mehrere große Kompositionen stammen von ihm. So wurde seine Erste Sinfonie op. 28 – Höhepunkt seines kompositorischen Schaffens – 1930 in Berlin vom Berliner Symphonie-Orchester uraufgeführt.
Auch Ella Huth, eine Lehrerin, hatte über Glückstadt hinaus einen angesehenen Namen. Sie schrieb eine Abhandlung über Goethe und Kurzgeschichten, die als Taschenbuch erschienen. Rüdiger Wolff liebte die gediegenen Möbel und dänischen Keramiken in der Wohnung der Großeltern, von denen er einige wertvolle Erinnerungsstücke behielt. Unvergessen auch die vielen Bücher. Viele von ihnen stehen nun in den Bücherregalen seiner Hamburger Wohnung. Sie lassen ihn wie die Musik gerade auch nach der schweren Erkrankung eintauchen in eine andere Welt.
Wolff erinnert sich, wie Alfred Huth zu Lebzeiten in Glückstadt zu ihm sagte: „Nicht nur mit dem Stabil-Baukasten lässt sich prima spielen. Auch mit Tönen kannst du bauen und wundervolle Melodien hervorzaubern.“ So begann der neun-

jährige Rüdiger mit Hilfe des Großvaters zu lernen, wie Harmonien klingen, wie sie verknüpft werden. Das Klavierspiel beherrschte er bereits seit Kindertagen.

„Ich habe meinem Großvater viel zu verdanken“, sagt Rüdiger Wolff in späteren Jahren, auch wenn er da hinter ein „dunkleres Kapitel“ Alfred Huths gekommen war. Kindheit und Jugend, die für Rüdiger Wolff in Glückstadt unbeschwerter waren als zu Hause in Flensburg, weil die Musik des Großvaters und die spielerischen Ausflüge der Großmutter in die Literatur und das Schauspiel seiner Phantasie und Kreativität freien Lauf ließen, lenkten seinen Blick nach vorn. Nach dem, was war, wurde noch nicht gefragt, auch wenn die Nachkriegsgeneration bereits aufzubegehren begann gegen das große Schweigen derjenigen, die Krieg und Nazizeit erlebt hatten.

Sein Großvater förderte das Talent und die Begeisterung des Jungen für die Musik, wo er nur konnte – einschließlich Unterrichts in der Kompositionslehre. Gemeinsam lauschten sie Schallplattenaufnahmen mit Orchestern, die von großen Namen wie Herbert von Karajan oder Wilhelm Furtwängler dirigiert wurden. Anschließend verglichen Opa und Enkel die Interpretationen. Plötzlich klangen die Sinfonien auch für Rüdiger nicht mehr gleich.

„Wieder tat sich eine neue Welt auf“, erzählt der Künstler. „Ich merkte, wie sehr ein und dasselbe Stück unterschiedlich dargeboten werden kann, wie jeder es etwas anders macht. Das wollte ich auch: als Schauspieler Rollen mit Leben erfüllen, als Sänger Liedern meinen Stempel aufdrücken.“ In der Rückschau fällt sein Urteil – gemessen an jenen kindlichen Ambitionen – gemischt aus. Er habe als Sänger, Schauspieler und Moderator zu viel gemacht. „Du verzettelst dich, du musst dich entscheiden“, habe sein berühmter Kollege Harald Juhnke, der ebenfalls in allen drei Sparten tätig war, ihm freundschaftlich ins Gewissen geredet. Zu spät habe er den Rat angenommen.

Rüdiger Wolffs Weg, der sich so sehr von seinem jüngeren

Bruder unterschied, begann sich in jungen Jahren abzuzeichnen. Ulli zog sich zurück, wenn Rüdiger sang. Dieser sah sich da bereits im Rampenlicht. Immer öfter wurde er wegen seiner Musikalität, seiner Fähigkeiten am Klavier und beim Singen, seiner Freude an Auftritten und nicht zuletzt auch wegen des Aussehens bewundert.
Gut möglich, dass sich Ulli zurückgesetzt fühlte und litt. Er stand im Schatten seines Bruders, obwohl dieser sich trotz der wachsenden Aufmerksamkeit ebenfalls oft allein fühlte.
Dass die beiden Jungen noch eine ältere Halbschwester hatten, ahnten sie in ihrer Kindheit und Jugend nicht. Es blieb lange das Geheimnis ihrer Eltern und sollte erst später ans Tageslicht kommen.
Zunächst sah sich Rüdiger Wolff in den späten 1960er Jahren mit einer anderen Wahrheit konfrontiert. Die 68er-Bewegung hatte einen Generationenkonflikt ausgelöst, der tief in viele Familien hineinging. Der bis dahin weitgehend verdrängte gesellschaftliche Umgang mit der NS-Vergangenheit kam auf den Tisch. Auch in der Familie Pollack. Immer lauter wurden Eltern und Großeltern gefragt, wie sie sich während der Zeit des Nationalsozialismus verhalten haben.
Entsetzt und wütend sei er gewesen, so erzählt Rüdiger Wolff, als er erfuhr, dass sein Großvater, den er so bewunderte, sein musikalisches Können im Krieg in den Dienst der NSDAP gestellt und dafür 1942 sogar den Gaukulturpreis von Schleswig-Holstein erhalten hatte. Hinzu sei die tiefe Enttäuschung gekommen, dass Eltern und Großeltern das dunkle Kapitel vor ihm, dem Sohn und Enkel, verschwiegen hätten. Rüdiger Wolff: „Als ich in der Schule erstmals vom Nazi-Terror hörte und der Geschichtslehrer am Alten Gymnasium von sechs Millionen umgebrachter Juden sprach, da stand ich im Unterricht auf und sagte: ‚Was sie da erzählen, das kann nicht sein. Das hätten meine Eltern mir erzählt.'"
Der 1892 in Herborn geborene Alfred Huth war 1895 mit seiner Familie ins damals noch zu Preußen gehörende Hadersleben umgesiedelt. Nach Schule, Teilnahme am Ersten Welt-

krieg und Orgelstudium kehrte er 1923 in seine nordschleswigsche Wahlheimat zurück, die durch die Volksabstimmung 1920 inzwischen dänisch geworden war. Hier verlebte auch Rüdiger Wolffs Mutter Annechristel ihre Kindheit. 1930 war sie in Tondern zur Welt gekommen.

In Lügumkloster wurde Huth Organist. Nachdem die deutsche Wehrmacht 1940 Dänemark besetzt hatte, übernahm er als Musiker Aufgaben der Truppenbetreuung, was ihm bei Kriegsende eine Untersuchungshaft im Nachbarland einbrachte, bevor er – ohne angeklagt worden zu sein – ausgewiesen wurde und 1947 nach Glückstadt ging. Dort hatte bereits der ihm bekannte, ebenfalls aus Dänemark abgeschobene Pastor der deutschen Gemeinde in Hadersleben eine Stelle gefunden.

Als Alfred Huth 1971 mit 79 Jahren starb, stand Rüdiger Wolff kurz vor dem Abitur am Alten Gymnasium in Flensburg. Die künstlerische Karriere seines Enkels erlebte er nicht mehr. Dessen Talent war aber inzwischen vom Flensburger Theater nach dem geplatzten Part in der „Zauberflöten"-Inszenierung erkannt worden. Immer wieder wirkte der Schüler fortan bei Aufführungen mit. Als Vierzehnjähriger sang er bereits in den großen Chören der Verdi-Opern „Aida" und „Macht des Schicksals" mit.

Bis zuletzt genoss der Großvater die Freude an dem musikbegabten Enkel. Mit einer Einschränkung. Zu seinen Geburtstagen musste sich Rüdiger Wolff stets an den Flügel im Haus in Glückstadt setzen und ein Geburtstagsständchen bringen. Da der Gymnasiast nicht nur die Musik seines Großvaters liebte, beließ er es nicht bei Schuberts Lied von der schönen Müllerin und ähnlichen Stücken. Neben den Songs der Beatles erklangen Schlager von Udo Jürgens, Gitte Haenning und Cliff Richard, deren Schallplatten gerade auf den Markt gekommen waren. Rüdiger Wolff flogen deren Melodien nur so zu. Einmal gehört, vermochte er sie nachzuspielen. Und auch die Texte hatte er schnell auswendig gelernt. Spätestens, wenn sein Enkel in die Tasten griff und „Siebzehn Jahr, blondes Haar“ von Udo Jürgens schmetterte, schüttelte der Kirchenmusiker Alfred Huth den Kopf und verließ das Zimmer. Er fand es schrecklich.

Für Rüdiger Wolff aber waren diese Lieder eine Welt für sich. Ja, er liebte klassische Musik über alles. Nachdem ihn die unheilbare Krankheit ALS zu einem Leben im Rollstuhl gezwungen hat, lauscht er fast täglich auf dem CD-Spieler einer großen Oper oder Sinfonie. Das baue ihn unendlich auf, sagt er. Aber nie würde er die sogenannte „ernste Musik“ gegen die Unterhaltungsmusik ausspielen. Die strikte Trennung sei absurd. Dabei zieht er allerdings klare Grenzen zwischen anspruchsvolleren Liedern und Texten und platten Disco-Hits. Schlager sei eben nicht gleich Schlager. Und ja, vieles in der Popmusik sei grässlich.

Aber deshalb die ganze Unterhaltungsmusik in einen Topf werfen und verdammen? Nein, im Zweifelsfalle, so sagt er, schlug für ihn immer das Herz für die Schwächeren und jene, die belächelt wurden. Lieber schwamm er gegen den Strom. Das galt auch für die Schlagermusik. So produzierte er als Obertertianer ein eigenes kleines „Schlager-Magazin“ und verkaufte es in einer Mini-Auflage von einem halben Dutzend Exemplaren. Mit der Hand – jeweils mit Durchschlag – geschrieben, wurde darin über die oft erst am Anfang ihrer Karriere stehenden Sängerinnen und Sänger berichtet, wurden deren Schlagertexte kritisch unter die Lupe genommen und Neuigkeiten vom Plattenmarkt vorgestellt.

Vor allem die Lieder Gitte Haennings hatten es dem jugendlichen Herausgeber und Chefredakteur der handgeschriebenen Hefte angetan. „Das lag wohl auch daran, dass wir durch Mutters Kindheit in Nordschleswig eine enge Beziehung zu Dänemark hatten“, vermutet Rüdiger Wolff. Die in Aarhus geborene Gitte Haenning wurde später eine gute Freundin und war oft Gast in Wolffs Haus in der Hamburger Dorotheenstraße.

Natürlich gab es Klassenkameraden, die das handgeschriebene Magazin bespöttelten. Ausgerechnet Schlager! Lieder von

Gitte Haenning und Udo Jürgens wurden als spießig abgetan. Die meisten Jungen und Mädchen seines Alters verfolgten dagegen mit Begeisterung den Siegeszug der Rockmusik. Schließlich hatten nicht nur die „Beatles“ 1960 ihre Weltkarriere in Hamburg begonnen und die Musikwelt verändert. Von „Beatlemania“ war die Rede, als die „FabFour“ 1966 auf einer Blitztournee nach Deutschland zurückkehrten. Die „Rolling Stones“ eroberten im selben Jahr mit „Get off of my cloud“ die Charts, ein Jahr später standen die „Kings“ ganz oben.
Die Begeisterung erfasste die Jungen am Alten Gymnasium. Zudem saß in Rüdiger Wolffs Klasse auch Achim Oppermann, musikbegeistert wie er. Beide Jungen hatten bereits gemeinsam als Grundschüler die Flensburger Nikolai-Knabenschule besucht. Ihre Wege sollten sich ein Leben lang immer wieder kreuzen, auch wenn sie so unterschiedliche musikalische Wege gingen. Während Rüdiger Wolff 1979 mit „Daddy's Disco“ seinen ersten Hit landete, machte Achim Oppermann als Gitarrist bei der Rockband „Lake“ Karriere. Die deutsch-britische Rockband feierte in den 1970er-Jahren große Erfolge und erhielt 1977 für ihr Debütalbum den Deutschen Schallplattenpreis. Hinzu kam eine Goldene Schallplatte.
Noch war es nicht so weit, drückten beide noch die Schulbank in Flensburg. Rüdiger Wolff suchte weiter nach seiner großen Bühne. Mit Nachbarkindern zog er im Hof der elterlichen Wohnung am Ochsenmarkt seinen „Zirkus Nordstern“ auf. Plakat und Programm wurden entworfen, Eintrittskarten zum Abreißen hergestellt. Sogar ein Logo für seinen Zirkus ersann er: ein goldener Stern. Im Eintritt von fünf Pfennigen waren dann Kunststücke an der Teppichklopfstange inbegriffen, die als Trapez-Ersatz herhalten musste. Ideen hatte er genug.
Trotzdem blieb er auch in den späteren Jahren am Gymnasium, so erinnert er sich, oft draußen vor: „Ich wollte Schauspieler und Sänger werden und hatte deshalb ganz andere In-

teressen als die meisten Mitschüler." Zudem störte es ihn, wenn die Individualität zu sehr eingeschränkt wurde. Das spürte er im Flensburger Ruderclub, in dem ihn seine Eltern angemeldet hatten. Wenn der Sohn schon nicht wie andere Jungen Fußball spielte, sollte er wenigstens diesen Sport ausüben. Doch die Kommandos und der Gleichklang der Rudertaktschläge im Vierer und Achter waren nicht seine Welt. „Ich wäre beim Blick auf die Gleichaltrigen gern einer von ihnen gewesen. Aber es ging einfach nicht", erkannte er. Am Ende wurde er von der Rudercrew als Steuermann eingesetzt. „Da war ich wieder ein Stück weit der Einzelgänger", schaut er zurück.

Dieses Gefühl begleitete ihn durchs Leben. So sah er sich später als Fernsehmann ebenfalls oft eher als einsamen Wolf denn als eloquenten, stets gut aufgelegten, kontaktfreudigen Moderator und Talkmaster, wie ihn das Publikum wahrnahm. Er hatte die Schauspielschule absolviert, hatte auf großen Theaterbühnen gestanden und war selber Künstler; eine Ausnahme unter den Moderatoren, die durch Sendungen führten. So breit wie er waren nur wenige ausgebildet, Literaturstudium an der Universität Hamburg inklusive. Hinzu kam sein perfektes Äußeres. Doch der Schein des glücklichen, erfolgsverwöhnten Entertainers – so Rüdiger Wolff heute – trog.

Als Heranwachsendem half ihm anfangs selbst das gute Aussehen wenig. „Die schönsten Mädchen bekommen immer die anderen", so haderte der Gymnasiast damals mit sich und der Welt. Ihm fehlte das Selbstbewusstsein. Zur Verunsicherung trug seine Mutter bei, die ihm öfters an den Kopf warf: „Du siehst nach gar nichts aus. Was du auch anziehst, es wirkt unordentlich."

Erst nach und nach kam der Heranwachsende dahinter, dass dies keineswegs so war. Heimlich war er der Schwarm zahlreicher Mädchen nicht nur in seiner Klasse, sondern auch in der Tanzschule Neben. Er musste nur an sich glauben und selbstbewusster auftreten. Rüdiger Wolff: „Von da an hatte ich die schönsten Mädchen."

Seine erste große Liebe mit 17 fiel allerdings auf seine 11 Jahre ältere, angeheiratete Tante Monika. Mag sein, räumt Rüdiger Wolff rückblickend ein, dass da auch der im September 1968 in Deutschland in die Kinos gekommene Erfolgsfilm „Die Reifeprüfung" mit der Musik von Simon & Garfunkel eine Rolle gespielt hat. In dem Streifen, der zu einem Kultfilm der Generation wurde, sucht der unerfahrene Collegestudent Benjamin erste erotische Abenteuer bei der elterlichen Freundin Mrs. Robinson, eine Mitvierzigerin. Die verheiratete Frau führte den im Filmklassiker von Dustin Hoffman gespielten, schüchternen 21-Jährigen in die Geheimnisse der Liebe ein.
Rüdiger Wolffs 28-jährige Tante war von ihrem Mann, dem Bruder seiner Mutter, just in dem Moment verlassen worden, als sie mit ihrem zweiten Kind schwanger war. Mit ihrem langen schwarzen Haar erinnerte die Tante ihn an Daliah Lavi, die gerade ihren ersten Hit „Oh, wann kommst Du?" veröffentlicht hatte. „Ich war unsterblich in Monika verliebt und schwor ihr, sie mit 18 zu heiraten, ein guter Vater zu sein und genügend Geld zu verdienen, um sie und ihre Kinder zu ernähren", erzählt er.
Es blieb beim Austausch von Zärtlichkeiten. Obwohl er sogar zu rauchen anfing, um sie zu überzeugen, dass er erwachsen sei. Erst eine andere, ebenfalls deutlich reifere Frau sollte Rüdiger Wolff ein Jahr später in die intimsten Geheimnisse der Liebe einführen.
In der Schule retteten ihn derweil bis zum Abitur 1972 stets sehr gute Noten in Kunst, Musik und Deutsch. Sie machten die ewig schlechten Zensuren in den naturwissenschaftlichen Fächern wett. Ganz im Gegensatz zu dem Bruder Ulli, bei dem es genau umgekehrt war.
Doch was sind schon Schulnoten? „Menschlichkeit zählt", sagt Rüdiger Wolff. „Seit ich an der Muskelerkrankung leide, weiß ich besser denn je, was wirklich wichtig ist im Leben." Er, der sich nun im Rollstuhl durch seine Wohnung bewegt, wird liebevoll von seiner Haushälterin – der „fabelhaften Frau Jürs", wie er sagt –, von zugewandten Mitarbeitern der

Diakonie Rothenburgsort und von treuen Freundinnen betreut. Regelmäßig reist zudem seine Schwester Astrid aus Berlin an, um für ihn da zu sein.
In seiner beruflichen Karriere war er zum Getriebenen geworden – auch, weil er es allen beweisen wollte. Er hetzte von einem Engagement zum nächsten, übernahm sich. Jetzt ist er auf die Hilfe anderer angewiesen.
Hinzu kam einst die Versuchung des Geldes. Der Lebensstil wurde immer aufwendiger. Zweimal im Jahr wurde nur in den exklusivsten und teuersten Hotels Urlaub gemacht. Und als Tochter Katharina geboren war, musste neben der Haushälterin auch noch ein Kindermädchen her. „So wurde die Fassade immer höher und ich wagte nicht den Ausstieg", gesteht Rüdiger Wolff heute.
Das Leben selbst war zum Teil zur Show geworden.

Ausbruch aus der Bürgerlichkeit

Die Elternrollen waren in Rüdiger Wolffs Rückschau auf die Kindheit klar verteilt. „Der Vater war fürchterlich streng, die Mutter nicht immer ausgleichend", sagt er.

Am 30. Mai 1953 kam er in Eckernförde zur Welt. Mutter Annechristel war da 23, Vater Wilfried 27 Jahre alt. Beide hatten ein Jahr zuvor geheiratet und blickten nach den Kriegswirren und den ersten Jahren nach der Kapitulation zuversichtlich in die Zukunft. Nach 1945 war das Berufsbeamtentum unter alliierter Kontrolle zunächst abgeschafft. Doch mit Inkrafttreten des Grundgesetzes und ergänzenden Rechtsverordnungen wurde es 1950 wieder eingeführt. Wilfried Pollack war als Staatsdiener bei der Polizei untergekommen. Das garantierte ein sicheres Einkommen; der Familiengründung stand nichts mehr im Wege.

Das Jahr 1953 versprach in der Bundesrepublik Aufschwung. Anders der Blick nach Ostdeutschland. Dort verschärften sich die Spannungen. Während Arbeiter in Ostberlin am 17. Juni jenes Jahres den Aufstand wagten und dieser blutig niedergeschlagen wurde, machte sich im Westen das Wirtschaftswunder breit. Die Kriegsgeneration wollte die Vergangenheit abschütteln; Massenunterhaltung sorgte für Ablenkung. Da durfte es schon mal leichte Kost sein. „Es hängt ein Pferdehalfter an der Wand" von der niederländischen Band „Die Kilima Hawaiians" avancierte zum meistgespielten Schlager des Jahres.

Wilfried Pollack wurde 1926 in Stolp, dem heutigen Slupsk, in Ostpommern geboren. Sein Vater war Bahnhofsvorsteher, seine Mutter betrieb eine kleine Poststelle. Mit 17 wurde er als Soldat eingezogen und nach Griechenland abkommandiert. Bei Kriegsende strandete er an der Mosel. Die kurze Zeit, die er dort verbrachte, bevor er sich 1946 weiter nach Schleswig-Holstein durchschlug, hatte weitreichende Folgen. Aber das blieb lange im Dunkeln.Wilfried Pollacks Eltern waren am

Kriegsende von Ostpommern nach Itzehoe geflohen. Nachdem der Sohn an der Mosel sein Waterloo erlebt hatte, folgte er ihnen ins nördliche Bundesland und bewarb sich für den Polizeidienst. Die Uniform sollte ihm Respekt verschaffen, der Vertriebenen in der neuen Heimat kaum entgegengebracht wurde. Das hatte Rüdiger Wolffs Vater bitter zu spüren bekommen. Die Vertriebenen aus dem Osten Deutschlands wurden als Fremde und Eindringlinge betrachtet.

Wohl auch die Ausgrenzung führte dazu, dass sich Wilfried Pollack in die Arbeit stürzte. Er wollte Anerkennung – auch und gerade, weil sein Familienname ihn zusätzlich stigmatisierte. In Glückstadt, nahe der Stadt Itzehoe, ging er zur Polizeischule. Dort lernte er bei einer Faschingsfeier 1951/52 seine spätere Frau kennen, die noch bei ihren Eltern wohnte. Annechristel wollte in die Fußstapfen ihres Vaters treten und studierte zu dieser Zeit in Hamburg Orgelmusik. Geübt wurde in der Hauptkirche St. Petri – allerdings nicht an der großen Orgel, mit deren Bau erst 1955 begonnen wurde.

Eine eigene Organistenstelle trat Annechristel Pollack geb. Huth später allerdings nie an. „Obwohl sie bestens ausgebildet war, traute sie sich nicht, vor vielen anderen Menschen zu spielen“, lautet Rüdiger Wolffs Erklärung. Diese Scheu, so meint er, hätte vielleicht auch er behalten, wenn es nicht das Erlebnis bei der Weihnachtsfeier in St. Michael gegeben und er gemerkt hätte, dass sich die Angst überwinden ließ. „Meiner Mutter fehlte ein solches Erlebnis, um über sich hinauszuwachsen“, sagt der Sohn.

Schon bald heirateten Annechristel und Wilfried Pollack, der nach der Polizeischule seinen Dienst bei der Polizeistation Eckernförde antrat. Von dort wurde er nach Eutin versetzt, wo Sohn Rüdiger 1959 eingeschult wurde. Aber schon wenig später zog die Familie nach Flensburg um. Die Versetzung des Vaters verhieß Aufstiegschancen. Ende 1952 war im Landtag das neue Polizeiorganisationsgesetz verabschiedet worden, das die Aufteilung des nördlichsten Bundeslandes in vier Polizeidirektionen vorsah. Eine davon war in der

100 000-Einwohner-Stadt an der deutsch-dänischen Grenze eingerichtet worden. Wilfried Pollack nutzte die Gunst der Stunde. Er war ehrgeizig und strebte nach oben. Angestachelt wurde er dabei von seiner Frau. „Du musst mehr aus dir machen“, habe sie ihren Mann – so Sohn Rüdiger – oft gedrängt. Tatsächlich sollte er in Flensburg Karriere machen.
Bis zu seinem Ruhestand 1986 arbeitete Wilfried Pollack in der nördlichsten Stadt Deutschlands und setzte sich unermüdlich für die Verkehrssicherheit ein. Zum Ende seiner Laufbahn hin leitete er als Erster Polizeihauptkommissar den Sachbereich Verkehr. Zugleich engagierte sich Wilfried Pollack ehrenamtlich im Vorstand der Verkehrswacht, die ihn für seine besonderen Verdienste zum Ehrenmitglied ernannte.
Wilfried Pollack war zu einem bekannten Gesicht der Fördestadt geworden, geachtet und bei vielen kommunalen Ereignissen stets in den vorderen Reihen zu finden. Er war „angekommen“. Die Heimat seiner Eltern und seine Kindheit und Jugend in Slupsk hat er trotzdem nicht vergessen. Mehrere Jahre war er 1. Vorsitzender der Pommerschen Landsmannschaft in Flensburg.
Rüdiger Wolff hätte stolz sein können. Aber er erinnert sich, wie er sich als Schüler manches Mal für den Beruf des Vaters schämte. Polizisten hatten in den aufgewühlten Protestjahren der sogenannten 68er-Generation kein gutes Ansehen. Das verächtliche Wort von den „Bullen“ machte die Runde. Nun war aus dem Vertriebenen-Jungen Pollack auch noch der Polizistensohn Pollack geworden.
Doch auch Sohn Rüdiger begehrte auf. Nicht, weil sein Vater Polizist war. Aber dessen Strenge, die sich in Schlägen auf das Hinterteil entladen konnte, setzte dem feingeistigen Jungen zu. Unbeherrscht und „zuweilen cholerisch“ sei er in der Erziehung gewesen, sagt Rüdiger Wolff. Erst später sollte sich das Verhältnis zum Vater zum Guten wandeln. Als dieser 70 wurde, kam sein Sohn als inzwischen populärer Schauspieler, Sänger und Entertainer nach Flensburg und moderierte dessen große Geburtstagsfeier mit vielen Honoratioren der

Stadt. Da war der Vater längst stolz auf die Karriere seines Sohnes, die er – der Beamte – anfangs mit Unmut verfolgt hatte.
Unvergessen und ebenfalls als Stachel im Fleisch des Sohnes ist aus Kindheitstagen die Drohung der Mutter geblieben, wenn es Verfehlungen gab: „Warte ab, bis Vater nach Hause kommt." In solchen Minuten habe er sich zu Oma und Opa nach Glückstadt gewünscht. Nicht nur, dass diese – wie so viele Großeltern – nachsichtiger waren. Sie engten vor allem nicht seine überbordende Phantasie und Kreativität ein, sondern regten sie weiter an und förderten sein künstlerisches Talent.
Dem Vater war die Begeisterung des Sohnes, der von der Bühne und vom Beruf des Schauspielers und Sängers schwärmte, nicht verborgen geblieben. Umso mehr beharrte er schon früh darauf, dass Rüdiger einen bodenständigen und sicheren Beruf zu erlernen habe – so wie er, der Beamte und Polizist. Sohn Rüdiger sollte es einmal finanziell besser haben als er, der sich aus dem Nichts hocharbeiten musste, meinte er. Dass dies auch auf anderem Wege möglich ist, war für ihn schwer vorstellbar.
In jungen Jahren musste sich Wilfried Pollack durchkämpfen. Vom Elternhaus hatte er wenig Sinn für die Kunst mitbekommen. Nie waren er oder die Eltern ins Theater oder in Konzerte gegangen. Ganz im Gegensatz zu seiner vier Jahre jüngeren Frau, die schon als Kind von ihrem Vater und ihrer Mutter in die Welt der Kunst, vor allem der Musik und der Literatur, eingeführt worden war. Während Annechristel die Kriegsjahre wohl behütet in dem von deutschen Truppen besetzten Dänemark erlebte, durchkreuzten die NS-Zeit und der Zweite Weltkrieg Wilfrieds Jugend mit ganzer Wucht. Als der Krieg ausbrach, war er 13 Jahre alt, am Kriegsende 19. Noch 1943 eingezogen, brach für ihn mit der Kapitulation eine Welt zusammen. Auf sich allein gestellt, musste er seinen eigenen Weg finden.
Was ging da in ihm vor, als Sohn Rüdiger in ähnlichem Alter

daheim in seinem Zimmer auf der Stereoanlage Schumanns Frühlingssinfonie hörte und die heile Nachkriegswelt um sich herum genoss? Plötzlich löste sich einer der an der Wand montierten Lautsprecher aus der Verankerung und knallte mit Wucht gegen die Zimmertür. Der damals sechzehnjährige Sohn hatte noch versucht, den Lautsprecher aufzufangen. Bei dem – vergeblichen – Hechtsprung verletzte er sich. Er lag noch am Boden, als der Vater die Tür zu seinem Zimmer aufriss. Er, Rüdiger, habe sein frisch bezogenes Heim beschädigt, schrie er, sein Haus, das er im Schweiße seines Angesichts errichtet habe.

Die Szene hat der Sohn nie vergessen. Zum physischen Schmerz kam der seelische. Der Graben zwischen Vater und Sohn schien unendlich tief. Die Szene, so erinnert sich Rüdiger Wolff, endete in Handgreiflichkeiten und seinem Schwur, so bald wie möglich von zuhause auszuziehen.

Das Zuhause war inzwischen nicht mehr die Wohnung am Flensburger Ochsenmarkt. Mit dem beruflichen Aufstieg des Vaters war gebaut worden. „Schaffe, schaffe, Häusle baue“, so lautete 1964 ein Erfolgsschlager von Ralf Bendix und den „Halodries“. Das Handwerk boomte.

1968 zog die Familie in das neue Heim in der Emil-Nolde-Str. 35. Hierher kam auch der Steinway-Flügel des Großvaters, der drei Jahre später in Glückstadt verstarb. Bis dahin teilten sich Mutter und Sohn ein Klavier. Auf ihm hatte Annechristel Pollack mit Klein-Rüdiger noch im Vorschulalter das Klavierspielen geübt.

1972 bestand Rüdiger Wolff am neusprachlichen Zweig des Alten Gymnasiums sein Abitur – und verließ das Elternhaus. Die Rebellion gegen seine Eltern nahm ihren Lauf. Er zog in ein kleines, einfaches altes Häuschen am Flensburger Johanniskirchhof. Unten ein Zimmer, im zweiten Stock ein Zimmer, Bad und Küche.

Mit dem Auszug aus dem Elternhaus nicht genug. In der damals angesagten Flensburger Diskothek „Grogkeller“ hatte er, der 19-Jährige, eine 17 Jahre ältere Frau kennengelernt.

Maria zog zu ihm. „Zauberhaft“ sei sie gewesen, erinnert sich Rüdiger Wolff. Aber der Schein inniger gegenseitiger Liebe trog. Maria fand bald einen anderen Liebhaber und zog wieder aus. „Der neue Mann besaß Geld, während ich materiell gar nichts zu bieten hatte“, lautet im Nachhinein Wolffs nüchterne Erklärung.

Wohl ebenfalls aus Opposition zu seinem Vater entschied sich der Abiturient nach der Schule für den Zivildienst. Es war eine Nachricht, die schnell in Flensburg die Runde machte: „Der Sohn des bekannten Polizisten Pollack verweigert die Wehrpflicht!“ Ein Skandal in den „besseren Kreisen“ der Fördestadt, die Anfang der 1970er Jahre wie viele andere Hochschulstädte auch von Studentendemos und Hausbesetzungen „aufgemischt“ wurde.

Der Wehrdienstverweigerung war noch ein anderer Schritt vorausgegangen, den die Eltern Pollack zu verdauen hatten. Als ihr Sohn Rüdiger 16 Jahre alt geworden war, erklärte er ihnen, nunmehr religionsmündig zu sein und aus der protestantischen Kirche austreten zu wollen. Grund für seine Entscheidung war der sogenannte „Flensburger Denkmalstreit“, der sogar in den überregionalen deutschen Medien und selbst in der „New York Times“ Beachtung fand.

Ausgelöst wurde der Streit durch die Entfernung eines steinernen Soldaten mit Stahlhelm und zerbrochenem Gewehr aus der Flensburger Marienkirche. Die Kritiker sahen in dem Denkmal eine falsche Heldenverehrung und Überhöhung des Krieges. Deshalb sollte die Kapelle in der Kirche umgestaltet werden – ohne den martialischen Soldaten. Nach einem Jahr erbitterter öffentlicher Debatte bekam der „Steinkrieger“ schließlich im Pastoratsgarten einen neuen Platz. Die Fronten zwischen Gegnern und Verfechtern der Neuplatzierung blieben unversöhnlich.

Der Umgang der Eltern- und Großelterngeneration mit der NS-Vergangenheit hatte Rüdiger Wolff bei diesem Streit wieder eingeholt. Heldenverehrung statt Scham angesichts der Gräueltaten der Nazis. Deshalb ging er auf Distanz zur Kirche, habe diese doch auch in der Zeit des Nationalsozialismus Schuld auf sich geladen, sagt er.

Rüdiger Wolffs Kirchenaustritt stellte allerdings keinen vollständigen Bruch mit der Institution dar. Auf seinen späteren Tourneen besuchte er, wo immer es ging, in den Städten die großen Gotteshäuser, wenn diese möglichst leer und er allein war. Die Stille, die Atmosphäre und nicht zuletzt die Akustik begeistern ihn. Dann spüre er nach eigenen Worten „etwas Göttliches, das jedem Menschen innewohnt".

„Wir können von Religion nicht genug haben, solange sie nicht ideologisch missbraucht wird", sagt er. Was wären Moral und Ethik ohne die Religion, ohne die Botschaft von Frieden und Liebe? Und nein, er hadere mit keinem Gott, dass ihn am Ende eine schwere Krankheit eingeholt hat.

Die Zivildienstzeit in der Diakonissenanstalt betrachtete Rüdiger Wolff als „hochinteressante, erfüllende Zeit". 170 D-Mark monatlich erhielt er – und warmes Essen. Das sicherte die „Grundversorgung". Vor allem aber konnte er in dem größten Krankenhaus der Fördestadt seine Talente einbringen. Er war zu einer Hälfte in der Buchhaltung und in der Bibliothek eingeteilt, zur anderen auf den Stationen. Bei der Arbeit in der Bibliothek blieb Zeit, sich in Bücher zu vertiefen. So verbreiterte er sein literarisches Wissen. Zudem gab es in der Diakonissenanstalt einen Flügel, auf dem er üben durfte. Schließlich stand das häusliche Instrument nach dem unversöhnlichen Auszug aus dem Elternhaus nicht mehr zur Verfügung.

An den Krankenbetten wurde er schnell zum gefragten „Vorleser". Im Nu hatte sich herumgesprochen, dass der „Zivi" Buchinhalte so packend wie kein anderer vortragen könne. Mancher Schmerz der Patienten geriet dabei für Momente in den Hintergrund.

Nicht nur auf der Kinderstation wurde er herbeigesehnt. Unvergessen blieb Rüdiger Wolff eine sterbenskranke Patientin. „Sie war bildschön, obwohl sie innerlich vom Krebs zerfressen war", erzählt er. Die Frau liebte die Werke von Heinrich

Böll, war aber schon so schwach, dass sie kein Buch mehr in den Händen halten konnte. Regelmäßig setzte sich der Zivildienstleistende an ihr Bett, las ihr aus dem „Irischen Tagebuch“ und aus „Billiard um halb zehn“ vor. „Wir sind leider nicht mehr bis zum Ende gekommen“, trauerte Rüdiger Wolff später um die Frau und die Stunden, in denen er ihr vorgelesen hat.

Der Zivildienst-Sold reichte für den Unterhalt der eigenen Wohnung nicht aus, auch wenn die Verpflegung für ihn in der Diakonissenanstalt sichergestellt war. Da zum Elternhaus „Funkstille“ herrschte und er keine Unterstützung von dort bekam, verdiente sich der inzwischen fast 20-Jährige nach Feierabend mit Rollen an der Niederdeutschen Bühne in Flensburg Geld dazu. Man kannte ihn schließlich schon vom Stadttheater und schätzte sein außergewöhnliches Können als Sänger und Schauspieler.

Von Schauspielerei verstand Rüdiger Wolff nicht nur etwas, er lernte nach eigenen Worten als Zivildienstleistender, wie auch im Leben Rollen gespielt werden und wie sich Menschen dahinter verstecken. In dem von Diakonissinnen geführten konfessionellen Krankenhaus habe er erlebt, „dass sich wahrlich nicht alle Menschen, die sich Christen nennen, auch christlich verhalten“. Hinter der Fassade der Diakonissenanstalt habe es Bigotterie gegeben, und „Machtkämpfe und Hierarchien“ seien oftmals dominanter gewesen als die Zuwendung zu den Kranken. Schein und Sein – dieser Zwiespalt sollte ihm noch oft begegnen.

Nach den Schauspielerfolgen als Laiendarsteller an der Niederdeutschen Bühne und den Erfahrungen als Zivildienstleistender folgten Jahre später die Lektionen am „großen“ Theater und bei Rundfunk und Fernsehen. Den gnadenlosen Wettbewerb der Mitarbeiter untereinander in den öffentlichen Sendeanstalten bezeichnet Rüdiger Wolff als „Krieg“. Machtkämpfe und Intrigen seien an der Tagesordnung gewesen. Die Studentenzeit und die Ausbildung an der Schauspielschule seien dagegen eine eher glückliche Zeit gewesen.

Fahre, Junge, fahre!

Die Schauspielkunst war neben der Musik Rüdiger Wolffs Berufung. Als zum Schuljubiläum am Alten Gymnasium die Sage von „Ariadne und Theseus“ aus der griechischen Mythologie als Theaterstück aufgeführt wurde, gab es ein Besetzungs-Problem. Noch war das „Alte Gym“, wie es unter den Pennälern kurz genannt wurde, eine reine Jungenschule. Wer sollte da Ariadne spielen?

Doch Quartaner Rüdiger Wolff scheute sich nicht, die weibliche Hauptrolle zu übernehmen. Ein Junge als Ariadne, das schien vielen in seiner Klasse lächerlich. Für ihn dagegen war es eine weitere Herausforderung. „Ich wollte es immer allen beweisen“, blickt er zurück.

Beim Schuljubiläum hatte er seine Bühne. Alle nahmen ihm bei der Aufführung in lateinischer Sprache die Rolle ab. Er steigerte sich hinein in Ariadne, die dem Geliebten half, den Minotauros zu besiegen. Dank ihres Wollfadenknäuels fand Theseus unversehrt aus dem Labyrinth des blutrünstigen Mischwesens heraus.

An einem „Ariadnefaden“ entlang entwickelten sich auch Rüdiger Wolffs künstlerische Ambitionen weiter. Schnell entdeckte das Bühnenschriftsteller- und Schauspieler-Ehepaar Irmgard und Fritz Wempner an der Niederdeutschen Bühne in Flensburg seine schauspielerischen Fähigkeiten, zumal Nachwuchssorgen die Bühne plagten. Der jugendliche, gutaussehende Liebhaber darf im Niederdeutschen Theater – ähnlich wie in der Commedia dell'arte – nicht fehlen. Aber die Besetzung der Rolle fiel schwer. Kaum ein junger Schauspieler war da, der sie allein schon vom Äußeren her übernehmen konnte. So einfach wie die drei Knaben, die einst in der „Zauberflöte“ von älteren Damen ersetzt wurden, ließ sich hier nicht improvisieren. Da kam Rüdiger Wolff, der den Wempners bereits bei seinen Nebenrollen am Theater aufgefallen war, wie gerufen.

Drei Monate vor seinem 20. Geburtstag erhielt er – damals noch mit seinem Geburts-Nachnamen Pollack – die Hauptrolle in dem Stück „Dat Leevsquartett". Silvesterabend 1972 war Premiere. Die Lokalzeitungen schrieben begeistert von dem neuen „Traumpaar", stand doch die 18-jährige Tochter der Wempners an der Seite eines „gutaussehenden Romeo, von dem junge Mädchen träumen könnten", wie die „Schleswig-Holsteinische Heimatzeitung" formulierte. Sylvia Wempner ging noch zur Schule. Auch für sie war es die erste große Rolle auf professioneller Bühne. Als Unterprimanerin der „Auguste-Viktoria-Schule" war sie sich noch nicht sicher, ob sie Berufsschauspielerin werden möchte. Von Rüdiger Wolff berichtete die Zeitung dagegen, er wisse „genau, was er einmal werden will: Gymnasiallehrer".

Die Wahrheit war eine andere. Doch Rüdiger Wolff wollte die Eltern nicht noch mehr provozieren. Der Auszug aus dem Elternhaus, die Verweigerung des Wehrdienstes, die „Funkstille" zwischen ihm und Vater und Mutter – das reichte. Er wusste, dass sein Vater vom Sohn einen „anständigen" Beruf verlangte. Also sagte er dem Zeitungsreporter in dessen Premieren-Vorbericht, dass er anstrebe, als Lehrer in den Fächern Kunsterziehung und Deutsch zu unterrichten. „Was blieb mir auch anderes übrig, da meine Stärken in diesen Schulfächern sowie im Fach Musik lagen? Neben einem Leben für die Kunst gab es da als Alternative nur diesen Beruf", muss Rüdiger Wolff im Nachhinein über seine Aussage in der örtlichen Zeitung schmunzeln. Tatsächlich zeigte sie Wirkung. Die Eltern kamen zur Aufführung am Silvesterabend mit einem Blumenstrauß und gratulierten dem Sohn zum Erfolg.

Während die Presse vom „Traumpaar" des Stückes schrieb, schwärmte Rüdiger Wolff, wie er später verriet, weniger von seiner „Leevsquartett"-Partnerin Sylvia, sondern von deren Mutter. Doch es blieb bei heimlicher Bewunderung, die allerdings das Ehepaar Wempner ganz offen für das junge Talent teilte. So durfte er ein Jahr später bei Irmgard Wempners Au-

torendebüt erneut eine der tragenden Rollen spielen. Das sozialkritische Erstlings-Bühnenstück mit dem Titel „Kinner – Kinner“ wurde ein Kassenschlager, mit dem die Niederdeutsche Bühne Flensburg auch bei der „Niederdeutschen Theaterwoche“ 1973 in Neumünster brillierte. Wieder stand Silvia an Rüdiger Wolffs Seite – und Renate Delfs. Sie, die spätere „Grande Dame“ der niederdeutschen Theaterszene, die es als Volksschauspielerin und durch ihre Rollen in vielen TV-Serien zu überregionaler Bekanntheit brachte, sollte im Laufe der nächsten Jahrzehnte bis zu ihrem Tod 2018 eine Wegbegleiterin des Schauspielers und Entertainers werden.
Als Rüdiger Wolff 2002 als Moderator der beliebten TV-Serie „Wunderschöner Norden“, die jeweils an einem anderen norddeutschen Ort gedreht wurde, in seiner Heimatstadt an der deutsch-dänischen Grenze Station machte, gab Renate Delfs die „Fremdenführerin“ durch die Region. Gemeinsam machten sie Werbung für die Region, die sie so liebten.
Rüdiger Wolff bestand darauf, dass Renate Delfs die Rolle – fester Bestandteil jeder Folge – bekam. Aus den ersten Begegnungen mit ihr an der „Niederdeutschen Bühne“ war eine Freundschaft geworden. Beiden verlieh die Stadt den Titel „Flensburg-Botschafter“.
2015 ließ es sich umgekehrt Renate Delfs als gerade zur Ehrenbürgerin Flensburgs ernannte Künstlerin nicht nehmen, Rüdiger Wolffs gerade auf den Markt gekommene CD „Sündhaft blau“ öffentlich vorzustellen. Die Vertonungen von Texten Erich Kästners, Wilhelm Buschs und Kurt Tucholskys hatten es der damals 90-Jährigen angetan. „Ich wusste immer, dass er zu etwas Besonderem fähig ist“, sagte sie über das Album. Renate Delfs bewunderte, wie sich Rüdiger Wolff trotz der ALS-Erkrankung nicht aufgab, sondern – im Gegenteil – einen neuen künstlerischen Weg einschlug.
Das erinnerte an einen Beitrag, den die „Schleswig-Holsteinische Heimatzeitung“ 42 Jahre zuvor in der Ausgabe vom 9. Oktober 1973 über Rüdiger Wolff und seine schauspielerischen Fähigkeiten geschrieben hatte: „Der Junge muss hart an

sich gearbeitet haben. Sein Können und seine Erscheinung werden sicherlich schon bald die bisher im Niederdeutschen unterrepräsentierte Gruppe von Teenies und Twens ins Theater locken, falls uns dieser nun wirklich einmal jugendliche Liebhaber nicht schnell weggekauft wird." Eine richtige Vorahnung, wie sich zeigen sollte.

Doch zunächst musste Rüdiger Wolff seinen Zivildienst in der Diakonissenanstalt zu Ende bringen. Würde er es aber auch als Student noch schaffen, seinen Unterhalt selbst zu finanzieren? Noch dazu in Hamburg, wohin es den nun 21-Jährigen zog, da an der damaligen Pädagogischen Hochschule seiner Heimatstadt noch kein Studium für das höhere Lehramt möglich war? Jetzt kamen die Eltern zur Hilfe. Schließlich wollte der Sohn endlich „etwas Richtiges" studieren.

Wieder und wieder hatte Vater Wilfried Pollack ihm vor Augen geführt, wie unsicher der Beruf des Künstlers ist. Nun, da Rüdiger scheinbar Einsicht zeigte, war er bereit, den Sohn auch finanziell zu unterstützen. Sogar das alte Klavier aus dem Elternhaus durfte er in seine Hamburger Studentenwohnung mitnehmen. Dem Vater war das recht, solange die Aussicht bestand, dass Rüdiger Gymnasiallehrer wird – nicht Sänger und oder Schauspieler. Das könne er immer noch werden, nachdem er einen „ordentlichen" Beruf erlernt habe, gab er sich kompromissbereit.

An eine Fernsehkarriere dachte zu diesem Zeitpunkt niemand, obwohl Bekannte und Verwandte bei Besuchen im Hause der Pollacks in der Emil-Nolde-Straße schon in Rüdigers Kindertagen prophezeit haben sollen: „Der Junge kommt eines Tages in die ‚Schaubude'." Die aktuelle Sendung im Regionalprogramm kannte damals jeder. Jeden Sonnabend versammelten sich unzählige Familien vor dem Fernseher, um die neueste Ausgabe des Fernsehmagazins zu sehen.

Dass Rüdiger Wolff dort im August 1988 als Moderator starten und mit einer Unterbrechung gut fünf Jahre lang bis Ende 1996 – zuletzt mit Sabine Sauer an seiner Seite – das Gesicht der „Aktuellen Schaubude" sein sollte, war nicht abzusehen.

Die Musik und das Schauspiel faszinierten ihn, weniger Fernsehen und Radio.
So kamen vor der Moderatoren-Karriere zunächst die Auftritte als Schlagersänger. Weiter ging auch sein Aufstieg als Schauspieler auf der Bühne; kuriose Überraschungen und zweifelhafte Angebote für lukrative Engagements inklusive.
Seine Reise durch die verschiedenen Welten begann. In seiner CD „Stationen", auf denen er Texte von Kurt Tucholsky vertonte, ist auch dieses Lied mit dem Titel „Luftveränderung" zu hören:

„Fahre mit der Eisenbahn,
fahre, Junge, fahre!
Auf dem Deck vom Wasserkahn
Wehen deine Haare.

Tauch in fremde Städte ein,
lauf in fremden Gassen;
höre fremde Menschen schrein,
trink aus fremden Tassen.

Flieh Betrieb und Telefon,
grab in alten Schmökern,
sieh am Seinekai, mein Sohn,
Weisheit still verhökern.

Lauf in Afrika umher,
reite durch Oasen;
lausche auf ein blaues Meer,
hör den Mistral blasen!

Wie du auch die Welt durchflitzt
Ohne Rast und Ruh –:
Hinten auf dem Puffer
Da sitzt du.

Als die CD 2016 erschien, wusste Rüdiger Wolff bereits von seiner unheilbaren Krankheit. Gefühllos und mit brutaler Schonungslosigkeit hatte ihm ein Arzt die Diagnose mitgeteilt. Aber er hatte ja und hat bis heute seine Kunst, die ihn, wie er sagt, immer wieder aufrichtet, wenn zu den Schmerzen depressive Phasen kämen.
Den Text des Liedes veröffentlichte Kurt Tucholsky 1924 in der „Berliner Illustrirten Zeitung" unter dem Pseudonym Theobald Tiger. Die Tucholsky-Gesellschaft, sonst bei Vertonungen von Texten des Schriftstellers eher skeptisch, lobte Rüdiger Wolffs Werke. Wie kein anderer habe er die Botschaften des Schriftstellers musikalisch umgesetzt.

Im Schwitzkasten

Im Wintersemester 1973/74 begann das Literaturstudium in Hamburg. Da Deutsch schon in der Schule zu seinen Lieblingsfächern zählte, fiel Rüdiger Wolff der Start leicht. Aber Bühne und Scheinwerferlicht ließen ihn nicht los. Schauspielerfahrung hatte er ja bereits. Zudem konnte er singen und Klavier spielen. Und er komponierte selbst und war sein eigener Songwriter, wie sich die Liedermacher seiner Generation nun nannten.

Es war die Zeit der Clubs und Musikkneipen. Die Hamburger Kleinkunstszene brodelte, voran das „Onkel Pö". Gruppen wie die „Rentnerband" oder „Frumpy" liefen zur Höchstform auf. „Gottfried & Lonzo" schrieben 1974 den Hit „Hamburg 75" mit dem Refrain:

„Hamburg 75, Jungs war das gemütlich
Da schien noch ein richtiger Mond in der Nacht
Die Musik haben wir noch mit der Hand gemacht
So was gibt es heute nicht mehr
is' verdammt lange her, is' verdammt lange her."

Hamburgs „heimliches Herz", wie „Die Welt" schrieb, entwickelte sich zwischen Altem Steinweg und Großneumarkt. Hier entstand das neue Szene-Hauptquartier mit Weinstuben, Bierkneipen, Wirtshäusern und Imbissbuden, dazu Second-handshops, Kunstgewerbe-Läden. Dort traf sich die ganze Kleinkunstgemeinde von den Folksängern über die Dixie-Bands bis hin zum Jazz-Trio, von Blödelbarden und Straßenartisten bis zu lokalen Lyrikern.

Ausgerechnet zwei Nordlichter mischten die Lokale auf. Die Brüder Thoms und Broder Drees aus dem nordfriesischen Bredstedt waren 1971 nach Hamburg gekommen. Einige Jahre später wurden sie als „Schrittmacher der Szene" und als „Kneipenkönige" gefeiert. Da hatte Rüdiger Wolff bereits

den Sprung von den Club-Auftritten in die Hitparaden geschafft.
Besonders beliebt war der Kabarett- und Kleinkunstkeller „Weinstuben am Großneumarkt". Hier sprach der Flensburger Student vor. Schließlich konnte er nicht nur singen und Klavier spielen. Er hatte ein Repertoire eigener Lieder. Außerdem vermochte er die Hits von Udo Jürgens oder Gitte Haenning ebenso gut zu interpretieren wie die Songs der Beatles. Und er bewegte sich sicher auf der kleinen Bühne. Rasch hatte Rüdiger Wolff sein eigenes Programm, mit dem er sich vom Mainstream-Repertoire der Kleinkunstbühnen abhob. Er war nicht Gottfried Böttger und nicht Udo Lindenberg – und er ließ sich nicht von dem Hamburger „Jazz- und Spaßmusikerklüngel" vereinnahmen, über den die Presse kritisch herzog.
„Ich hatte Lust auf Lieder mit eingängigen großen Melodiebögen", sagt Rüdiger Wolff, „einfache Songs auf der Klampfe oder auf dem Klavier waren mir zu blutleer." Viele seiner Lieder sind von Dramatik und einer gewissen Melancholie gezeichnet, beginnen oft in Moll und enden in strahlendem Dur. Rasch hatte er eine kleine, aber feine Fangemeinde. Er sei ein „norddeutscher Jacques Brel", schrieb ein Kritiker in Anlehnung an den großen belgischen Chansonier und Schauspieler. Handzettel, auf denen das Programm „Rüdiger Wolff singt: ‚Lieder von eigener Art'" unterkühlt angekündigt wurde, taten ihr Übriges. Die Soloauftritte des Studenten am Klavier – ohne Mikrofon und Verstärker – lockten Neugierige an und avancierten zum „Geheimtipp".
An den freien Abenden wurde studiert oder etwas unternommen. Ein gutes Jahr später lernte Rüdiger Wolff nach einem Besuch im „Abaton"-Kino, in dem er mit Freunden Rainer Werner Fassbinders gefeierte Literaturverfilmung von Theodor Fontanes „Effie Briest" gesehen hatte, die Medizinstudentin Dörten Maack kennen. Sie aus dem nordfriesischen Wester-Schnakebüll, er aus dem 60 Kilometer entfernten Flensburg – das passte schon geografisch. Zwei „Nordlich-

ter“ in der Großstadt. Zwei Menschen im Aufbruch, mit großen Plänen. Da die Bauerstocher aus Nordfriesland, die Ärztin werden wollte. Hier der Polizistensohn, der zwischen künstlerischen Ambitionen und geforderter „solider Ausbildung“ seinen Weg suchte.

Rüdiger ging mit seinen Freunden nach dem Kinobesuch in eine Studentenkneipe, um über den Film zu reden. Am Tisch saß bereits – ebenfalls mit Freunden – seine spätere Frau. „Sie war großartig: selbstbewusst, nahm kein Blatt vor den Mund, hatte tolle blaue Augen. Im Laufe des Abends merkten wir auch, dass wir aus der gleichen Ecke kamen“, erzählt er. Sie tauschten die Telefonnummern aus. Doch Dörten Maack glaubte, wie sie einer Boulevardzeitung verriet, nicht an einen Rückruf: „Als Rüdiger aber gleich am nächsten Tag angerufen hat, war ich schon geschmeichelt. Von da an hat er sich wirklich jeden Tag gemeldet, wollte immerzu etwas mit mir unternehmen. Sowas war ich nicht gewohnt. Na ja, und er war sehr charmant, sah gut aus und hatte unglaublich viel Ahnung von Kultur.“

Nicht zuletzt war die Medizinstudentin begeistert von Rüdigers Liedern. „Als er mir sein Lied ‚Geh mit mir den Weg ins Leben‘ vorgespielt hat und mich dabei die ganze Zeit anguckte, ja, da wusste ich, dass wir zusammengehören“, erzählte sie 23 Jahre später der „Bild“-Zeitung. Das Lied habe er damals extra für sie getextet und komponiert, sagt Rüdiger Wolff. Er sei sofort in das blonde Mädchen verliebt gewesen. Zumal diese ihn – anders als die Eltern – in seinem Traum von einer Existenz als Künstler bestärkte. „Rüdiger, du bist für die Bühne geschaffen. Du musst Schauspieler und Sänger werden. Das geht gar nicht anders“, ermunterte sie ihn, weiter an seinen Talenten zu arbeiten.

Die Liebe machte ihn nicht blind, sondern öffnete Rüdiger Wolff die Augen. Nein, die Aussicht auf einen Beruf als Studienrat befriedigte ihn nicht. So schloss er, nachdem er Dörten näher kennengelernt hatte, endgültig mit der Vorstellung ab, sich als Lehrer durchzuschlagen. Den Eltern zuliebe setzte er das Studium der Literatur zwar noch einige Semester fort. Parallel aber sollte ein Schauspielstudium starten, was allerdings zunächst ein erhebliches Problem mit sich brachte. Die Aufnahmeprüfung an der Hochschule für Musik und Theater in Hamburg bestand er zwar auf Anhieb. Aber er durfte nicht gleichzeitig an der Universität eingeschrieben sein.

Ein Ausweg musste gefunden werden. Also sprach er 1976 im privaten Schauspiel-Studio von Hildburg Frese vor, der ältesten Schule dieser Art in Hamburg. Hier konnte er seine Ausbildung beginnen, ohne dass es einen Konflikt gab, weil er an der Universität eingeschrieben war.

„Die Frese“ kennt man in der Theaterszene. Sie ist staatlich anerkannt und gehört zu den ersten Adressen der Stadt. „Wer es bei Frese schafft, der schafft's auch beim Theater“, wird über die Schauspielschule gesagt, die 1958/59 von der gleichnamigen Charakterdarstellerin und Theaterlehrerin gegründet wurde.

Rüdiger Wolff bestand auch hier die Aufnahme und hätte loslegen können – wären da nicht die zusätzlichen Kosten für die Schauspielschule gewesen. Die Eltern um Unterstützung zu fragen, war ausgeschlossen. Sie hatten sich gerade gefreut, dass der Sohn sein Studium auf den Lehrerberuf hin ausgerichtet hatte. Die abendliche Ausbildung zum Schauspieler würden sie – das wusste er – niemals gutheißen.

Die Rettung kam mit Dörtens Mutter Kathrine. Die nordfriesische Bäuerin sprach nur plattdeutsch, kannte wenig von der Theaterwelt. Aber sie hatte ein sicheres Gespür für das Können des jungen Mannes, den die Tochter ihr vorstellte. „De Jung süht ganz god ut und is nich dumm. Ick glöv, de schafft dat“, soll sie gesagt und den monatlichen Wechsel für ihre Tochter erhöht haben, damit beide ihren Traum wahr machen konnten. Die eine Medizinerin, der andere Schauspieler und Entertainer: es blieb nicht aus, dass die so unterschiedlichen beruflichen Ambitionen des Paares mit der Zeit zur Belastung wurden.

Rüdiger wahrte wegen seiner Eltern noch einige Zeit den Schein des Literaturstudenten. Aber die Schauspielausbildung forderte bald seine ganze Konzentration. Der Unterricht von der Theorie bis zu Sprache, Gesang, Tanz, Atemtechnik und Körperbeherrschung nahm immer mehr Zeit in Anspruch, so dass das Universitätsstudium schließlich beendet werden musste.
Zumal Auftritte hinzukamen. Vor allem für Statistenrollen in Weihnachtsmärchen und im Fernsehen waren die Absolventen des Schauspielstudios Frese gefragt. Rüdiger Wolff flogen die Angebote nur so zu. Fotos zeigen ihn als lässigen jungen Mann mit dunklen, welligen, halblangen Haaren. Braune Augen, offener Blick. Makellos das Gesicht, groß und schlank die Figur. Zum perfekten Äußeren kam seine Fähigkeit, schnell Rollen zu beherrschen. Texte auswendig zu lernen, war für ihn nie ein Problem.
Der 23-jährige Schauspielschüler, so lange hin- und hergerissen zwischen seiner Leidenschaft als Sänger und Schauspieler einerseits und andererseits dem Druck seiner Eltern, einen bürgerlichen Beruf zu wählen und sich nicht ganz der Kunst zu verschreiben, war endlich ganz in seinem Metier. Auch dank der Frau an seiner Seite, die er nach dem Kinobesuch kennengelernt hatte.
Endlich schien die Richtung klar, gab es keinen Mittelweg mehr. Doch noch immer wühlt ihn eine Erfahrung auf, die er wie viele andere Darstellerinnen und Darsteller auch vor und hinter Bühne und Kamera machen musste und über die alle jahrzehntelang mehr oder weniger schwiegen. Bei ihm begann es gleich zu Beginn seiner Ausbildung.
Erst mit der MeToo-Debatte wurde das Thema enttabuisiert. Als 2017 in den USA Schauspielerinnen erstmals offen von sexuellen Übergriffen des Filmproduzenten Harvey Weinstein berichteten und ihre Enthüllungen im Internet weltweit die Runde machten, wurden bei Rüdiger Wolff dunkle Erinnerungen wach. Sexuelle Belästigungen in der Theater- und Unterhaltungsbranche gehörten für ihn da längst zum beruf-

lichen Alltag: „MeToo hat publik gemacht, was alle Insider wussten, aber nicht auszusprechen wagten. Und die Bewegung vernachlässigte, dass sehr wohl auch Männer Opfer solcher Übergriffe werden können. Ich habe sie erlebt – sowohl durch Männer als auch durch Frauen."

Es begann im Thalia-Theater, das für eine Inszenierung von Edmond Rostands romantisch-komödiantischem Drama „Cyrano de Bergerac" Kleindarsteller suchte. Der Intendant, der selbst die Hauptrolle spielte, wollte ein großes Ensemble auf die Bühne bringen. Während der Proben mussten auch die ausgewählten angehenden Schauspielschüler aus dem Studio Frese aufmarschieren.

Um eine Fechtszene zu proben, verlangte der berühmte Intendant und Hauptdarsteller des „Cyrano" nach einem Partner. Er schaute sich im bereitstehenden Ensemble um und zeigte schließlich auf Rüdiger Wolff: „Der soll es machen."

„Kein Problem", dachte sich der Angesprochene. Er hatte fürs Schauspiel bereits Fechtunterricht genommen und das Drehbuch studiert. „Cyrano" musste als Sieger aus dem Duell hervorgehen.

Was danach kam, machte Rüdiger Wolff fassungslos. Nach jeder Fechtszene – sie wurde mehrfach geübt – nahm sein prominenter Gegner ihn in den Schwitzkasten und drückte den Kopf des Schauspielschülers immer dichter und stärker in seinen Schoß, bis der Penis zu spüren war.

„Es war entsetzlich", erinnerte sich Rüdiger Wolff. Sofort wollte er sich bei dem berühmten Theatermann einen Termin geben lassen und ihm deutlich machen, dass er die sexuelle Belästigung zu unterlassen habe, als schon einer seiner Mitarbeiter kam und nun umgekehrt mitteilte: Der Maestro wolle ihn sprechen – morgen, 15 Uhr.

Das Gespräch am nächsten Tag ist Rüdiger Wolff sehr genau im Gedächtnis geblieben. „Du wirst gemerkt haben, dass du mir gefällst", soll der Hauptdarsteller und Intendant unverhohlen begonnen und auf den Einwand des Schülers, dass ihm das sehr unangenehm sei, wegwerfend reagiert haben:

„Ach was, das muss dir nicht unangenehm sein. Du bist ein gutaussehender Typ, und ich habe mich unheimlich in dich verliebt. Das mag neu für dich sein, aber ich möchte, dass wir zusammenkommen. Und ich verspreche dir: Du wirst hier Karriere machen."

Geschockt sei er gewesen, erzählt Rüdiger Wolff. Die Welt der Homosexualität war ihm völlig fremd. Als er das Angebot ablehnte, habe der Abgewiesene empört reagiert: „Was, du lehnst ab? Weißt du nicht, dass ich dich berühmt machen kann?" Rüdiger Wolff verließ trotzdem das Büro. Als er am nächsten Morgen wieder zu den Proben ins Theater kam, wurde er sogleich von anderen Mitwirkenden bestürmt: „Hast du auf's Schwarze Brett geschaut?" Er ging hin und sah, dass in der Ensemble-Aufzählung ein dicker Balken über seinem Namen deutlich machte: Er war gefeuert.

„Ich fühlte mich so furchtbar machtlos", erinnert sich Rüdiger Wolff. Ähnlich erging es ihm neun Jahre später beim Fernsehen. Diesmal war es die Redakteurin der Sendung, die sich nach einer Aufzeichnung der Folge auf seinen Schreibtisch setzte und sagte: „Ich würde mir wünschen, dass du mich nicht nur mit den Augen eines Moderators anschaust." Als er nicht reagierte, wurde die Kollegin deutlicher: Sie wolle mit ihm ins Bett. Rüdiger Wolff war verheiratet und sagte nein – und ahnte Böses. Als freier Mitarbeiter des Privatsenders war er auf Aufträge angewiesen. Nach seiner Abweisung vergab die Redakteurin, mit der er bis dahin bestens zusammengearbeitet hatte, keine Termine mehr an ihn.

Dasselbe wiederholte sich später mit einem Programm-Macher bei Sat.1. „Warte ab, eines Tages werden wir zusammen schlafen", versteckte er seine Anzüglichkeiten in einem scheinbaren Scherz. Doch Rüdiger Wolff ahnte, dass er es ernst meinte. Als sie dienstlich unterwegs waren und im selben Hotel übernachteten, erklärte der Programmgewaltige neben ihm an der Rezeption, man nehme ein gemeinsames Zimmer mit Doppelbett. Der Moderator sagte „Nein", bestand auf getrennten Zimmern. Kurz darauf war sein Engagement für die Sendung beendet.

„Es wurde zu lange geschwiegen“, sagt Rüdiger Wolff selbstkritisch. Neben den sexuellen Übergriffen habe die MeToo-Debatte deutlich gemacht, wie abhängig Schauspieler und auch Moderatoren und andere freie Mitarbeiter bei Rundfunk und Fernsehen von jenen sind, die Macht haben, wenn es um die Vergabe von Engagements geht.

Zwischen Disco und großer Bühne

Kurz vor dem erfolgreichen Abschluss der Schauspielschule wurde Rüdiger Wolff bundesweit bekannt – wenn auch anders, als es ihm der Thalia-Mann bei seinem Versuch der sexuellen Nötigung versprach.
Der Zufall katapultierte ihn in die Hitparaden. Das Studio von Hildburg Frese feierte im Herbst 1978 sein 20-jähriges Bestehen und lud zu einer Gala ins Ohnsorg-Theater ein. Schauspielschüler Wolff sollte darin mit einem selbst komponierten Lied auftreten.
In der Hamburger Musikszene war Wolff kein Unbekannter mehr. Über seine regelmäßigen Auftritte in den von Bier, Wein, Schnaps und Zigarettenqualm geschwängerten Weinstuben am Großneumarkt schrieb die Presse: „Seine Ausdrucksskala reicht von temperamentvollem Charme über Witz und Ironie bis zur kontrollierten Sozialkritik. Seine Lieder schaffen eine Atmosphäre, die jeden anregt zur guten Laune oder zum kritischen Mitdenken."
Beides versuchte Rüdiger Wolff unter einen Hut zu bringen, als er bei der Jubiläumsgala seinen Song „Daddy's Disco" vortrug. Der Song sollte eine Parodie auf die aktuelle Disco-Welle sein und sie mit ihren eigenen Mitteln schlagen. Die Musik eine Mischung aus Pop und Funk, eingängig der Beat, um danach zu tanzen. Der Text anspruchslos, weil Nebensache. Disco-Musik wurde in den 1970er Jahren zum Maß aller Dinge.
Der 25-jährige Rüdiger Wolff fand Discos nach eigenem Bekunden „grässlich" – beginnend bei den Türstehern. Für ihn waren und sind sie Inbegriff von Ausgrenzung. Oft werde nach Aussehen, vermeintlichem Geld oder teurem Schmuck und Uhren entschieden, wer hinein dürfe und wer nicht. Nein, die Disco-Welle sei nichts für ihn gewesen, sagt Rüdi-

ger Wolff. John Travoltas Blockbuster „Saturday Night Fever“, der damals fast alle in die Kinos lockte, hat er nie angeschaut. Aber natürlich kannte er alle Hits, von Abbas „Dancing Queen“ über Boney M.'s „Daddy Cool“ bis zu Baccaras „Yes Sir, I can Boogie“.

In „Daddy's Disco“ wollte er den Hype „mal leicht auf die Schippe nehmen“, wie er dem Hamburger Abendblatt erklärte, als nun auch die größte Zeitung der Hansestadt auf ihn aufmerksam geworden war. Refrain-Auszug seiner Disco-Parodie: „Schubidubidu – Boogiebu – Nana – Music.“

Rüdiger Wolff lacht heute darüber. So „sinnentleert“ seien die Texte der Disco-Musik nun mal gewesen. Das habe er dem Publikum der Jubiläumsgala im Ohnsorg-Theater mit einem Augenzwinkern vorführen wollen. Der Auftritt zusammen mit einer aus Studenten der Schauspielschule zusammengestellten Band sorgte für Stimmung. Ob allen Gala-Besuchern klar war, dass es sich bei dem Song um eine Parodie handelte, darf bezweifelt werden. Rüdiger Wolff störte das nicht. Was zählte, war der Erfolg. Er wollte nach oben.

Einen guten „Riecher“ bewies ein Redakteur des „Hamburg Journals“ des NDR, der unter den Gästen im Ohnsorg-Theater saß. Nach der Gala fragte er, ob „Daddy's Disco“ noch einmal fürs Fernsehen produziert werden könnte. Die Aufführung sei zu schön gewesen. Natürlich sagten Wolff und seine Kommilitonen zu. Wenige Tage später rückte ein Kamerateam an und nahm das Stück auf der Bühne der Schauspielschule auf, um es danach am 10. November 1978 in der „Nordschau“ zu zeigen.

Das TV-Debüt des Flensburgers fiel auf fruchtbaren Boden. „Angenehm aufgefallen“ sei er, schrieb seine dänischsprachige Heimatzeitung „Flensborg Avis“. Das „Flensburger Tageblatt“ sprach von einer „köstlichen Parodie“ und munkelte, dass es demnächst wohl eine Schallplatte von dem Stück geben werde.

Tatsächlich hatte Musikproduzent Michael Chambosse von der Telefunken-Decca-Schallplatten GMBH (Teldec) bereits bei einem der Soloauftritte des jungen Künstlers in den Weinstuben Kontakt zu ihm aufgenommen und diesen mit der empfohlenen Änderung des Familiennamens Pollack auf den Weg ins Showgeschäft vorbereitet. Er war es gewohnt, seine Plattenstars zu Kunstfiguren zu stilisieren – von der Frisur über die Kleidung bis hin eben zum Namen. Auf einem Zettel waren Vorschläge für die Umbenennung. „Joe Johnson“ zum Beispiel, oder „Mike Mender“. „Einer schlimmer als der andere. Alles Kunstnamen aus dem Showbusiness, mit denen ich für immer verbrannt gewesen wäre“, erinnert sich Rüdiger Wolff.

Der schließlich von ihm und seiner Freundin Dörten ausgesuchte neue Nachname Wolff – nicht Künstlername, sondern amtlich in Pass und Personalausweis eingetragen – war für den Schauspielschul-Absolventen und Sänger nach eigenen Worten „emotional kein Problem“. Er hatte sich für eine professionelle Künstlerkarriere entschieden, da schien ihm dieser Schritt nur konsequent und richtig.

Zudem hatte er als Kind im Flensburg der 1950er Jahre erlebt, wie auf Flüchtlingsfamilien herabgeschaut wurde. Nein, die Aufnahme der Vertriebenen aus dem Osten war auch in Schleswig-Holstein alles andere als herzlich. Der Westen wurde für die Flüchtlinge, die alles verloren hatten, zur „kalten Heimat“, wie Andreas Kosserts in seiner „Geschichte der Vertriebenen nach 1945“ schreibt. Auf die Vertreibung folgte die Ausgrenzung. Sie bekamen auch noch die Kinder der Geflüchteten zu spüren. So auch Rüdiger Wolff.

Sein Nachname verriet die Herkunft des Vaters, der Ostpommern hatte verlassen müssen. In der neuen Heimat war Pollack zu einem Schimpfwort geworden. Wer Rüdiger in der Schule beleidigen wollte, rief „Pollacke“. Er litt darunter und zog sich noch mehr in seine eigene Welt zurück. Die Namensänderung fühlte sich dagegen jetzt wie eine bedeutende Rolle an, die er sich seit jungen Jahren erträumt hatte: Auf der Bühne stehen, ein anderer sein und doch er selbst, Künstler und Brückenbauer, Einzelgänger und gefeierter Star.

Parallel zur NDR-Aufzeichnung des „Daddy's Disco"-Stückes legte nun auch Produzent Michael Chambosse los. Statt der Schauspielschüler-Truppe mussten professionelle Musiker her – und vor allem „richtige" Go-Go-Girls, von denen drei auf der Plattenhülle der ersten Single neben dem jugendlichen, aber eher noch schüchtern und steif wirkenden Newcomer zu sehen sind.
Die Richtung von Chambosse und des Teldec-Labels „Pinball" ist unverkennbar. „Die DeutscheDiscoDröhnung" heißt es – in einem Wort zusammengeschrieben – auf einem Flyer. Originaltext der Hochglanz-Werbung des Produzenten für seine Neuentdeckung: „Aus Spaß wird Ernst – und Ernst ist zumindest die erste Singleveröffentlichung von Rüdiger Wolff geworden. Seine ‚Daddy's Disco' hat Dampf und Witz. (Und seine Mädchen Feuer!)". So tief war die kommerzielle Disco-Musikindustrie gesunken, dass sie – frei nach Erich Kästner – den Kakao, durch den die Parodie sie ziehen sollte, auch noch selbst trank.
Ende April 1979 war es so weit. Die Single erschien – und schlug ein. Auf Anhieb „von Platz null auf Platz sechs" der deutschen Hitparade sei der Flensburger mit „Wahlheimat Hamburg" gestiegen, jubelte das „Abendblatt" im Juni 1979 und kündigte an, dass es den Titel „bald auch in englischer Fassung geben" wird. Mit einem Schlag galt Rüdiger Wolff als so etwas wie ein Idol – jedenfalls in der Zeitschrift „Echo der Frau". Ein Klischee war geboren, das Rüdiger Wolff nicht mehr los wurde: Immer wieder wurde er fortan in den Medien als „Traum aller Schwiegermütter" tituliert. In der Rubrik „Mein Starfoto" der Zeitschrift erschien sein Konterfei neben denen von „Lieblingsstar Heino", Moderator Hans Rosenthal und Schlagersänger Karl Gott. Eine Leserin hatte den Schnappschuss gemacht und sich als Fan des Schauspielers geoutet. „Die Herzen der jungen Mädchen fliegen ihm in Scharen zu", schrieb die Klatschpresse.
Nur die „Hildesheimer Allgemeine" nahm die Parodie so, wie sie ist, und konterte in der Rubrik „Pop-Karton" unter

Anspielung auf das Literaturstudium des Interpreten: „Rüdiger Wolff, Schlagerneuling, liegt in der NDR-Hitparade auf Platz 6 mit ‚Daddy's Disco'. Textprobe: ‚Boogie-Woogie-Babyschubidubi, Yeah. Disco ist okay!' Der Goethepreis fürs kommende Jahr dürfte ihm damit sicher sein."
Die Ironie störte den Newcomer nicht. Er freute sich vielmehr über die erste große GEMA-Zahlung. Zugleich endete sein Schauspielstudium. Die Bretter, die die Welt bedeuten, waren wichtiger für ihn als eine zweite Single. Zumal er 1980 seinen Klassenkameraden Achim Oppermann wiedersah. Dieser hatte sein klassisches Musikstudium in Lübeck und Hamburg gerade abgeschlossen, feierte als Gitarrist und Keyborder der deutsch-britischen Rockband „Lake" Erfolge und hatte sich als Produzent in Hamburg niedergelassen. „Willst du diese Art von Liedern wirklich machen?", fragte der ehemalige Mitschüler Rüdiger Wolff, nachdem er „Daddy's Disco" gehört hatte. Oppermann wusste aus den gemeinsamen Flensburger Zeiten, dass Rüdiger Wolff ein nachdenklicher, sensibler Geist war und mit seinen Liedern viel eher sozialkritische Geschichten erzählen wollte als Schlagerbrei zu texten und zu komponieren.
Rüdiger Wolff war in einer Zwickmühle. „Dich lieben die Teenies. Deren Geschmack musst du jetzt erst einmal bedienen", versuchte ihn seine Plattenfirma bei der Stange zu halten. Später könne er immer noch etwas anderes machen. Doch das „erst einmal" verfing letztlich nicht. Neben seinem Aufstieg als Schauspieler traf sich Rüdiger Wolff fortan regelmäßig mit Achim Oppermanns in dessen Studio, das damals noch in den Anfängen steckte. 1985 gründete Oppermann die TAO Music Productions, deren Studios in den nächsten Jahrzehnten zu einer der ersten Adressen in der deutschen Musikszene wurden.
Zusammen mit seinem Flensburger Schulfreund arbeitete Wolff nun an Texten und Kompositionen weit weg von seiner Debüt-Single. „Ehrliche Lieder mit viel Gefühl", sollten es jetzt sein, verriet Wolff in Interviews. Zwei Jahre später war

es so weit: Eine Demo-Band überzeugte das Schallplatten-Label Electrola und den Musikverlag EMI so sehr, dass die Firma 10 000 Mark gab, um eine neue, diesmal ehrlichere Platte zu produzieren. Oppermann und Wolff flogen nach Berlin, wo das Lied „Wohin geh'n wir“ mit der Gruppe „Lake“ und den Streichern der Deutschen Oper eingespielt wurde.

Die Single (Musik und Text Rüdiger Wolff/ Arrangeur und Produzent Achim Oppermann) erschien im Mai 1983 und wurde ein voller Erfolg. „Ein äußerst ansprechender, romantischer Song“, schrieb das Magazin „Musikinformationen“ und vergab in der Rubrik „hitverdächtig“ zwei von drei Sternen. In zahlreichen Hitparaden landete das Stück unter den „top ten“, Fernsehauftritte Rüdiger Wolffs als Sänger folgten. Wäre bei Erscheinen der Platte nicht die Bewerbungsfrist abgelaufen gewesen, so meinten Kritiker, hätte „Wohin geh'n wir“ gute Chancen gehabt, als deutscher Beitrag für den „Grand Prix Eurovision 1983“ nominiert zu werden.

Rüdiger Wolff und Achim Oppermann, der inzwischen auch Produzent von Stars wie Veronica Fischer und Peter Hofmann war, schwärmten in Medien-Interviews von einer „tollen Zusammenarbeit“. Die beiden Flensburger verkörperten unterschiedliche Musikrichtungen, aber sie einte ihre große Professionalität. Weitere Plattenerfolge des Gespanns folgten. „Wir sind stark“ kam im Juni 1984 auf den Schallplattenmarkt und hielt sich wochenlang auf Platz 1 der NDR- und der SFB-Hitparade. In einer Computerauswertung aller Rundfunk-Hitparaden jenes Jahres landete Rüdiger Wolff unter mehr als 150 deutschen Interpreten auf Platz 23 – unter anderem vor Stefan Waggershausen & Alice, vor Nicole, Vicky Leandros und auch vor den beiden von ihm bewunderten Sängerinnen Gitte Haenning (Platz 38) oder Daliah Lavi (Platz 44).

Rüdiger Wolff war zu einem bekannten „Gesicht“ der deutschen Popmusik geworden. Vor allem beim weiblichen Publikum, so schrieb die „Hamburger Morgenpost“, komme er sehr gut an. Weiter hieß es in dem Blatt: „Bleibt die Frage, ob es am Lied ‚Wir sind stark' liegt, oder am ‚starken' Aussehen des Interpreten."

Wolff hatte zu diesem Zeitpunkt bereits einen weiteren Exklusivvertrag mit EMI Electrola unterschrieben. Die Dinge begannen sich zu überschlagen: Auf der Bühne feierte er als Schauspieler erste Erfolge. Seine Karriere als Moderator sollte im August 1984 starten, und zwei Jahre nach seiner Hochzeit kam am 30.11.1983 seine Tochter Katharina zur Welt.

„Was aus mir wird, werden wir schon sehen", lautete im September 1984 die nächste Single des Flensburgers, der es nach oben geschafft hatte. Nun ist nicht mehr ein Teenie-Idol mit Go-Go-Girls auf dem Plattencover zu sehen, sondern ein eher ernst und versonnen dreinblickender 31-Jähriger. Sein Pensum in den Jahren nach Abschluss der Schauspielschule Ende 1979 war immer größer geworden. Zwei Welten taten sich auf. Als Schauspieler wurde er an Theaterhäusern als „Entdeckung gefeiert". Als Musiker erklärte er seiner Heimatzeitung „Flensburger Tageblatt", dass „Schlagersingen ganz schön schwer" sei. Trotzdem komme die Theaterkarriere für ihn immer noch an erster Stelle, fügte er hinzu, auch wenn er nach seinen Plattenerfolgen nun „auf vier Beinen steht".

Jetzt segelte er erfolgreich unter neuem Namen. Mit den Erfolgen und der wachsenden Popularität stiegen aber auch die Ansprüche. „Im Grund schlüpfte ich mit der Karriere wieder in eine neue Identität. Die Rolle hieß: Du bist ein Star", erinnert sich Rüdiger Wolff an diese Zeit. Und wieder sei er nicht er selbst gewesen. „Ich dachte: Je weiter weg von mir, desto schöner. Erst mit den persönlichen und beruflichen Tiefschlägen und der Krankheit wurde mir klar: Du hast für diesen Weg einen hohen Tribut bezahlt."

Vom Prinzen zum Helden

Wie schon bei seinen ersten Rollen an der Niederdeutschen Bühne in Flensburg war Rüdiger Wolff nach Start seines dreijährigen Studiums im Schauspielstudio Hildburg Freses vor allem als jugendlicher Held und Liebhaber gefragt. In der Fördestadt hatte er noch als Laiendarsteller für „publikumswirksame Auftritte“ gesorgt, wie die „Kieler Nachrichten“ 1973 bei der Uraufführung von Irmgard Wempners Familienstück „Kinner – Kinner“ schrieben. Nun, drei Jahre später, begann er den Schauspielberuf professionell zu erlernen – und die Engagement-Angebote nahmen zu. Immer wieder fragten Bühnen im Schauspiel-Studio Frese nach, ob gutaussehende Schauspielschülerinnen und -schüler für Produktionen zur Verfügung stünden und gebucht werden könnten.
Rüdiger Wolffs Name fiel dann stets als einer der ersten. Ihm war es recht. Erstens verdiente er dadurch Geld. Und zweitens hatte Hildburg Frese allen Studierenden eingeimpft: „Wenn man euch eine Rolle anbietet, greift zu und wartet nicht auf ein besseres Engagement.“ Zu groß sei der Wettbewerb in dem Metier, und viele von denen mit hochfliegenden Plänen und Ansprüchen stünden am Ende ganz ohne ein Engagement da.
„Ich habe diesen Rat später zu sehr beherzigt“, sagt ihr ehemaliger Schüler Rüdiger Wolff heute. „Ich griff zu, wo ich nur konnte. Ich moderierte bei mehreren Radio- und Fernsehsendern gleichzeitig, führte durch große Galaveranstaltungen oder Messen, arbeitete als Synchronsprecher, las Hörbücher ein, machte Fernsehspots, übernahm Rollen an Theatern und auf Musicalbühnen.“ Natürlich sei das Geld eine Verführung gewesen, zumal der Lebensstil immer anspruchsvoller werden sollte. Aber da sei auch stets das Gefühl geblieben, es könnte eine Chance verpasst werden.
1977 meldete sich im Schauspielstudio Frese das Hamburger Operettenhaus. Gesucht wurde ein möglichst strahlender,

smarter „Prinz“ für das Stück „Schneewittchen und die sieben Zwerge“. Schon klar. Rüdiger Wolff musste bei dieser Musical-Adaption ran. Er sollte die verzauberte, im Sarg liegende Prinzessin wach küssen.

Dass eine solche Aufführung in dem großen Haus direkt an der Reeperbahn auf St. Pauli zu allerlei Missverständnissen führen kann, erlebte der Schauspielschüler aus dem deutsch-dänischen Grenzland, noch bevor er auf der Bühne stand. Als er für eine Nachmittagsaufführung als einer der Ersten aus der Maske kam, baten ihn Ensemble-Mitglieder, doch noch schnell vom Bäcker nebenan etwas Kuchen zu holen. Er war schließlich noch so etwas wie der Lehrling.

Die Maskenbildnerin Teddy Dollar war zuvor zu großer Form aufgelaufen, hatte den Musical-Prinzen, wie sie sagte, ganz auf „große Oper“ geschminkt. Die Lidschatten gingen bis unter die Haarwurzeln, das Rouge war besonders dick aufgetragen, und auch an der Wimperntusche war nicht gespart worden. So geschminkt, aber noch in „ziviler“ Kleidung betrat Wolff die Bäckerei und erlebte eine Mutter, die auf ihn zeigte und laut zu ihrer Tochter sagte: „Schau mal, so sieht eine Transe aus.“

Rüdiger Wolff, der damals 24-Jährige aus einem behüteten Bürgerhaus und in einem bürgerlichen Milieu fernab einer „sündigen Meile“ groß geworden, wusste zu diesem Zeitpunkt noch nicht einmal genau, was eine „Transe“ ist. So lächelte er nur freundlich und machte sich später schlau. Immerhin war es das Jahr, in dem die transsexuelle Sängerin, Schauspielerin und Tänzerin Romy Haag gemeinsam mit Udo Lindenberg mit dem Musical „Tell!“ auf Tournee ging. Zuvor hatte sie Schlagzeilen gemacht, weil sie mit David Bowie eine Beziehung eingegangen und dieser daraufhin zu ihr nach Berlin gezogen war. Aber das hatte Rüdiger Wolff nur am Rande mitbekommen. Jetzt schloss er die Wissenslücke.

Die „Unschuld aus Flensburg“ absolvierte ihre Rolle am Operettenhaus in Hamburg St. Pauli mit ganzem Ernst und voller Leidenschaft. Wie es im wahren Leben zugeht, sollte er nicht nur beim Bäcker erleben. Wieder einmal hatte er während einer Aufführung die totgeglaubte Prinzessin wach zu küssen. Als er die Bühne betrat und sich dem leblosen Schneewittchen im gläsernen Sarg näherte, schrie plötzlich ein Zuschauer, der sich auf der Reeperbahn offensichtlich in der Lokalität vertan hatte, laut: „Los, fick sie wieder lebendig." Das Publikum brüllte vor Lachen.

Rüdiger Wolff war ratlos. Wie sollte er, der Schauspielschüler in der Prinzen-Rolle, darauf reagieren? Zumal die Szene vollends aus dem Ruder lief, als die verwunschene Prinzessin angesichts des Zwischenrufs auch ohne den Kuss des Prinzen aus dem vermeintlichen Tiefschlaf erwachte und sich vor Lachen derart schütteln musste, dass der Bühnensarg auseinanderfiel.

„Spätestens da erinnerte ich mich an die große Therese Giehse, von der ich in der Schauspielschule gelesen hatte. Als Dreh- und Angelpunkt ihrer Schauspielkunst propagierte sie, im Zweifelsfall vor der Übernahme einer Rolle diese erst einmal in der Realität zu studieren. Wer einen Psychiater auf der Bühne verkörpert, sollte in der Psychiatrie hospitiert haben, wer einen Schlachter spielt, würde vom vorherigen Besuch eines richtigen Schlachthofs profitieren können", erzählt Rüdiger Wolff.

Um Therese Giehses Rat in die Tat umzusetzen, ließen Lehrer im Schauspielstudio Hildburg Frese ihre Absolventen Jo Ortons Boulevardschocker „Seid nett zu Mr. Sloane" einstudieren. Ausgerechnet Rüdiger Wolff betrauten sie mit der Rolle des seltsamen Strichjungen Mr. Sloane. Sie hatten wohl bemerkt, dass ihrem Hospitanten die „schönen" Rollen nur so in den Schoß gefallen waren. Deshalb sollte er als besondere Herausforderung den amoralischen Bösewicht und Schmarotzer spielen.

Wie aber geht es in der Welt der Strichjungen zu? Rüdiger Wolff wusste es wirklich nicht. „Gehe zum Hauptbahnhof und lerne sie kennen", empfahlen seine Ausbilder. Der gelehrige Schauspielschüler tat wie geheißen und strich um das

große Gebäude aus der Jahrhundertwende zwischen Mönckebergstraße und Steintordamm. Der Hauptbahnhof war als Treffpunkt der Stricher bekannt.
Es dauerte nicht lange, da kam ein älterer, zahnloser, übelriechender Mann auf ihn zu und sagte: „Na, wir kennen uns doch. So wie letztes Mal einmal Blasen für fünf Mark?“ Völlig verdutzt, fiel Rüdiger Wolff keine bessere Antwort ein als: „Nein, nein. Ich warte auf meine Mutter. Sie kommt gleich mit dem Zug aus Flensburg.“ Fassungslos drehte der „Kunde“ ab.
Der Schock über die Begegnung mit dem älteren Mann saß gleichwohl so tief, dass der Schauspielschüler am Ende nicht die Rolle des Mr. Sloane übernahm. Wolff: „Ich war einfach noch nicht reif dafür. Niemand hatte mich zu der Zeit über die Welt der Schwulen, der Strichjungen und Huren, der Transsexuellen aufgeklärt.“ Für ihn gab es zu diesem Zeitpunkt nur die Liebe zwischen Mann und Frau. Dass sich Frauen zu Frauen und Männer zu Männern hingezogen fühlen können, wusste er. Vor allem, dass es einen Austausch von Zärtlichkeiten auch zwischen gleichen Geschlechtern geben kann, ohne dabei gleich an Sex zu denken, ging ihm erst später auf. Und er erlebte hautnah die sexuellen Übergriffe in Theater und Showgeschäft.
Doch erst einmal stand nach dem erfolgreichen Abschluss der Schauspielschule 1979 und seinen ersten Erfahrungen und Erfolgen im Musikgeschäft ein neuer Abschnitt an: das Leben als Schauspieler. An zwei mittelgroßen Bühnen hatte Rüdiger Wolff vorgesprochen – jeweils mit Erfolg. Doch dann entdeckte ihn der Intendant der Landesbühne Hannover, Reinhold Rüdiger. Der „Prinzipal“ und große Brechtkenner wollte die Oper „Aufstieg und Fall der Stadt Mahagony“ inszenieren. Einer der vier Holzfäller aus Alaska, die in Berthold Brechts Satire auf die kapitalistische Welt als „Unzufriedene aller Kontinente“ von der „Paradiesstadt“ angezogen werden, wurde Rüdiger Wolff. Er sollte den Paul Ackermann spielen, der eigentliche „Held“ des Stückes.

Während am Theater im Aegi viele Rüdiger Wolff für zu jung und unerfahren für diese große Rolle hielten, empfahl die weibliche Hauptrolle ihm während einer Probe, eine „Stimmbänder-Versicherung“ abzuschließen. Tatsächlich schonten die erfahrenen Protagonisten der Oper vor der Premiere ihre Gesangsorgane, während „der Neue“ schon bei den Proben alles gab und sich die Kehle aus dem Leib sang. Ein älterer Kollege dagegen war auch kaum zu hören. „Ich schone meine Stimme und markiere deshalb nur“, sagte er. Alle glaubten ihm. Bis die Premiere kam und er immer noch „markierte“ und kaum zu hören war. Jetzt flog der Schwindel auf. Er schonte sein Organ nicht, sondern hatte einfach nicht mehr Stimme. Rüdiger Wolff dagegen sang bei seinem ersten großen Theaterauftritt wie zuvor bei den Proben kraftvoll und voller Elan und wurde bei der Premiere gefeiert.

„Rüdiger Wolff, ein ‚Paule‘ von geradezu unheimlicher Vitalität, Dynamik und Stimmbänderleistung“, rezensierte die „Hannoversche Allgemeine“. Was Intendant Reinhold Rüdiger als Regisseur „sich selbst und seinem Ensemble an Präsenz, Konzentration und Intensität“ zugemutet habe, sei für den Außenstehenden „kaum fassbar“.

Ähnlich begeistert äußerte sich die „Hannoversche Neue Presse“. Die Inszenierung sei von „totalem Genuss“ und die Besetzung der männlichen Hauptrolle mit einem Neuling, der gerade die Schauspielschule abgeschlossen hat, genau richtig: „In Rüdiger Wolff steht ein (fast zu) stimmgewaltiger Paul Ackermann zu Gebote, dessen romantische Verve das Experiment des Verzichts auf Opernkräfte legitimiert.“

Auch die „Bild“-Zeitung lobte die Aufführung der Hannoverschen Landesbühne im Aegi-Theater am 12. April 1980. Rüdiger Wolff habe darin „durch Spiel und Stimme“ bestochen.

Der gefeierte Newcomer hoffte, nach diesem Erfolg auch von anderen großen Regisseuren entdeckt zu werden. Aber keiner kam – bis auf seine Schwiegermutter Kathrine. Rüdiger Wolff hatte sie zur Premiere eingeladen. Schließlich war sie es gewesen, die ihn, nachdem er sich in ihre Tochter Dörten verliebt hatte, bei der Finanzierung der Schauspielschule unterstützt und an sein Talent geglaubt hatte. Als Dank für diese Hilfe begrüßte er sie nach der gelungenen „Mahagony"-Aufführung am Bühnenausgang und schenkte ihr von seiner ersten großen Gage einen Farbfernseher, den sich die bescheidene Frau nicht leisten mochte.

„Na, Kathrine, hat es dir gefallen?", fragte der mit viel Applaus bedachte Jungstar. Kathrine, so blieb es dem Schauspieler in Erinnerung, druckste herum. Ja, gefallen habe es ihr schon. „Aber Inge Meysel und Kulenkampff kennt man!", fügte sie hinzu.

Für Rüdiger Wolff war dies ein Wink mit dem Zaunpfahl: Es war ihr zu wenig. Mit solchen Stücken wie in Hannover werde er nicht berühmt genug. Der Erfolgsdruck wurde nun zu seinem ständigen Begleiter. „Ich hatte immer das Gefühl, dass die Menschen um mich herum mehr von mir erwarten und ich weiter nach oben kommen müsse", sagt er nachdenklich.

Die Presse ist immer dabei

Natürlich hatte das Foto vom Hochzeitspaar auf dem Motorrad keine tiefsinnige Symbolik. Die „Bild"-Zeitung wollte nur mehr bieten als das übliche Hochzeitsbild vor dem Standesamt in Hamburg-Eppendorf, wo sich Rüdiger Wolff und Dörten Maack am 14. August 1981 das Ja-Wort gaben. Also hatten sich die Boulevard-Journalisten die Idee mit dem Motorrad ausgedacht und ein Vehikel organisiert. Mit dem Pressefoto war die Schlagzeile über dem Schnappschuss am nächsten Tag klar: „Hochzeitsfahrt mit ‚heißem Ofen'".

Die blonde Dörten, ganz in Weiß mit Margeriten-Strauß und Melone auf dem Kopf, schmiegt sich auf dem Schnappschuss an ihren Rüdiger, der auf der hochglanzpolierten „Yamaha" sitzt und ihr aus der Flasche ein Glas Sekt einschenkt. Zur Feier des Tages hat auch der Bräutigam zur dunklen Hose ein weißes Dinner-Jacket angezogen. „Mit Vollgas (auf einer geliehenen Yamaha) in die Ehe", textete dazu das Boulevardblatt unter der Schlagzeile. Das klingt – nicht zuletzt durch den Hinweis auf die Motorrad-Herkunft – reichlich konstruiert. Und so fiel auch das Bild des Paares aus. Anders als andere Fotos von der Hochzeit, auf denen beide entspannt strahlen, zeigen die frisch Vermählten in der „Bild"-Veröffentlichung ein eher gequältes Lächeln.

In der Rückschau jedoch verrät der Schnappschuss mehr, als die Boulevardpresse ahnen konnte. Seit fünf Jahren kannten sich nun Dörten Maack aus Wester-Schnatebüll und Rüdiger Wolff aus dem 40 Kilometer entfernten Flensburg. Dass sie in Hamburg als Studenten schnell zueinander fanden, mag auch mit ihren persönlichen Biografien zu tun haben.

Beide kamen aus der Sicht ihrer Hamburger Kommilitonen aus der „Provinz". Nordfriesland und das deutsch-dänische Grenzland hatten sie geprägt. Dörten stammte von einem Bauernhof und verschrieb sich nach der Approbation schon bald neben der Arztpraxis der Forschung. Der Polizistensohn Rü-

diger studierte den Eltern zuliebe Literaturwissenschaft, verdiente sich als Sänger und Pianist in Musikkneipen Geld und träumte von einer Karriere als Künstler, vor allem als Schauspieler. Beide hatten damit in ihren Familien neue Wege eingeschlagen, beiden gingen in ihren Zielen auf. Hier gaben sie – jeder auf seinem Gebiet – in der Tat Vollgas.
Gleichzeitig verlangte Rüdiger Wolffs wachsende Popularität „Keep smiling“ in der Öffentlichkeit. Die vielen Pressetermine ihres Mannes machte Ehefrau Dörten zumindest in den ersten Jahrzehnten offenbar gern mit – Fotoshootings inklusive. Die Wolffs waren immer dabei, wenn Zeitungen fragten, wie Prominente Weihnachten feiern, welche Gäste bei Geburtstagsfeiern kommen oder wie daheim gewohnt wird. Nach ihrer Geburt wurde auch Tochter Katharina in die Veröffentlichungen einbezogen. „Trommeln gehört zum Geschäft“, dachten sich Dörten und Rüdiger Wolff. Und sie genossen die Aufmerksamkeit wohl auch. Plötzlich waren sie nicht mehr „Landeier“ aus dem Norden, sondern gehörten in der Großstadt Hamburg zur Prominenz.
Zeit für private Zweisamkeit blieb wenig. So gab es nach der Hochzeit auch keine Flitterwochen. Gefeiert wurde im Familienkreis. Danach verbrachte das frisch vermählte Paar zwei Tage in ihrer großen Wohnung in der Dorotheenstraße im schmucken Hamburger Stadtteil Winterhude. Dörten Maack, die mit der Heirat den von Pollack in Wolff geänderten Nachnamen ihres Mannes angenommen hatte, war hier in ihrer Studienzeit in eine Wohngemeinschaft eingezogen. Nachdem sich Rüdiger Wolff in sie verliebt hatte, nahm er sich in der WG ebenfalls ein Zimmer. Nach und nach zogen die anderen Kommilitonen mit Ende ihres Studiums aus; nur die beiden blieben und mieteten schließlich die gesamte Doppelhaushälfte für sich allein. Als die 26-jährige Braut später ihre Ausbildung erfolgreich beendet hatte, wurde auch noch die andere Hälfte des Doppelhauses gemietet. Hier eröffnete die junge Ärztin ihre eigene Praxis für Allgemeinmedizin.
Der ein Jahr ältere Bräutigam bereitete sich unterdessen gleich

nach der Hochzeit – ein einjähriges Engagement am Kieler Schauspielhaus war im Sommer zu Ende gegangen – auf eine Theatertournee mit Heinz Drache vor. 1982 standen weitere Theaterengagements an. In München sollte er am Theater in der Briennerstraße eine Hauptrolle in Martin Shermans KZ-Stück „Bent“ spielen; mit der Neuen Schaubühne München ging er mit dem Lustspiel „Der alte Baron und die störrische Jungfer“ von August von Kotzebue auf Tournee. Und im Berliner „Theater des Westens“ wirkte er in einer Hauptrolle im Broadway-Musical „No, No, Nanette“ mit.
Ebenfalls dabei: Silvio Francesco, ein Bruder von Caterina Valente. Rüdiger Wolff war fasziniert von diesem Künstler an seiner Seite. „Er konnte zahlreiche Instrumente spielen, war auch ein großartiger Clown und Entertainer – und trotzdem immer bescheiden und zurückhaltend. Niemals spielte er sich in den Vordergrund. Er gehört zu den nettesten Menschen, die ich auf der Bühne kennengelernt habe.“
Für das amerikanische Erfolgsstück „No, No, Nanette“ musste Wolff auch steppen können. Es schreckte ihn nicht ab. „Du musst nur wollen und dich auf die Bühne trauen“, war die Erfahrung junger Jahre, die ihn prägte.
„Ein ersteppter Erfolg“, lautete dann auch die Überschrift zur Premierenkritik des „Tagesspiegels“. Scheinbar mühelos passte sich Wolff den unterschiedlichsten Herausforderungen an. Ob ernstes Theater, Musical oder Moderation: Er stand bereit. Das „Hamburger Abendblatt“ schrieb vom „sympathischen Bariton“, der nun immer häufiger auch auf Werbeveranstaltungen zu sehen war – als Moderator bei großen Modeschauen, umringt von strahlenden Mannequins, oder bei Messe-Veranstaltungen mit freundlich lächelnden Hostessen an seiner Seite. Die mediale Botschaft auf den Pressefotos war eindeutig: Rüdiger Wolff ist der Hahn im Korb.
Außerdem arbeitete der 29-Jährige mit dem Schulfreund und Produzenten Achim Oppermann an neuen Liedern, die ihn befreien sollten vom Image des Teenie-Schlagersängers, das ihm die Parodie „Daddy's Disco“ eingebrockt hatte. Zeit für eine

Hochzeitsreise blieb da nicht. Später sollte Rüdiger Wolff resümieren: „Wir waren beide nicht einfache Menschen. Wir hatten die Köpfe voller Ideen und Pläne. Wir wollten immer noch mehr. Jeder für sich. Darüber vergaßen wir die Zweisamkeit."
Ein selbstkritischer Rückblick nach 26 Jahren Ehe. Aber kein Blick zurück im Zorn. Im Gegenteil. In den fünf Jahren „Probezeit" vor der Hochzeit fühlte sich Rüdiger Wolff erstmals als Künstler richtig verstanden. Er bewunderte seine Dörten, war von ihrem Medizinstudium „fasziniert". Er, der sich seit Schultagen so oft allein und mit seinem Wunsch, Schauspieler und Sänger zu werden, unverstanden gefühlt hatte, schien „angekommen" zu sein. Rüdiger Wolff: „Bevor ich Dörten kennenlernte, hatte ich einige Affären. Erst mit dieser Frau lief ich in einen Hafen ein. Sie gab mir Ruhe und Halt, hielt mir den Rücken frei, machte mich stärker."
Auffällig oft wird zu Beginn seiner Karriere in den verschiedensten Zeitungsberichten erwähnt, dass seine Frau eine Ärztin sei. Der Beruf seiner Frau machte ihn offensichtlich stolz. Wenn ihm, dem Schlagersänger, schon nicht trotz seiner Literaturstudiums intellektueller Tiefgang zugetraut wurde, so sollten die Zeitungsleser wenigstens Respekt vor der Medizinerin an seiner Seite haben.
Was ihn glücklich machte: Sie, die Medizinstudentin, kam mit zu seinen Konzerten in den Hamburger Musikkneipen am Großneumarkt, wo es neben 50 D-Mark Gage stets für beide je ein Essen und Getränke frei gab. Dörten war sich für das Tingeln nicht zu schade, ermunterte ihn zur Künstlerkarriere. Er solle sich nicht verbiegen und Lehrer werden. „Sänger und Schauspieler – das bis du, nicht Pauker", erleichterte sie dem Freund und späteren Mann die Entscheidung. Später, als Höhen und Tiefen im Fernseh- und Showgeschäft wechselten, spornte sie ihn immer wieder an. So wurde die anfänglich so hilfreiche Ermunterung in späteren Jahren, erinnert sich Rüdiger Wolff, auch schon mal eine Last: „Ich glaubte, funktionieren zu müssen, und fand keinen Ausweg mehr aus dem Hamsterrad."

Die Weichen beim jungen Paar waren jedenfalls gestellt. Während er immer häufiger auf Theatertournee ging oder als Moderator von einem Aufnahmestudio zum nächsten eilte, entdeckte Dörten Maack neben ihrer Arztpraxis ein eigenes Forschungsfeld, reiste zu Kongressen und Studienzwecken ins Ausland. Als Ernährungsmedizinerin entwickelte sie schließlich die Impuls-Therapie. Drei Jahre nach ihrer Scheidung gab sie ihre Praxis auf und wurde leitende Ärztin am „Institut für Nahrungsmittelunverträglichkeiten“ in Hamburg.
Doch so sehr beide für Arbeit und Beruf brannten: Die Liebe blieb über lange Zeit stärker. Am 30. November 1983 wurde Tochter Katharina geboren – und kam wie Papa gleich ins Fernsehen. Noch trat Rüdiger Wolff nicht als TV-Moderator auf, sondern als Sänger. Er galt mit seinen Schlagern als prominenter Vertreter der gerade angesagten „romantischen Welle“. Daneben stand er weiter auf der Musicalbühne. Während seine Frau hochschwanger war, hatte er gerade im Berliner „Theater des Westens“ den Part des Freddy in dem Musical „My Fair Lady“ übernommen. Regie führte Michael Wedekind, und die Medien erinnerten daran, dass Rüdiger Wolffs Rolle in einer früheren Inszenierung des Musicals Rex Gildo innehatte. Die Messlatte lag also hoch.
Zugleich war das bevorstehende Vaterglück ein gefundenes Fressen für die Berliner Presse. Ob „Tagesspiegel“ oder „BZ“: Alle meldeten, dass sich der Schauspieler und Sänger nicht nur intensiv auf die Premiere am 29. vorbereite, sondern gleichzeitig täglich „alle zwei Stunden“ zu Hause in Hamburg anrufe. „Wird es ein Junge, soll er Lennart heißen. Ein Mädchen werden wir Katharina nennen“, verriet er.
So kam es, wenn auch Hals über Kopf. Für den 30. November 1983 kündigten die Fernseh-Programmzeitschriften einen Auftritt Rüdiger Wolffs in der „tele-illustrierten“ des ZDF an. Der „Allround-Entertainer“ sollte dort seinen Hit „Für uns beide“ vorstellen. Am selben Tag aber kam in der Hamburger Universitätsklinik Eppendorf Tochter Katharina zur Welt. Die Geburt hatte sich verzögert, deshalb erfolgte sie per Kaiser-

schnitt. Kurz nahm der stolze Papa in der Klinik das Baby – noch in Wärmfolie gepackt – in den Arm. Dann musste er für den Liveauftritt das Flugzeug kriegen, um rechtzeitig nach Wiesbaden ins ZDF-Studio zu kommen.

Da die ZDF-Redaktion im Voraus von den bevorstehenden Vaterfreuden wusste, hatte sie sich etwas Besonderes ausgedacht. Hinter seinem Rücken filmte die „tele-illustrierte"-Crew am selben Tag das neugeborene Baby im Krankenhaus. Unmittelbar vor seinem Gesangsauftritt bat ZDF-Moderator Alexander Niemitz Rüdiger Wolff, einmal hinter sich auf die großen Studio-Monitore zu schauen. Dort war in Großaufnahme Katharina zu sehen.

„Eigentlich müsste ich meinen Titel jetzt umbenennen. ‚Für uns drei' statt ‚Für uns beide'", meinte der stolze Vater. Als er dann seinen Titel sang, war das wenige Stunden zuvor geborene Töchterchen in Großaufnahme als Hintergrund zu sehen.

Wolffs Plattenfirma „EMI Elektrola" vermarktete das TV-Ereignis in einer Pressemitteilung samt Fotos. „Das ist das jüngste Baby der Unterhaltungsbranche, das je im deutschen Fernsehen aufgetreten ist", hieß es darin. Zur „völligen Überraschung des Vaters" sei Tochter „Katharina Anna Helene (3200 Gramm)" bundesweit einem Millionenpublikum gezeigt worden. Dass Katharina Wolff 16 Jahre später gemeinsam mit ihrem Vater als Sängerin und Co-Moderatorin in großen Fernsehshows auftreten und Plattenerfolge feiern sollte, war da noch nicht abzusehen.

Einige Wochen kursierten erste Fotos der stolzen Familie mit dem Baby auf dem Arm in den Medien. Katharina hatte die dunklen Haare des Vaters mitbekommen. Aber Ende des Jahres machte dann diese Schlagzeile die Runde: „Der Schmerz lähmt meine Stimme", titelte die Berliner „BZ". Kurz vor der Premiere des Musicals „My Fair Lady" habe der 30-jährige Rüdiger Wolff seine Rolle wegen einer gefährlichen Seitenstrangangina aufgeben müssen. Sein Arzt habe ihm Auftrittsverbot erteilt. Ein erstes Warnzeichen? Wolff hatte seine Kräfte wohl überschätzt.

Unmoralische Angebote

Es dauerte gut drei Wochen, bis seine Stimme genesen und Rüdiger Wolff die Rolle im Musical „My fair Lady“ übernehmen konnte. Die unfreiwillige Auszeit passte zum Wunsch seiner Frau an den Ehemann, häufiger zu Hause zu sein und beim Aufziehen der gerade geborenen Tochter mitzuhelfen. Doch die gemeinsame Zeit blieb knapp. Neben seinem zweiten großen Engagement am Berliner „Theater des Westens“ – Wolff hatte sich dafür eine kleine Wohnung am Kurfürstendamm gemietet – gab es immer wieder TV-Auftritte als Sänger. Mehrere von ihm komponierte und getextete sowie von seinem ehemaligen Schulfreund Achim Oppermann produzierte Singles sollten in der ersten Hälfte der 1980er Jahre in den Hitparaden landen.

Auf einen eigenen Manager oder eine Künstleragentur, die ihn betreut hätte, verzichtete Rüdiger Wolff. „Das Geld für sie können wir uns sparen“, soll seine Frau gesagt haben. So kamen Anfragen oft über das Privattelefon ins Haus.

Wolff spielte 1982 gerade am „Theater des Westens“ den Neffen Tom im Musical „No, No, Nanette“, als Dörten wenige Monate nach der Heirat bei ihm in Berlin anrief. Er möge an einem spielfreien Tag dringend nach Hamburg kommen. Der Grund: Die „Commerzfilm Wien“ wolle ihn in der Elbstadt wegen eines lukrativen Engagements treffen. Das Unternehmen plane, ein Remake des Filmmusicals „Cabaret“ zu drehen. Rüdiger Wolff solle darin den reichen Baron Maximilian von Heune spielen, der in dem oscarprämierten Streifen von 1972 von Helmut Griem verkörpert wurde.

Das klang verlockend, auch wenn der Name des Filmunternehmens beiden nichts sagte. Rüdiger Wolff flog bei nächster Gelegenheit für einen Tag nach Hamburg. Seine Gesprächspartner von „Commerzfilm Wien“ nahmen ihn dort, wie er sich erinnert, erst einmal ausgiebig in Augenschein, um ihn sodann mit dem Kompliment zu belegen, er sei ein „fescher

Bub". Wolff: „Keine inhaltlichen Fragen: Das machte mich schon stutzig."

Noch mehr erstaunt war der gerade in Berlin zum Musical-Jungstar Aufgestiegene, als die Filmproduzenten ihm für sieben Drehtage 30 000 D-Mark anboten. Von einer solchen Gage hatte er bis dahin nur geträumt. Erst einige Jahre später, als er durch das Fernsehen einem Millionenpublikum bekannt geworden war, sollte er wieder an solche Summen herankommen.

Beeindruckt von der Offerte, bat Wolff darum, vorab doch einmal ins Drehbuch schauen zu dürfen. Immerhin hatte man ihm von einer „sehr subtilen, psychologisch interessanten Neuinterpretation" des „Cabaret"-Stoffes vorgeschwärmt. Die „Commerzfilm"-Vertreter drucksten herum. Ein richtiges Drehbuch habe man eigentlich gar nicht. Es werde am Drehort viel improvisiert.

Das kam dem Umworbenen komisch vor. Er bestand auf einem Exposé, das ihm schließlich mit dem Hinweis ausgehändigt wurde, es doch bitte für sich zu behalten und es auf keinen Fall seiner Frau zu zeigen. Wolff: „Da schwante mir schon etwas. Aber ich steckte die Unterlage ungelesen ein und schaute erst herein, als ich in meinem Auto saß."

Zu diesem Zeitpunkt fuhr er ein schon etwas älteres VW-Käfer-Cabriolet. Als er im Wagen saß, schlug er den Drehbuch-Ersatz auf. Der Blick fiel auf die linke Seite, dort, wo die Regieanweisungen stehen. Was Rüdiger Wolff sah, ließ keinen Zweifel mehr zu. Die angeblich anspruchsvolle Neuinterpretation des Musicals, auf die er sich gefreut hatte, war in Wahrheit ein billiger Pornofilm. Angewidert und bösartig von den Produzenten getäuscht, warf er das Drehbuch zur Seite.

Wütend fuhr er nach Hause, wo seine Frau noch wütender reagierte, als sich die Filmemacher einige Tage später erneut telefonisch meldeten, weil sie ihren Mann sprechen wollten. Wie sich herausstellte, war die „Commerzfilm Wien" allein wegen seines Aussehens auf Rüdiger Wolff gestoßen. Man

hatte sein Foto in einem Verzeichnis des „Künstlerdiensts Hamburg“ gesehen, bei dem er gelistet war.
Mit dem Image des „Schönlings“, wie es ein Zeitungskritiker in einem Artikel abwertend formulierte, hatte Wolff immer wieder zu kämpfen. Nicht nur, wenn es – wie er sagte – um „unverschämte“ Filmangebote ging.
Statt als Darsteller eines Kinofilms stand er weiter in zahlreichen Fernsehsendungen als Schlagersänger vor der Kamera. Seine selbst geschriebenen und komponierten Erfolgstitel von „Wohin gehen wir“ über „Für uns beide“ bis zu „Wir sind stark“ und schließlich „Was aus mir wird, werden wir schon sehen“ waren gefragt, und ihr Interpret besaß für diese Lieder genau die richtige Ausstrahlung. Seine Fans bewunderten ihn.
Bezeichnend für die Sympathie, die Wolff beim Schlagerpublikum genoss, war eine spätere Umfrage, die die Fernsehzeitschrift „Funkuhr“ startete. Nachdem der Sänger und Schauspieler Roy Black im Oktober 1991 mit 48 Jahren an Herzversagen verstorben war, suchte das Magazin für dessen Hauptrolle in der Fernsehserie „Ein Schloss am Wörthersee“ einen Nachfolger. Die Mehrheit der Leserinnen und Leser wünschte sich Rüdiger Wolff. Sein Image wie das Roy Blacks: gutaussehend, perfekte Manieren, stets freundlich und einfühlsam. Der eine wie der andere von Kritikern als „Schnulzensänger“ abgetan. Im „Schloss am Wörthersee“ übernahm derweil mit Uschi Glas eine Frau die Hauptrolle.
1984 kamen Rüdiger Wolffs erste Einsätze als Radio-Gastmoderator hinzu. Nachdem er erfolgreich in der RTL-Sendereihe „Stars am Mikrofon“ debütiert hatte, fragte ihn der RTL-Programmdirektor, ob er nicht wochenweise in Luxemburg eine eigene Hörfunksendung moderieren wolle.
Radio Luxemburg war das Sprungbrett für die vorderste Moderatoren-Riege. Große Namen von Thomas Gottschalk bis Frank Elstner begannen hier ihre Karrieren. Die Konsequenz des Engagements in den Luxemburger Studios wäre jedoch ein zumeist auf die Wochenenden reduziertes Familienleben

in Hamburg gewesen. Keine gute Aussicht für Ehefrau Dörten, die ihre Arztpraxis aufbaute, und ebenso wenig für die halbjährige Tochter Katharina, die nicht auf den Vater verzichten wollte. Schweren Herzens sagte Rüdiger Wolff ab. „Eine tägliche Vormittagssendung im RTL-Hörfunk, das wäre eine riesige Chance gewesen", bedauerte er rückblickend ein wenig. Immerhin habe er da die Kraft besessen, den Beruf und Engagements nicht über alles zu stellen.

Das Theater-engagement in Berlin lief nach den beiden Musicals „No, No, Nanette" und „My fair Lady" aus. Stattdessen übernahm er kleine TV-Rollen wie in Eduard Zimmermanns höchst populärer Aufklärungssendung „Vorsicht, Falle". Als in einer Folge vor „Neppern, Schleppern, Bauernfängern" gewarnt wurde, mimte Wolff in einem Einspieler den Kredithai. Dann wiederum spielte er in der kleinen Fernsehreihe „Briefmarken ... nicht nur für Sammler" Ludwig II. von Bayern. Grund war die Herausgabe einer Sonderbriefmarke zum 100. Todestag des Königs 1986.

Und erstmals trat er in der „Aktuellen Schaubude" auf, der damals mit einer Million Zuschauer mit Abstand beliebtesten TV-Sendung des Norddeutschen Rundfunks. Doch noch nicht als Moderator, sondern als Sänger. Dass er eines Tages als sogenannter „Anchorman" durch das bunte Programm der wöchentlich vom NDR ausgestrahlten Sendereihe führen sollte, ahnte keiner.

Trotzdem kristallisierte sich schon in dieser Zeit, in der nach Jahren der Alleinherrschaft des öffentlich-rechtlichen Rundfunks nun private Fernseh- und Radiosender in den Startlöchern standen und eine neue Ära einleiten sollten, Rüdiger Wolffs weitere „große Leidenschaft" heraus – die des Moderators und Talkmasters. Für das Kabel-Pilotprojekt „musicbox", dessen Ausstrahlung zunächst nur in Ludwigshafen vorgesehen war, suchten die privaten Betreiber gezielt bei den Plattenfirmen nach Künstlern, die sich als Moderatoren probieren wollten. Die Electrola überredete Wolff mitzumachen. Schließlich, so sagten ihm die Musikmanager, habe er alles,

was für den geplanten Fernseh-Musikkanal gefordert sei. Perfekter Auftritt vor der Kamera, trainierte Stimme, professionelles Können als Schauspieler.
Unter den zahlreichen Bewerbern fand ein Casting statt. Schließlich wurden mehrere Kandidaten ausgewählt, darunter Stefanie Tücking, die später unter anderem die ARD-Musiksendung „Formel Eins" moderierte, Thomas Anders, der gemeinsam mit Dieter Bohlen als „Modern Talking"-Duo zu einem der kommerziell erfolgreichsten deutschen Sänger werden sollte – und Rüdiger Wolff.
Es dauerte nicht lange, da wurde aus dem Kabel-Pilotprojekt der erste Musiksender im deutschen Fernsehen und das Programm mit Videoclips der deutschen und internationalen Musikszene bundesweit ausgestrahlt. Von Ludwigshafen wanderte der Sender nach Unterföhring, gleich neben die Aufnahmestudios des ZDF. Der Vorteil: So konnte der kleine Kanal manchen großen Star, der beim Zweiten Deutschen Fernsehen zu Gast war, quasi in „Zweitverwertung" ohne übermäßige Reisekosten auch zu sich einladen.
Rüdiger Wolffs Moderatoren-Herz fing an schneller zu schlagen. Nun kamen Weltstars wie Cliff Richard, Kim Wilde oder Amanda Lear leibhaftig in seine Sendungen. Er führte vor und hinter der Kamera Gespräche mit ihnen, knüpfte Kontakte, baute ein Netzwerk auf.
Das „dritte" Leben des Rüdiger Wolff neben dem Weg als Sänger und Schauspieler nahm seinen Lauf. Begünstigt wurde es durch den fortdauernden Umbruch in der deutschen Rundfunk-Landschaft. Am 1. Januar 1984 ging „Sat.1" als Privatsender an den Start. Es dauert nicht lange, da übernahm Wolff zunächst zusätzlich zur „musicbox" jeden Dienstag, 19 Uhr, bei „Sat.1"die Moderation für das achtminütige „Kartenlotto". Und weil es gut bezahlt wurde und es – so Rüdiger Wolff – auch übte, trat er ebenfalls im „teleshop" auf. Da habe er „einen Schiet verdidscht, das glaubt mir keiner". Aber die Sendeformate gab es zuvor im deutschen Fernsehen nicht und stießen auf großes Interesse.

Wolff ließ nichts aus. So wurde er als Moderator auch noch zu einem Pionier des Teleshoppings. Keine, wie er einräumt, rühmliche Auszeichnung. Aber er stand dazu, so wie er zur Schlagermusik stand, auch wenn viele immer wieder die Stirn runzelten. Allerdings, so bekannte er in der Rückschau, begann mit zunehmender Präsenz im Moderatoren- und Entertainment-Geschäft auch die Sehnsucht nach einem „Gegenpol“ zu wachsen. Er drohte zur Kunstfigur zu werden. Wolff, der um die Kunst der Inszenierung wusste und sein Talent und seine Wortgewandtheit und sein Äußeres dazu immer wieder geschickt einsetzte, wünschte sich Zufluchtsorte, „um wieder ich sein zu können“.
Das Karussell begann sich immer schneller zu drehen. Dass es richtig war, sich auch als Fernsehmoderator breiter aufzustellen, sollte sich schon wenig später zeigen.
Zunächst aber ging es nach „musicbox“ und Sat.1 zurück zum Theater. Im Herbst 1985 hatte er die erste große Theaterkarriere in seiner Wahlheimat Hamburg. In Peter Ahrweilers „Kleinen Komödie“ spielte Wolff neben Gunther Philipp die Hauptrolle in dem Vater-Sohn-Stück „Wer mit wem“. Auf derselben Bühne folgte gemeinsam mit Peter Ahrweiler und der von diesem entdeckten Marion Sawatzki als „Irma la Douce“ „ein herrliches Stück Boulevard-Theater“, wie Zeitungen schrieben. In dem Musical, so „Die Welt“, glänzte Rüdiger Wolff als „Verwandlungskünstler“. Die Kritiker überschlugen sich, nannten die Inszenierung ein „sündhaftes Vergnügen“, einen „köstlichen Abend für Spaßvögel“ und einen „großen Triumph“.
Für einen Moment schien es, als sei der Sänger und Schauspieler Rüdiger Wolff „angekommen“, der Spagat zwischen Familienglück, Schlagerwelt, Bühnenerfolgen und Moderatoren-Karriere geglückt. Das „Hamburger Abendblatt“ zitiert ihn 1986 mit den Worten: „Ich habe bei vielen Musicals mitgemacht, aber jetzt, wo unsere Tochter klein ist, machen wir das anders. Ich versuch’ hier zu bleiben, denn bei mir kommt erst das Privatleben und dann der Beruf.“ Da war Katharina zwei Jahre alt.

Doch nun brach auch im Radio eine neue Ära an. 1986 starteten private Radiosender ihre Programme und brachen das Monopol der öffentlich-rechtlichen Rundfunkanstalten auf. Am 31. Dezember ging „Radio Hamburg" auf Sendung. Als Moderator mit dabei: Rüdiger Wolff. Er blieb damit zwar in der Nähe seiner Frau und seiner Tochter. Aber wieder musste er den Entertainer geben, wieder zählte die PR-trächtige Inszenierung.

Die Privatsender waren im Erfolgsfieber, luchsten den NDR-Programmen immer mehr Hörer ab. Die Einschaltquote war alles. So plauderte Moderator Rüdiger Wolff im Vormittagsprogramm von „Radio Hamburg" über den „neuesten Freizeitspaß aus Amerika – Telefonsex". Danach legte er – so berichtete anderntags die „Bild"-Zeitung – die Platte „Sex over the phone" von den Village People auf, um dazu am Mikrofon zu scherzen: „Na, wie wär's denn mal mit uns, liebe Hörerinnen?". Anschließend, so der Zeitungsbericht unter der „Bild"-typischen Überschrift „Liebesgestöhn bei Radio Hamburg: Telefone liefen heiß", brachen die Leitungen des Senders zusammen. „Sie haben so eine erotische Stimme", soll eine Anruferin laut „gehaucht" haben, heißt es in dem Artikel.

Nach drei Stunden Sendung war der Moderator laut „Bild"-Report völlig geschafft: „Damit hatte ich nicht gerechnet. Ich bin glücklich verheiratet. Aber ich finde es toll, dass die Frauen so mutig sind." Das Klappern gehörte in der jungen Branche des Privatfunks zum Handwerk. Nichts wurde ausgelassen. Und so kam auch die inzwischen dreijährige Katharina zu ihren ersten medialen Einsätzen. Mit piepsiger Stimme sprach sie kurze Moderationsbeiträge ins Mikrofon. Aufgenommen wurden sie zu Hause; zu den Live-Sendungen saß Papa allein im Studio und spielte Katharinas Kurzansagen ein. Viele Hörerinnen und Hörer von „Radio Hamburg" waren verzückt.

Zum Anfang eine Falschmeldung

1988 wurde für Rüdiger Wolff zur Achterbahn. Das Jahr zeigte, wie eng Aufstieg und Abstieg in den Medien und im Entertainment beieinander liegen. Dabei geht es, wie das Multitalent noch mehrmals bitter erfahren sollte, oft nicht um Leistung oder Publikumserfolg, sondern um Strippenzieherei und kollegiale Missgunst. Zudem sollte 2004 beim NDR eine arbeitsrechtliche Regelung zum Tragen kommen, die sich auch für viele andere Mitarbeiter des öffentlich-rechtlichen Rundfunks als Fallstrick erwies. Doch davon ahnte der 35-Jährige noch nichts.

Bevor er am 30. Mai Geburtstag feiern konnte, traf ihn im Januar 1989 ein anderer Schlag. Ohne Vorwarnung gab „Radio Hamburg"-Programmdirektor Rainer Cabanis die Trennung von dem beliebten Moderator bekannt. „Freche Sprüche nicht mehr gefragt", titelte „Bild". Dabei war das Moderatoren-team von „Radio Hamburg", zu dem Wolff gehörte, in einer Umfrage unter 2000 Hamburger Radiohörern auf Platz 2 der bekanntesten Moderatoren der Hansestadt gelandet – hinter NDR-Urgestein Carlo von Tiedemann. Für den ersten lizenzierten Privatfunkveranstalter Hamburgs ein großer Erfolg, war er doch erst am 31. Dezember 1986 gestartet.

Der eigentliche Grund der Trennung von dem Moderator ging aber wohl tiefer und passte zum Trend der Privatsender. Die Hörer sollten das Programm wegen der Musik, nicht wegen der Moderatoren anschalten, die möglichst im Hintergrund bleiben und damit leicht austauschbar sein sollten. Rüdiger Wolff, so wurde bei „Radio Hamburg" gemunkelt, sei zu wenig angepasst und vielleicht für die „Privaten" schon zu teuer gewesen.

Die Trennung war einfach, weil Moderatoren bis heute bei privaten wie öffentlich-rechtlichen Sendern oft nicht festangestellt, sondern freie Mitarbeiter sind. Das galt auch für Rüdiger Wolff, der – das wurde bei dieser Gelegenheit öffentlich

– für 15 Sendungen im Monat 5000 D-Mark erhielt. „Das Programm bei uns hat sich anders entwickelt als Herr Wolff. Es ist wie in einer alten Ehe – man lebt sich auseinander", rechtfertigte Cabanis die Trennung von ihm.
Der Geschasste wahrte sein Gesicht. Es treffe keinen Armen, zitierten ihn die Medien. Tatsächlich kamen schnell neue Moderatoren-Jobs auf ihn zu. Beim TV-Sender Sat.1 wartete eine Sendeform, die Neuland im deutschen Fernsehen war. Außerdem waren die öffentlich-rechtlichen Radiosender auf den Erfolgsmoderator bei der privaten Konkurrenz aufmerksam geworden. Der bis dahin bei Radio und Fernsehen nicht gekannte Wettbewerb auf dem Rundfunkmarkt machte ihnen schwer zu schaffen. So griffen der Westdeutsche Rundfunk und die Welle Nord des NDR zu. Jetzt führte Rüdiger Wolff hier immer häufiger durch deren Musiksendungen.
Und natürlich konnte er es nicht lassen, wieder selbst als Sänger aufzutreten. Jetzt gemeinsam mit Britta von Lojewski. Mit ihr zusammen hatte er bei „Radio Hamburg" Sendungen und Galaveranstaltungen moderiert. Nun wollten sie als Duo Karriere machen.
Inzwischen war das Haus der Wolffs um einen Bechstein-Flügel reicher geworden. Wolff hatte ihn bei Aufnahmen in einem Sat.1-Studio entdeckt. Er stand verstaubt in der Ecke und wurde offenkundig wenig oder gar nicht gebraucht. Zu einem günstigen Preis ging er nach Winterhude, wo er das Klavier von Uropa Huth ablöste. Auf dem Flügel sollte bald auch Tochter Katharina das Klavierspielen lernen.
Doch nun komponierte Wolff darauf erst einmal ein neues Lied und schrieb – wie fast immer – den Text dazu. Er und Britta Lojewski nahmen den romantischen Titel („A touch of your smile"/Ein Hauch deines Lächelns) als Duo „Heartbeat" auf und eröffneten mit dem Song die Kieler Woche 1988. Obwohl dem Stück „Ohrwurmqualitäten" bescheinigt wurden, blieb der große Erfolg allerdings aus. Trotz entsprechender Aufrufe der „Bild"-Zeitung zugunsten des Titels schaffte es das Lied nicht in die ZDF-Hitparade.

Aber Rüdiger Wolff blieb im Gespräch. Zumal mit dem Start des „Teleshops“ am 14. April 1988 wieder ein kleines Stück Fernsehgeschichte geschrieben wurde, belächelt und bespöttelt zwar, aber am Anfang ein durchaus beachtetes Experiment der neuen privaten Sender. Mit ihnen war schließlich auf breiter Front der Kommerz ins Mediengeschäft eingezogen.
Sat.1-Programmdirektor Rudi Klausnitzer kündigte mit dem „Teleshop“-Konzept „eine unterhaltende Mischung von Programm und Werbung“ an. Das Fernsehmagazin „Funkuhr“ nannte die neue Sendeform allen Ernstes eine „unkomplizierte Mischung aus Originalität und Nutzungsanwendung“. Bevor der Online-Handel seinen Durchbruch schaffte, entdeckten viele Deutsche das Teleshopping.
Rüdiger Wolff, der zu den ersten Moderatoren von Sat.1 zählte, sah es pragmatisch. Der Auftrag wurde gut bezahlt, was auch seinem damaligen Hobby diente. Neben der Sammlung wertvoller Grafiken und Lithografien fiel das Augenmerk von seiner Frau und ihm auf Möbel aus der Gründerzeit und auf dänisches Porzellan. Zudem übten die Fernsehengagements bei dem Privatsender. Selbstinszenierung gehört zum Moderatorengeschäft.
„Wenn du als Schauspieler auf der Bühne stehst, weiß jeder, dass du eine Rolle spielst. Als Moderator oder Entertainer im Musikgeschäft glauben dagegen viele Zuschauer, genau so sei die jeweilige Person auch privat: immer gut drauf, immer gut angezogen und gestylt, immer Sonnyboy. Ich habe diese Rolle gern gespielt, weil ich merkte, dass das Publikum meine Art, mit Menschen vor Mikrofon und Kamera zu reden und durch das Programm zu führen, mochte. Dabei habe ich versucht, so natürlich wie möglich zu bleiben. Aber es blieb eine Rolle. Beim Teleshopping preist du Produkte an – und vermarktest dich als Moderator doch immer gleich mit“, zog Rüdiger Wolff später ein Fazit aus seiner Zeit als Moderator.
Doch noch stand das Beste in diesem Lebensabschnitt bevor. Wolff hatte aus dem NDR-Funkhaus Signale erhalten, dass er es in die engere Auswahl für die Moderation der ältesten und

beliebtesten Regionalsendung im deutschen Fernsehen, der „Aktuellen Schaubude", geschafft hatte. Die Sendung war am 7. Dezember 1957 im Ersten Programm gestartet. Werner Baecker hatte die Reihe, die in den ersten Jahrzehnten jeden Sonnabend zur besten Sendezeit von 19.15 bis 20 Uhr ausgestrahlt wurde und eine bunte Mischung aus Information, Gesprächen und Unterhaltung präsentierte, aus der Taufe gehoben. Vorlage war die erfolgreiche US-amerikanische „Today Show".

Der Erfolg der „Aktuellen Schaubude" war überwältigend. In der Spitze erreichte die Sendung sieben Millionen Zuschauer. Dabei versammelte sich am Sonnabend nicht nur der Norden vor den Fernsehern. Obwohl West-Fernsehen in der DDR verboten war, erfreute sich die Sendereihe gerade auch in den ostdeutschen Ländern großer Beliebtheit. Live vor Publikum produziert, kamen Weltstars wie Mick Jagger, Sophia Loren, Romy Schneider oder Amanda Lear als Gäste ins Studio – neben unzähligen deutschen Spitzenpolitikern bis hin zum ersten Bundespräsidenten Theodor Heuss sowie den Größen aus Sport, Kultur und Wirtschaft.

Als die letzte reguläre Sendung der „Aktuellen Schaubude" am 29. Mai 2009 über die Bildschirme flimmerte, zählte man die 2190. Ausgabe dieser Reihe. Danach gab es unter dem Titel „Schaubude" noch bis Dezember 2011 einen Nachschlag, wobei diese Sendungen nur noch unregelmäßig ins Programm aufgenommen wurden. Grund für die Einstellung gut fünf Jahrzehnte nach dem Start waren die sinkenden Einschaltquoten. Am Ende sollen nur noch knapp 500 000 Zuschauer die Sendung verfolgt haben.

Das war 1988, als Rüdiger Wolff ins Gespräch gekommen war, noch lange nicht so. Entsprechend aufmerksam verfolgten die Zeitungen weiterhin alles, was rund um die Sendung geschah. Und zwar erst recht, weil der erst 1987 zur „Aktuellen Schaubude" zurückgekehrte populäre Moderator Carlo von Tiedemann aufgrund von Alkohol- und Kokain-Exzessen in die Schlagzeilen geraten war.

Rüdiger Wolff erinnert sich, wie er an einem Dienstag Anfang Juli 1988 – wie jede Woche – zu Fernsehaufnahmen bei Sat.1 nach Ludwigshafen aufbrach und am Hamburger Flughafen in einer Zeitung die Überschrift entdeckte, wonach der neue „Schaubuden“-Moderator feststehe. Aufgrund mehrerer Vorgespräche mit „Schaubuden“-Chef Hans-Joachim Müller-Vondey war er sich sicher, dass in dem Text sein Name auftauchen würde. Doch stattdessen wurde als Nachfolger von Carlo von Tiedemann der spätere Moderator und Chef des täglichen Nachrichten- und Talkmagazins „DAS!“, Thomas Kühn, genannt. Wolff: „Ich war wie vor den Kopf geschlagen.“

Was er nicht ahnte: Die Meldung war eine bewusste „Nebelkerze“ des NDR. Die Bekanntgabe des neuen Moderators sollte eine Überraschung bleiben. Deshalb wurde die Presse auf eine falsche Fährte gelockt. Am 7. Juli lüftete der NDR schließlich das Geheimnis: Ausgerechnet ein Fernsehmoderator von der privaten Konkurrenz sollte die Rolle des sogenannten „Anchorman“ – des Hauptmoderators – bei der „Aktuellen Schaubude“ übernehmen und Nachfolger von Carlo von Tiedemann werden.

Davor hatte der Leiter der „Aktuellen Schaubude“ Rüdiger Wolff noch einmal sicherheitshalber ins Gebet genommen: Gab es wirklich keine außerehelichen Verhältnisse? Hielt er sich von Drogen fern? War er frei von Alkoholproblemen? Nach dem skandalträchtigen Ende des Moderators Carlo von Tiedemann wollte Joachim Müller-Vondey auf Nummer sicher gehen. „Soll ich auch noch ins Kloster gehen“, antwortete Wolff auf dessen Fragen halb scherzhaft, halb genervt.

„Der Neue kommt von SAT 1“, titelte die Hamburg-Ausgabe der „Bild“-Zeitung und präsentierte sofort eine Homestory: „Wie der Mann lebt, der künftig am Sonnabend um 19.15 Uhr in die Wohnzimmer kommt.“ Auf einem großen Foto sind die 34-jährige Ehefrau Dörten und die vierjährige Tochter Katharina mit dem Fernseh- und Rundfunkmoderator zu sehen. Dazu heißt es: „Familie Wolff lebt in einer Doppelhaushälfte. 16 Zimmer, Arztpraxis inklusive. Im Garten hinterm Haus schwimmen Goldfische in einem Teich." Töchterchen Katharina wird, nach den Auftritten ihres Vaters im Fernsehen gefragt, mit den Worten zitiert: „Mir wär's lieber, er würde öfter mit mir in den Zoo gehen."

Bevor die „Aktuelle Schaubude" mit Rüdiger Wolff als Moderator ausgestrahlt wurde, begrüßte dieser seine neue Kollegin und Co-Moderatorin Dana Rehberg publicityträchtig mit einem großen Strauß weißer Rosen in der Hansestadt. Die 31-Jährige kam aus München und war dort ebenfalls als Fernseh- und Rundfunkmoderatorin tätig. Mit dem neuen Duo, so gab sich „Schaubuden"-Chef Müller-Vondey zuversichtlich, könne die bereits zu diesem Zeitpunkt in die Jahre gekommene Sendung zu neuem Leben erwachen. Ihr Ende sei schon oft prophezeit worden, „doch bisher haben wir den Sterbegesang gut überstanden".

Einen Wermutstropfen gab es aber dann doch für Rüdiger Wolff: Für die Zeit bei der „Aktuellen Schaubude" wurden ihm Auftritte als Sänger untersagt, um Interessenkonflikte zu vermeiden. Die Auflösung des Plattenvertrages tat weh. Aber die Verlockungen der Fernsehkarriere waren größer.

Tatort-Flucht mit Folgen

Am 6. August 1988 flimmerte die 1368. Ausgabe der „Aktuellen Schaubude“ über die ARD-Bildschirme, als erstmals Rüdiger Wolff – gemeinsam mit Dana Rehberg – durch das Programm führte. Seit dreißig Jahren gehörte da bereits die Sendung zum Wochenendritual in vielen Haushalten. Sie war so etwas wie das norddeutsche „Lagerfeuer“, an dem sich viele Fernsehzuschauer versammelten. Allerdings: Die Einschaltquoten sanken – auch wegen der neuen Konkurrenz privater Fernsehsender. Nun sollte mit dem ehemaligen Sat.1-Moderator ausgerechnet einer von dort den Sinkflug stoppen.

Die Sendung endete wie fast immer, nämlich mit Grüßen an Zuschauer in der DDR. Noch stand die Mauer im geteilten Deutschland, auch wenn der sowjetische Staatschef Michail Gorbatschow bereits die Perestroika, den Umbau des sozialistischen Systems eingeleitet hatte. Aber man wusste, dass viele Ostdeutsche entgegen aller Verbote des DDR-Regimes heimlich Westfernsehen schauten.

Nach ihrer ersten Sendung machte die populäre einstige Tagesthemen-Moderatorin Sabine Christiansen den Kollegen Mut. „Aller Anfang ist schwer“, raunte sie ihnen zu. Tatsächlich waren beide mit sich nicht richtig zufrieden, obwohl der Sender von Zuschauer-Anrufen berichtete, die sich lobend über die neuen Moderatoren der „Schaubude“ äußerten. „Wir hatten beim ersten Mal noch Luft nach oben“, gab sich Rüdiger Wolff selbstkritisch. Die „Bild“-Zeitung sah das anders und titelte: „Schaubuden-Premiere: Dana und Rüdiger begeisterten 3 Millionen“. Tatsächlich sprach die hohe Einschaltquote für sich.

Die nächsten Jahre bis Ende 1996 – unterbrochen zwischen 1991 und 1994 durch eine dreijährige Tätigkeit beim ZDF – führte Rüdiger Wolff wie kein anderer Moderator mit so vielen verschiedenen Moderatorinnen durch die „Schaubude“. Auf Dana Rehberg (1988–1989) folgten Holde Heuer

(1989–1990), die sich mit Alida Gundlach und Victoria Voncampe abwechselte, und Carmen Nebel (1990–1991).
1994 startete er dann bei seiner zweiten Etappe zunächst mit Andrea Beckmanns. Ihr folgte 1995 Sabine Sauer. Dieses Duo hielt nicht nur bis Ende 1996 durch. Aus der gemeinsamen Moderation entwickelte sich eine Freundschaft zwischen beiden, die auch dann noch hielt, als Sabine Sauer wieder zum Bayerischen Fernsehen nach München gewechselt war. Regelmäßig kommt sie Rüdiger Wolff in Hamburg besuchen. Oder sie tauschen sich übers Telefon aus.
Schon bald nach der ersten Sendung hatte der neue Moderator unter den Zuschauern der „Aktuellen Schaubude" ein Fanpublikum. Er galt als seriöser, souveräner und journalistischer als sein Vorgänger Carlo von Tiedemann – und er beherrschte im Vergleich zu diesem auch die englische Sprache. So waren Interviews mit ausländischen Popstars möglich, die live in der Sendung auftraten.
Kein Englisch war nötig, als in der Sendung am 4. November 1989 die Pop- und Jazzsängerin Gitte Haenning die „Aktuelle Schaubude" besuchte und ihren neuen Hit „Mac Arthur Park" vorstellte. Für Rüdiger Wolff ein besonderer Moment, war die Dänin doch bereits in seiner Jugendzeit neben Udo Jürgens Vorbild für niveauvolle Schlagermusik gewesen. Bei der Begegnung im Studio Lokstedt blieb es nicht.
Gitte Haenning wurde eine Freundin der ganzen Familie, übernachtete ab und an im großen Haus der Wolffs in Hamburg-Winterhude und probte mit Tochter Katharina, die als kleines Mädchen von einer Karriere als Schlagersängerin träumte. Der Moderator erinnert sich gern an einen Besuch Gitte Haennings in der Dorotheenstraße, bei dem der Star aus dem Nachbarland gemeinsam mit Katharina quer durchs Haus den Haenning-Hit „Ich will 'nen Cowboy als Mann" schmetterte.
Katharina wuchs in das Show- und Publicity-Geschäft des Vaters hinein. Immer häufiger erschienen in Magazinen und Zeitungen Homestorys vom Moderator und seiner Familie.

Mal bemalte Rüdiger Wolff vor klickenden Pressekameras mit seiner Tochter Ostereier, dann präsentierte er mit der Siebenjährigen auf dem Schoß eine Krawatte, die sie ihm zu seinem 37. Geburtstag bemalt und geschenkt hatte. Viel Prominenz hatte sich da zum Gratulieren eingefunden. Gitte Haenning war unter anderem zur Geburtstagsparty erschienen, Heidi Kabel, Karl Heinz Hollmann, Hanne Haller oder die „Tagesschau"-Sprecherinnen Dagmar Berghoff und Eva Herman.
Seiner Frau Dörten, so erscheint es Rüdiger Wolff im Nachhinein, konnte er anfangs nicht prominent genug sein. Nach und nach aber sei sie auf Distanz zu seiner Branche gegangen, in der das Klappern zum Handwerk gehöre. Beruflich gingen ihre Welten auseinander.
Für ihn hieß es: „The show must go on." Neben seiner Rolle als „Anchorman" der „Aktuellen Schaubude" erreichten Rüdiger Wolff unzählige Aufträge als Moderator. Von Fernsehzeitschriften inzwischen zum „Fernsehliebling" erklärt, führte er durch Modeschauen, große Messeveranstaltungen, durch Sommerfeste der Medien und durch Jahresempfänge.
Theaterengagements waren „nebenbei" nicht möglich, aber das Angebot, in einem „Tatort" mit Manfred Krug als Kommissar mitzuspielen, ließ er sich nicht entgehen. Wolff sollte in dem Krimi den Kokainhändler „Holger" spielen. Im Dezember 1989 war der letzte Drehtag. Das Drehbuch sah eine Verfolgungsjagd zwischen ihm und dem Kommissar vor, die mit einem rettenden Sprung des Dealers in 2,30 Meter Tiefe vor dem Eingang der Disco „Madhouse" enden sollte. Sowohl Manfred Krug als auch er verzichteten auf ein Double; sie waren schließlich Profis.
Doch dann passierte das Unglück. Schon bei den Proben war am Set aufgefallen, wie hartnäckig der 1977 aus der DDR ausgereiste DDR-Schauspieler Krug seine Rolle bei der Verfolgungsjagd über die Dächer wahrnahm und den Verfolgten zu immer schnellerem Tempo zwang. Die Mahnung des Regisseurs, es langsamer angehen zu lassen, schlug Krug in den Wind. „Es schien, als wollte er mich unbedingt fassen – im

Gegensatz zum Drehbuch, dass die Flucht des Drogendealers vorsah", erinnerte sich Wolff.
Obwohl der Kameramann noch mitten in der Szene „Stopp" gerufen habe, weil er offensichtlich das Unglück kommen sah und Manfred Krug bremsen wollte, war dieser nicht mehr zu stoppen. Rüdiger Wolff rutschte aus, stürzte vom „Madhouse"-Dach und zog sich eine komplizierte Trümmerfraktur im Knie zu. Nach der ersten Diagnose im Altonaer Krankenhaus schlossen die Ärzte eine Amputation des Beins nicht aus. Doch inzwischen war mit Dörten nicht nur die Ehefrau des Schwerverletzten in der Klinik eingetroffen, sondern zugleich eine fachkundige Ärztin, die für ihren Mann kämpfte.
„Ihr habe ich zu verdanken, dass ich trotz des Unfalls weiterhin gehen kann", sagt Rüdiger Wolff dankbar. Sie habe durchgesetzt, dass ein renommierter Chirurg eine komplizierte, mehrstündige Operation vornahm, bei der dem Patienten ein Stück Hüftknochen im Schienbein eingesetzt wurde.
Während drei Tage später Krimi-Regisseur Jürgen Roland als Moderator der „Aktuellen Schaubude" – neben Alida Gundlach – einsprang, freute sich Rüdiger Wolff über viele Besuche, darunter auch „Schaubuden"-Chef Müller-Vondey. Dieser machte ihm klar, dass die Zeit ohne ihn bei der „Aktuellen Schaubude" nur begrenzt mit Gastmoderatoren überbrückt werden könne. Trotz großer Schmerzen sagte der gestürzte „Tatort"-Darsteller daraufhin zu: „In sechs Wochen stehe ich wieder vor der Kamera." Zu schaffen war das – das war Rüdiger Wolff völlig klar – nur mit eisernem Willen und hartem Training.
Mut machten dabei die vielen Genesungswünsche – einschließlich des gesamten „Tatort"-Teams. Alle Schauspieler hatten die Karte unterschrieben, bis auf einen: Manfred Krug. Dieser dürfte über die Kritiker des Unglücks-„Tatortes", der schließlich am 20. Januar 1991 unter dem Titel „Finale am Rothenbaum" ausgestrahlt wurde, nicht gerade erfreut gewe-

sen sein. Kaum etwas habe in der „mehr als eine Million Mark teuren NDR-Produktion“ gestimmt, schrieb die Welt.
Drei Tage vor diesem Sendetermin war Rüdiger Wolff von zu Hause ins Krankenhaus gefahren worden, um sich die Metallstifte in Knie und Bein entfernen zu lassen. Eine Woche zuvor hatte er bereits wieder durch die „Aktuelle Schaubude“ geführt. Da er zunächst selbst an Krücken nicht gehen konnte, wurde er von kräftigen Bühnenarbeitern zwischen den Moderationen von einer Szene zur nächsten geschleppt und wie eine Schaufensterpuppe hingestellt.
„Es tat immer noch höllisch weh. Aber ich hätte die Sendung sonst verloren. Und außerdem wollte ich mich nicht von diesem Schicksal kleinkriegen lassen“, sagt Rüdiger Wolff in der Rückschau. Da sitzt er wieder – wie nach dem Unfall bei den „Tatort“-Dreharbeiten – im Rollstuhl. Und wieder kämpft er mit dem Schicksal. Und wieder baut er auf die ärztliche Kunst. Gegen die ALS-Erkrankung hilft anders als beim zerschmetterten Knie keine Operation; sie lässt sich nicht heilen. Immerhin – so hofft er – können Medikamente das Fortschreiten der Erkrankung verlangsamen.
Es ärgert ihn, wenn Menschen in der Corona-Pandemie allzu sehr über die staatlich angeordneten Einschränkungen des Alltags lamentieren. „Mein Gott, es gibt wahrlich Schlimmeres“, sagt er. Überdies werde bei allen Bemühungen, Mittel gegen das gefährliche Virus und die Covid-19-Erkrankungen zu finden, die Arzneimittelforschung auf anderen Gebieten vernachlässigt. Auch ALS müsse nicht für immer unheilbar bleiben.
Sein heutiger Kampf ist härter als jener damals, nach der Trümmerfraktur. Da half Gymnastik, damit sein rechtes Bein wieder beweglich wurde. Als Dankeschön lud er Ende Februar 1991 seine Frau und Tochter sowie seine Mutter Annechristel aus Flensburg, die den inzwischen 40 Jahre alten Sohn laufend in Hamburg besucht hatte, zu einem Kurzurlaub auf Teneriffa ein. Zugleich kündigte er an, dass er die „Aktuelle Schaubude“ mit Beginn der Sommerpause am 29. Juni verlassen und sich „beruflich anderweitig“ orientieren werde.

Die Grenzen verschwimmen

Rüdiger Wolff, ein Grenzgänger zwischen Kunst- und Show-Welten. Ein Wanderer zwischen öffentlich-rechtlichen und privaten Fernsehsendern. Sein Wechsel von Sat.1 zur ARD war in der Anfangsphase des Rundfunk-Dualismus in Deutschland noch höchst ungewöhnlich, ebenso sein Sprung vom Ersten Programm zum ZDF und wieder zurück. Die Grenzen waren noch starr. Die Abwerbungen beweisen indes, wie populär und begehrt er als Fernsehmoderator war. Zumal ein neues Format – aus den USA herübergeschwappt – Einzug in die Programme gehalten hatte: Nachrichten und Fakten wurden in unterhaltsame Elemente verpackt und aufgelockert präsentiert. Infotainment: Die Zuschauer sollten sowohl informiert als auch unterhalten werden.
Nicht allen war dies recht. Ein Kritiker Rüdiger Wolffs war „Tagesthemen"-Moderator Hanns Joachim („Hajo") Friedrichs. Ihm war der Mann aus Flensburg vor der Kamera einfach zu nett, kein Enthüllungsjournalist, der seinen Gesprächspartnern hartnäckig und notfalls mit Fangfragen etwas entlocken will. „Er hat mich nicht mal gegrüßt, wenn ich ihn auf den Fluren der NDR-Studios in Hamburg-Lokstedt traf", sagt Rüdiger Wolff. Die abweisende Art sei wohl auch Ausweis von Arroganz des Nachrichtenmannes gegenüber Unterhaltungssendungen moderierenden Kollegen gewesen.
Tatsächlich beschwerte sich Friedrichs schriftlich beim damaligen NDR-Programmdirektor Jürgen Kellermann, weil Rüdiger Wolff die Schauspielerin Uschi Glas in der „Aktuellen Schaubude" habe gewähren lassen, als diese ihre Kosmetikserie anpries. Er hätte ihr das Wort abschneiden müssen. Die Sache verlief im Sande, war doch die Redaktion der Sendung froh gewesen, die bekannte Schauspielerin überhaupt ins Programm geholt zu haben. Als Bedingung hatte sie ausgehandelt, etwas über ihre Kosmetik aus Lava-Erde erzählen zu dürfen. Rüdiger Wolff: „Mit diesem Hintergrundwissen war

das Live-Gespräch natürlich ein gefährlicher Ritt über den Bodensee, eine Odyssee zwischen Skylla und Charybdis." Die Zuschauer wollten Uschi Glas sehen, wünschten einen möglichst unterhaltsamen und informativen Talk zwischen ihr und dem Moderator. Dieser wiederum musste sie bei ihrer Eigenwerbung möglichst unauffällig ausbremsen. Das Publikum hätte ihm kaum verziehen, wäre er der beliebten Schauspieler brutal ins Wort gefallen oder gar über den Mund gefahren.

Als Journalist, noch dazu als politischer oder investigativer Journalist, hat sich Rüdiger Wolff nie verstanden: „Ich habe bei meinen Gesprächspartnern vor der Kamera durchaus auch kritisch nachgehakt. Aber das geschah stets auf freundliche Art und Weise. Mich hat es immer gereizt, Unterhaltungselemente mit journalistisch-informativen Fragen und Antworten zu kombinieren. Hofberichterstattung ist für mich genauso unsinnig wie das knallharte Abservieren von Interviewpartnern. Dafür war ich nicht zu haben, und hier ließ ich mich auch nie verbiegen. Mit dem Vorwurf, zu freundlich zu sein, konnte ich leben. Das war nicht Harmoniebedürftigkeit, sondern mein Grundverständnis guter Fernsehunterhaltung." Heute, so sagt Wolff, seien Moderatoren und Journalisten vor der Kamera viel gnadenloser und scheinbar investigativer. Da aber auch die Prominenten auf der anderen Seite – vom Politiker bis zum Schlagersänger – dazugelernt hätten und im Umgang mit Medien geschult würden, bleibe trotzdem vieles an der Oberfläche.

Rüdiger Wolff wirkte vor der Kamera stets als der nette Moderator aus dem Norden mit seinem – wie es in einem der vielen Briefe vor allem weiblicher Fans hieß – „unwiderstehlichen Charme". Unter der täglichen Fanpost gab es manche Kuriositäten. So himmelte eine Zuschauerin aus Lüneburg ihn anfangs förmlich an: „Ach, wenn doch alle Männer so wären wie Sie", schrieb sie. Wenig später bat sie um ein Treffen mit ihm. Im dritten Brief allerdings erteilte sie dem Moderator eine erste Rüge: „Herr Wolff, bitte schauen Sie mich nicht so lüstern an." Massiv wurde ihr nächstes Schreiben: „Unterlassen Sie bitte sofort diese Blicke." Im fünften und letzten Brief behauptete schließlich die Zuschauerin, Rüdiger Wolff beobachtet zu haben, wie er „mit erhobenem Penis" um ihr Haus geschlichen sei.

Wer sich alte Sendungen mit Rüdiger Wolff noch einmal anschaut, mag zu dem Schluss kommen, dass er bei kritischeren Nachfragen manches Mal eine Spur zu glatt war. Vom „TV-Beau" sprachen Medien, ausgestattet von der Hamburger Modekette „Steffi". Zu jeder neuen „Schaubuden"-Ausgabe bekam er ein neues Outfit angepasst, dass er allerdings nach der Sendung wieder abgeben musste. „Ich war froh, wenn ich die Kleidung los war. Denn tatsächlich war sie eher Verkleidung. In der Rückschau ist mir klar geworden, dass ich auch als Moderator eine Rolle gespielt habe und nicht ich selbst war", bekennt Rüdiger Wolff heute.

Recht sollte die Schlagersängerin Heidi Brühl behalten, die Rüdiger Wolff bei einem abendlichen Treffen nach einer „Schaubuden"-Sendung prophezeite: „Du wirst noch Probleme mit den Kollegen bekommen. Die mögen gutaussehende Männer nicht." Immer häufiger bekam er Neid und Missgunst unter den Kollegen zu spüren. Etwas anderes kam – so Rüdiger Wolff – hinzu: „Wer gut aussieht und dann wie ich auch Schlager gesungen hat, wird leicht für blöd gehalten." Wenn Gäste bei ihm zu Hause in der Dorotheenstraße waren und die langen Bücherregale voll mit anspruchsvoller Literatur, mit Kunstbänden, Künstlerbiografien, Werken aus der Musikgeschichte und aus der Kompositionslehre sahen, dann wurde er schon mal gefragt: „Hat das alles deine Frau gelesen?" Dass es seine Bücher waren, trauten ihm offenbar die wenigsten zu.

Im Juni 1991 war schließlich die Katze aus dem Sack. Was bis dahin nur als Gerücht kursierte, wurde nun bestätigt: Der 38-Jährige wechselt von der „Aktuellen Schaubude" zum ZDF. Bevor er am 25. Juni das erste Mal im „Zweiten" als Moderator auf Sendung ging, machte sich zehn Tage zuvor eine Schar

Flensburger Fans auf, um bei der Aufnahme der vorletzten „Aktuellen Schaubude“ mit Rüdiger Wolff dabei zu sein. Dass es zwei Jahre später ein Comeback geben würde, konnte keiner ahnen.

Anders als die wöchentliche „Schaubude“ des NDR strahlte das ZDF die „tele-illustrierte“ bundesweit bis auf Samstag und Sonntag täglich aus. Regelmäßig war Rüdiger Wolf dran. Mit dem „fliegenden Wechsel“ war deshalb ein tiefer Einschnitt im Familienleben verbunden. Denn nun wurde nicht mehr live in Hamburg aufgenommen, sondern live in Mainz, hier wie dort mit Publikum. Die Yellow Press zog sogleich alle Register. „Rüdiger Wolff – Trennung von Frau und Kind“, titelte das „Echo der Frau“. Was den Absatz des Blattes gefördert haben mag, aber sich natürlich nur auf den Arbeitsplatz des sogenannten Familienoberhauptes bezog. Noch schien über dem Haus in der Dorotheenstraße die Sonne.

Wenn Wolff nicht zwischen Hamburg und Mainz pendelte, verbrachte er so viel Zeit wie möglich daheim. Tochter Katharina war in die Schule gekommen und forderte ihren Papa. Der aber konnte Nebentätigkeiten selbst jetzt nicht lassen. Zu verlockend waren die gut dotierten Angebote. Von wegen „brotlose Kunst“, wie der Vater immer gesagt hatte. Die Kasse brummte.

Im Hamburger CCH moderierte er eine Wohltätigkeitsgala der Kriminalitätsopfer-Hilfsorganisation „Weißer Ring“, mit der TV-Kollegin Heidrun von Goessel startete er für den Deutschen Hausfrauen-Bund die „Einmachsaison 1992“, er moderierte zugunsten von „SOS Kinderdörfer“ oder sprang kurzfristig für Max Schautzer ein, als dieser wegen einer Grippe nicht durch das Programm eines ADAC-Balls führen konnte. Auf der Messe „Du und Deine Welt“, die von Hamburgs Erstem Bürgermeister Henning Voscherau und der damals gerade zur Frauenministerin ernannten Angela Merkel eröffnet worden war, gab er bei einem Gewinnspiel den Quizmaster. Rüdiger Wolff wurde zum Tausendsassa.

Die ZDF-Verpflichtung hatte den Flensburger endgültig bundesweit bekannt gemacht. Allerdings drohte dieser neue Karriereabschnitt für einen Moment zu kippen. Rief doch nach Bekanntwerden des Engagements in Mainz ein Reporter der „Bild am Sonntag" an. Er wollte sich mit Rüdiger Wolff treffen, um über den Neuen bei der „tele-illustrierten" eine „richtig heiße Enthüllungsstory" zu machen. Wie diese denn wohl aussehen sollte, wollte der Moderator wissen. „Na, Sie haben doch vor der Fernsehkarriere in Pornofilmen mitgewirkt", lautete die Antwort.

Rüdiger Wolff wusste sofort, dass solch eine Veröffentlichung das sofortige Aus beim ZDF bedeutet hätte, auch wenn an der Geschichte nichts dran war. Wie sich schnell herausstellte, hatte der Reporter herausbekommen, dass er wie so viele andere Schauspieler und Moderatoren nach der Ausbildung an der Schauspielschule auch als Sprecher bei der Synchronisation von Filmen gearbeitet hatte. Darunter waren auch die damals in Kinos beliebten Sexfilme vom Schlage „Liebesgrüße aus der Lederhose".

Bevor die früheren Auftragsarbeiten, bei denen Wolff nach eigenen Angaben regelmäßig viele bekannte Gesichter aus dem Fernseh- und Showgeschäft im Synchronisations-Studio traf, zum Skandalthema wurden, setzte er einen erfahrenen Medienanwalt an. Der klärte den Sachverhalt auf und drohte der Zeitung bei Veröffentlichung eine Schadensersatzklage in Millionenhöhe an, falls es doch bei der geplanten Story bleiben sollte. Das zeigte Wirkung. „Bild am Sonntag" zog zurück, und Rüdiger Wolff lehnte fortan jeden weiteren Auftrag zur Synchronisation von Filmen solcher Machart ab. Auch wenn die Sexfilme – gemessen an Pornostreifen – „eher harmlos" gewesen seien, betrachtet er heute die Arbeit als Synchronsprecher als Fehler. Wolff: „Ich war zu blauäugig. Die Filme sind frauenfeindlich." Im Übrigen seien sie für die Sprecher durchaus eine Herausforderung. „Man glaubt gar nicht, wie anstrengend das endlose Stöhnen sein kann. Das Lufthole muss genau eingeteilt werden. Harte Arbeit für Schund."

Skandale passten nicht zu Wolffs Image. Das hatte er schon ein gutes halbes Jahr zuvor erlebt, als er noch durch das Programm der „Aktuellen Schaubude" geführt hatte. In der Sendung am 10. November 1990 stockte vielen der Atem, als der Moderator im Gespräch mit Alexander Niemetz über dessen gerade erschienenes Buch über die Kokain-Mafia erzählte, jüngst selbst auf einer Kokain-Party mit vielen Prominenten gelandet zu sein. Das war natürlich gefundenes Fressen für die Boulevardpresse. „Bild" zitierte sofort die Hamburger Kripo mit dem Satz. „Wir prüfen, ob wegen der Aussage von Herrn Wolff ermittelt werden muss." Zu Rüdiger Wolffs Glück wurden die Ermittlungen rasch eingestellt, da sich zeigte, dass der Moderator die Party sofort wieder verlassen hatte, nachdem er bemerkt hatte, was dort läuft.

Von Karrierebrüchen vorerst verschont, stürmte der zwischen Hamburg und Mainz pendelnde Fernsehmann weiter voran, auch wenn ZDF-Intendant Dieter Stolte schon wenige Monate nach seinem Start bei der „tele-illustrierten" eine einschneidende Änderung verkündete. Aus der Sendereihe, die ursprünglich als „Drehscheibe" gestartet war, sollte das „Länderjournal" werden. Für Rüdiger Wolff eine Herausforderung, die ihm – wie er später gestand – nur bedingt Freude bereitete. Das „Länderjournal" sei thematisch breiter angelegt gewesen. Das sei zwar inhaltlich gut gewesen. Zu schaffen hätten ihm aber die nun deutlich zunehmenden Politiker-Interviews gemacht. Wolff: „Das war nicht mein Metier, obwohl ich durchaus ein politischer Mensch bin."

Dass er nicht blauäugig war und politische Überzeugungen besaß, sah auch die ursprünglich liberale, nach ihrem Austritt aus der FDP parteilose Hamburger Kultursenatorin (1983– 1987) und spätere niedersächsische Ministerin für Wissenschaft und Kultur (1990–1998), Helga Schuchardt, so. Sie lobte Rüdiger Wolffs Einsätze zwischen 1988 und Ende 1996 bei der „Aktuellen Schaubude". Er habe die Sendereihe ein Stück politischer, konkret: „grüner" gemacht, sagte sie. Mit seiner klaren Hal-

tung für den Erhalt der Schöpfung war er vielen in seiner Branche voraus.
Zwar verbot es sich nach Rüdiger Wolffs Berufsauffassung als Moderator, Mitglied einer Partei zu sein. Aber sein Engagement für die Natur und Umwelt ließ stets eine Nähe zur Umweltbewegung erkennen. Die Grünen waren zwar 1983 erstmalig in den Bundestag eingezogen und Joschka Fischer war 1985 in Hessen in Turnschuhen als Landesminister vereidigt worden, aber noch waren die „Alternativen“ nicht etabliert.
Außerdem zog wenig später ein ganz anderes historisches Ereignis alle Deutschen in seinen Bann: Nach dem Fall der Mauer am 9. November 1989 kam es 1990 zur Wiedervereinigung und zur ersten gesamtdeutschen Wahl, bei der die Grüne Partei in Westdeutschland an der Fünf-Prozent-Hürde scheiterte. Dank des in Ostdeutschland angetretenen „Bündnis 90“ blieb die Bewegung aber politisch präsent und meldete sich nach der Fusion von Grünen und „Bündnis 90“ gestärkt in den Parlamenten zurück.
Rüdiger Wolff hatte da bereits viele „gesamtdeutsche“ Erfahrungen hinter sich. Bald nach dem Mauerfall produzierte die „Aktuelle Schaubude“ live auch aus Ostdeutschland. Erste Station war am 24. März 1990 das Heilbad Heiligenstadt in Eichsfeld. Wolff moderierte zusammen mit Victoria Voncampe. „Wir können uns vor Bewerbungen um Außenübertragungen kaum noch retten“, berichtete „Schaubuden“-Chef Müller-Vondey. Immer mehr ostdeutsche Städte wollten die Sendung bei sich zu Gast haben. Nächste Station außerhalb des Studios in Hamburg Lokstedt war im Herbst die Insel Rügen. Auch viele derjenigen, die bisher in der DDR nicht heimlich Westfernsehen gesehen hatten, lernten jetzt den Moderator kennen. Sein Fan-Kreis wuchs weiter.
Nicht zu vergessen: Schon in der Zeit, als die Mauer noch stand, präsentierte Rüdiger Wolff in der „Aktuellen Schaubude“ immer wieder DDR-Künstler, die mit ihren Liedern auch im Westen Erfolge feierten. Frank Schöbel war Gast, ebenso Ost-Gruppen wie „Karat“ oder „Elephant“ kamen.

Als er viele Jahre nach der Wiedervereinigung für das ZDF-Länderjournal häufiger Interviews mit Politikern machte, stellte Rüdiger Wolff fest, dass die neue Garde von Ostpolitikern oft ehrlicher Rede und Antwort stand als ihre Westkollegen: „Letztere hatten längst gelernt, sich selbst zu inszenieren, zumal viele von ihnen Medienberater an ihrer Seite hatten." Heute sei dieser Unterschied vorbei, bedauert der Ex-Moderator.

Überall zwischen Mecklenburg-Vorpommern und Sachsen grüßte bald nach der Wiedervereinigung Rüdiger Wolff von Plakatwänden und machte für das Fernsehmagazin „TV Hören und Sehen" und für den Kauf von Satellitenschüsseln Werbung. Satellitenschüsseln waren begehrt, konnte über die damals übliche Fernsehantenne zwar terrestrisch das erste und zweite Fernsehprogramm empfangen werden. Aber für die privaten Sender – voran RTL und Sat.1 – stand nur der Weg über den Satelliten offen.

Zur Werbung auf Plakaten kamen Auftritte bei Werbeveranstaltungen in den neuen Bundesländern hinzu. „Ich erlebte da plötzlich, wie bekannt ich durch das Westfernsehen in Ostdeutschland war. Nach einem Auftritt in Leipzig war das Zimmer am nächsten Morgen voll von Blumen, die mir unbekannte Fans ins Hotel Astoria geschickt hatten", erinnert sich Wolff.

Plakatwerbung für Satellitenschüsseln durfte Rüdiger Wolff auch während seiner Zeit bei ARD und ZDF machen, Fernsehwerbung war ihm dagegen – wie allen anderen Mitarbeitern des öffentlich-rechtlichen Fernsehens – verboten. Anders, als er noch bei den Privatsendern arbeitete. Da waren solche „Nebentätigkeiten" eine sprudelnde Einnahmequelle. Sein Aussehen und seine Professionalität als Schauspieler führten dazu, dass Werbeagenturen immer häufiger bei Rüdiger Wolff anklopften. Kurze TV-Werbespots für „Iglo", „Chipsletten" oder die „Fünf-Minuten-Terrine" brachten dem Schauspieler weitaus mehr Geld ein als zum Beispiel die Rollen am Theater oder Moderationen bei Galaveranstaltungen.

Mit der Verpflichtung bei den öffentlich-rechtlichen Sendern blieb ihm als freier Mitarbeiter allerdings Radiowerbung erlaubt. Die Nachfrage war groß. Ob für Schokoladen von „Merci“, ob für „Coca-Cola“, „Pernod“, „Jacobs-Kaffee“ oder die Kosmetikprodukte von „Nivea“: bei vielen Werbespots steckte hinter den Anpreisungen und Versprechungen die sonore Stimme Rüdiger Wolffs.

Das Geld wurde gebraucht. Die Gagen halfen beim Kauf und Ausbau des Anwesens „Schwanholm“ an der Flensburger Förde und später bei der Erweiterung der Grafiksammlung.

Aber es gab Grenzen – und es gab Bestechungsversuche. So wurde Rüdiger Wolff auf einer Party vom Repräsentanten eines großen Haarkosmetik-Unternehmens angesprochen. Ob man „werbemäßig“ ins Geschäft kommen könne, wollte dieser wissen. Der Moderator dachte an einen weiteren Werbespot; Visitenkarten wurden ausgetauscht.

Schon am nächsten Tag meldete sich der Unternehmensrepräsentant am Telefon. Nein, nein, es gehe nicht um Radiowerbung. Die Idee sei vielmehr, dass Wolff bei seinen TV-Besuchen in der ZDF-Reihe „Zu Gast bei ...“ Prominenten wie Hildegard Knef oder Vicky Leandros Produkte der Haarkosmetik-Firma unterjubele und diese bei Dreharbeiten „ganz zufällig“ ins Bild rückten. Das würde das Unternehmen auch wirklich gut bezahlen ...

Rüdiger Wolff: „Unverfrorener ging's nicht. Hätte ich jemals so etwas gemacht – ich könnte mir heute nicht mehr im Spiegel ins Gesicht schauen.“ Sogenanntes „Productplacement“, bei dem Markenprodukte scheinbar beiläufig ins Bild gebracht oder in Wortbeiträgen gezielt platziert werden, habe es mit ihm nicht gegeben. Auch die Werbung unterliege ethischen Normen. Verdeckte Formen von Unwahrhaftigkeit gingen gar nicht.

Rüdiger Wolff

Bilder aus dem Leben

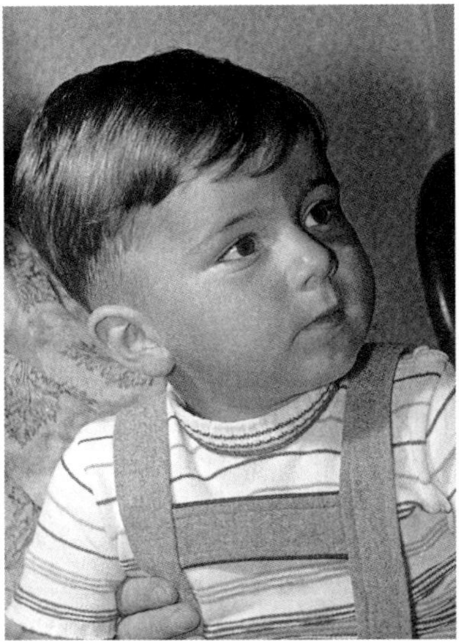

Rüdiger Wolff mit zweieinhalb Jahren und mit seinem geliebten Großvater Alfred Huth Mitte der 1950er Jahre.

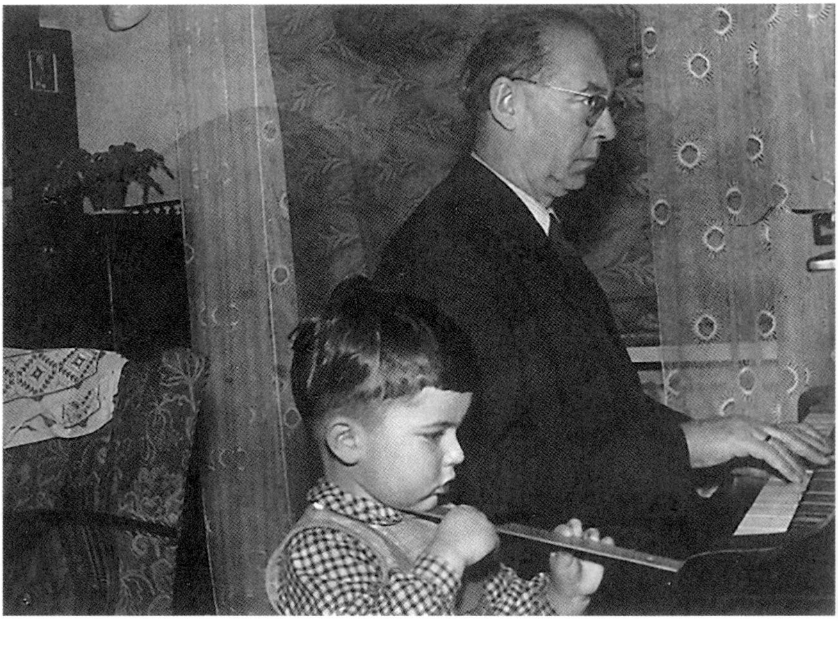

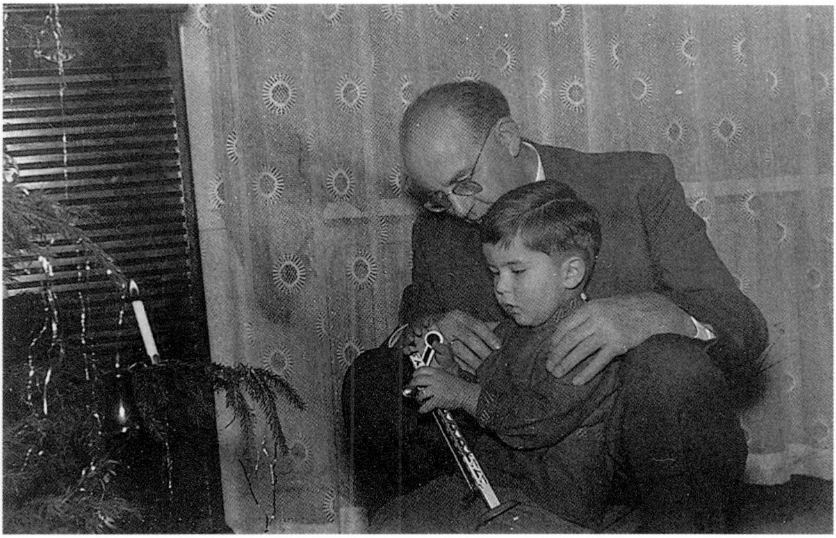

Musizieren mit Großvater Alfred Huth. Der Kirchenmusiker führte seinen Enkel auch in die Kompositionslehre ein.

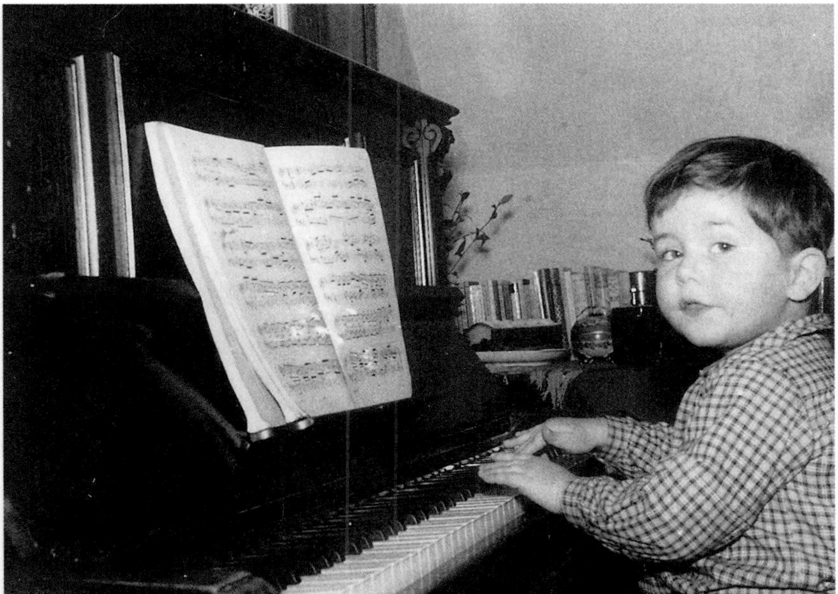

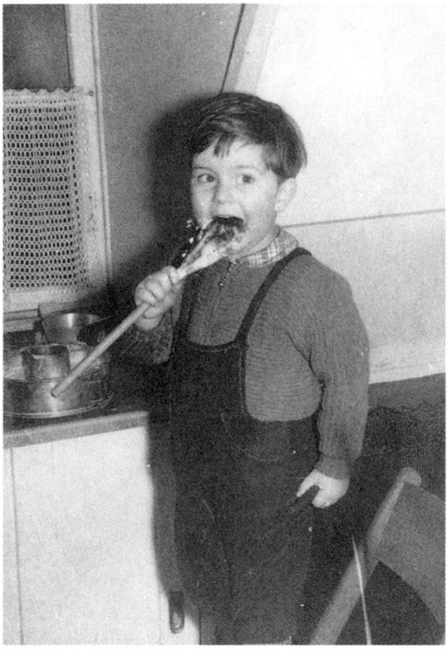

Backen mit Mutter Annechristel in der Wohnung in Eckernförde Mitte der 1950er Jahre.

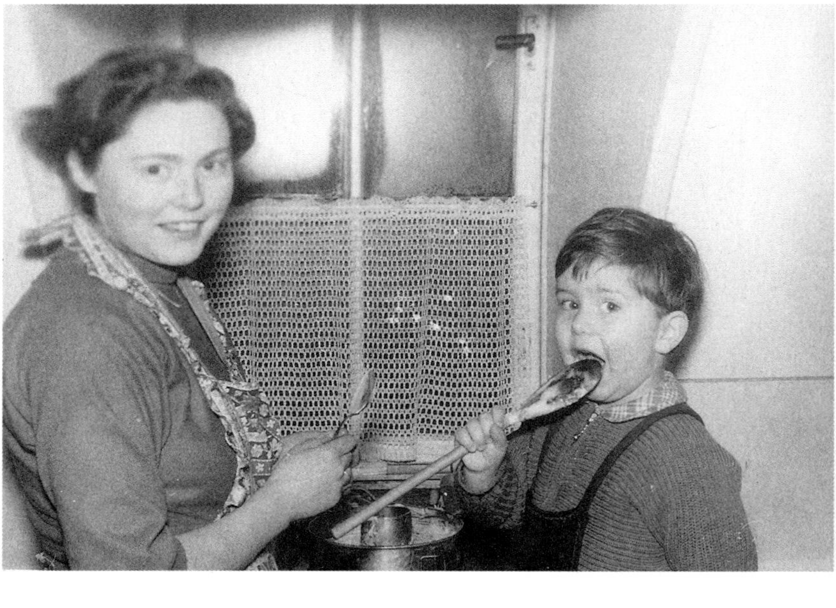

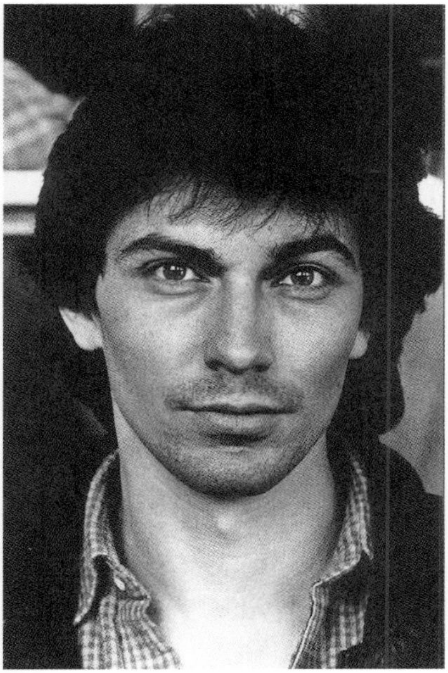

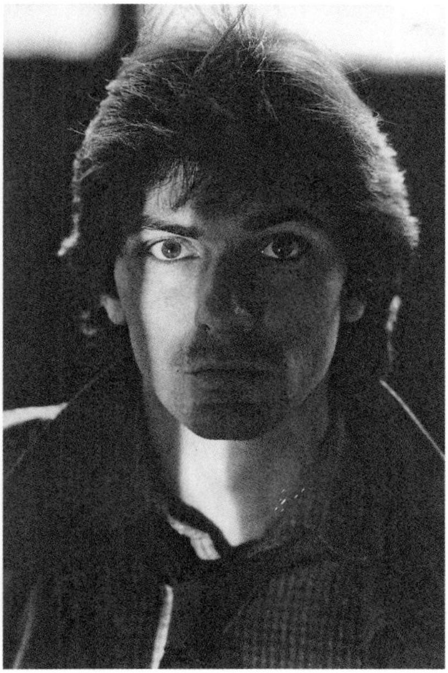

A star was born: Das wandelbare Gesicht des Rüdiger Wolff in den 1980er Jahren.

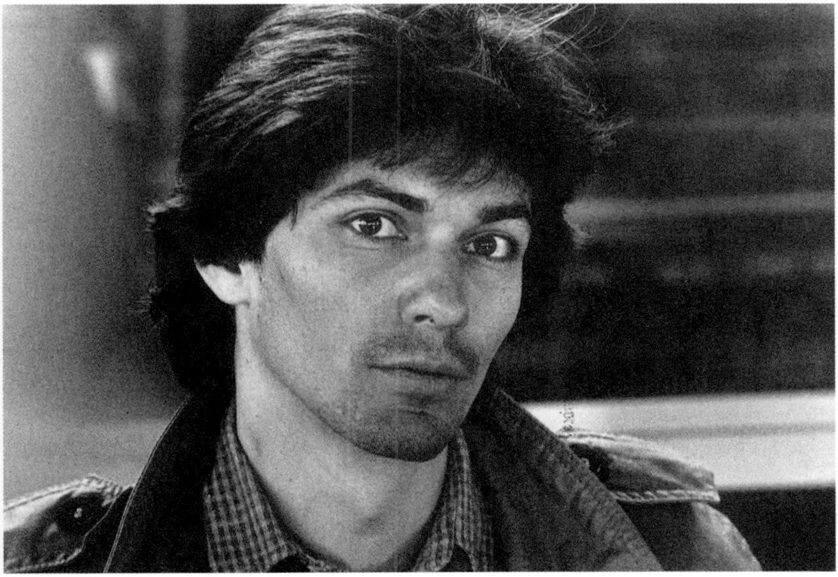

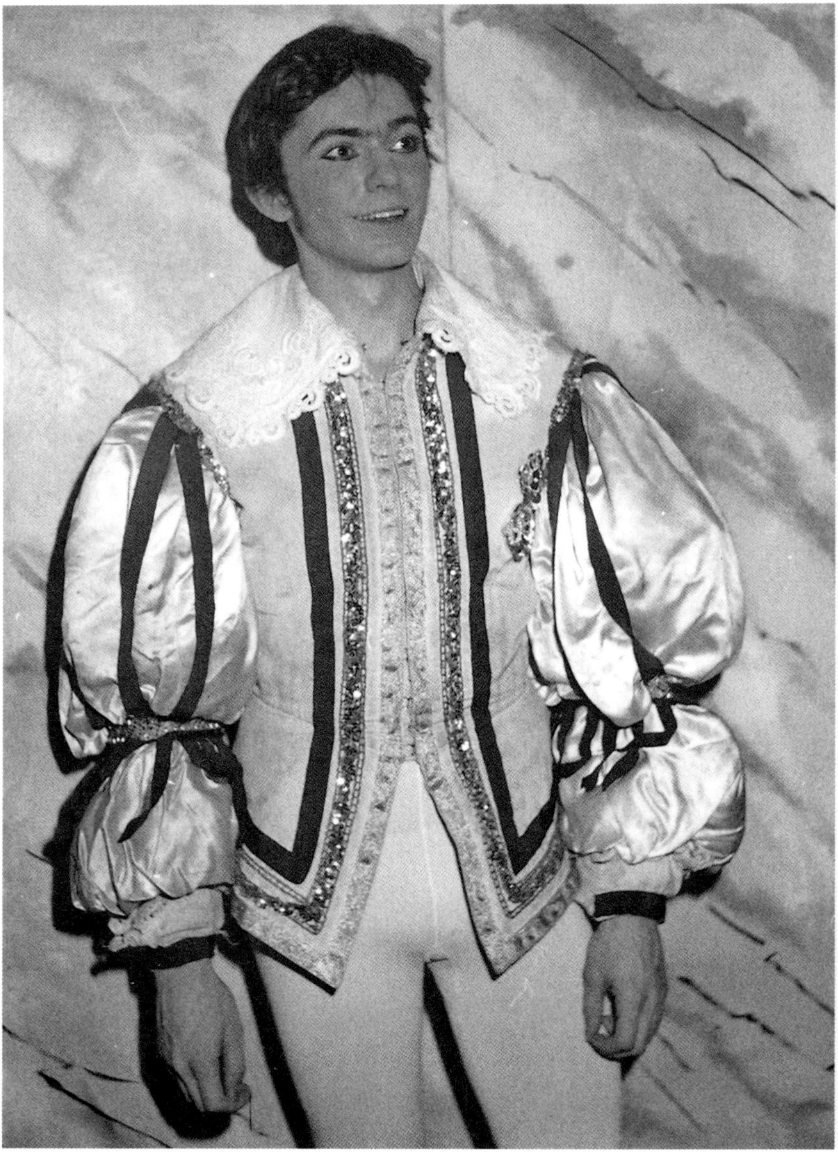

1976 als Prinz im Musical „Schneewittchen“ im Hamburger Operettenhaus.

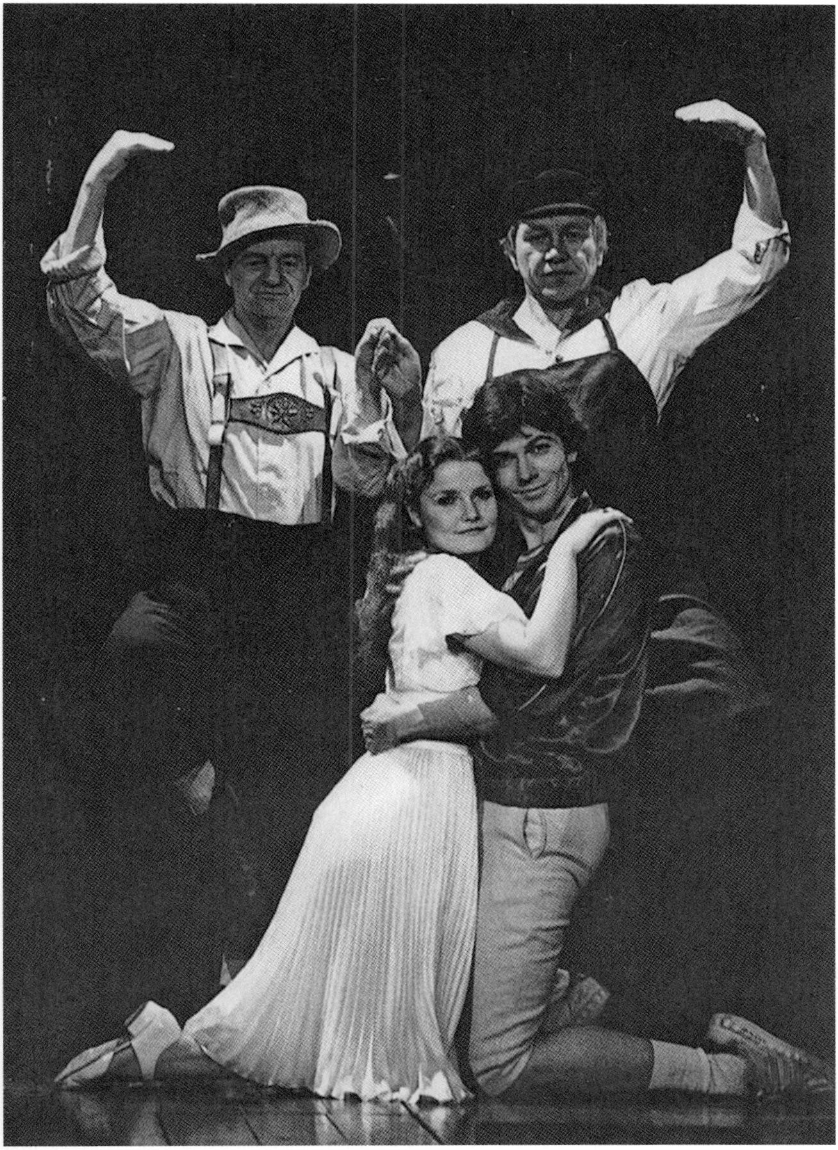

Glanzrolle im Erfolgsmusical „The Fantasticks“ in der Inszenierung von Anna Vaughan auf den Bühnen der Landeshauptstadt Kiel.

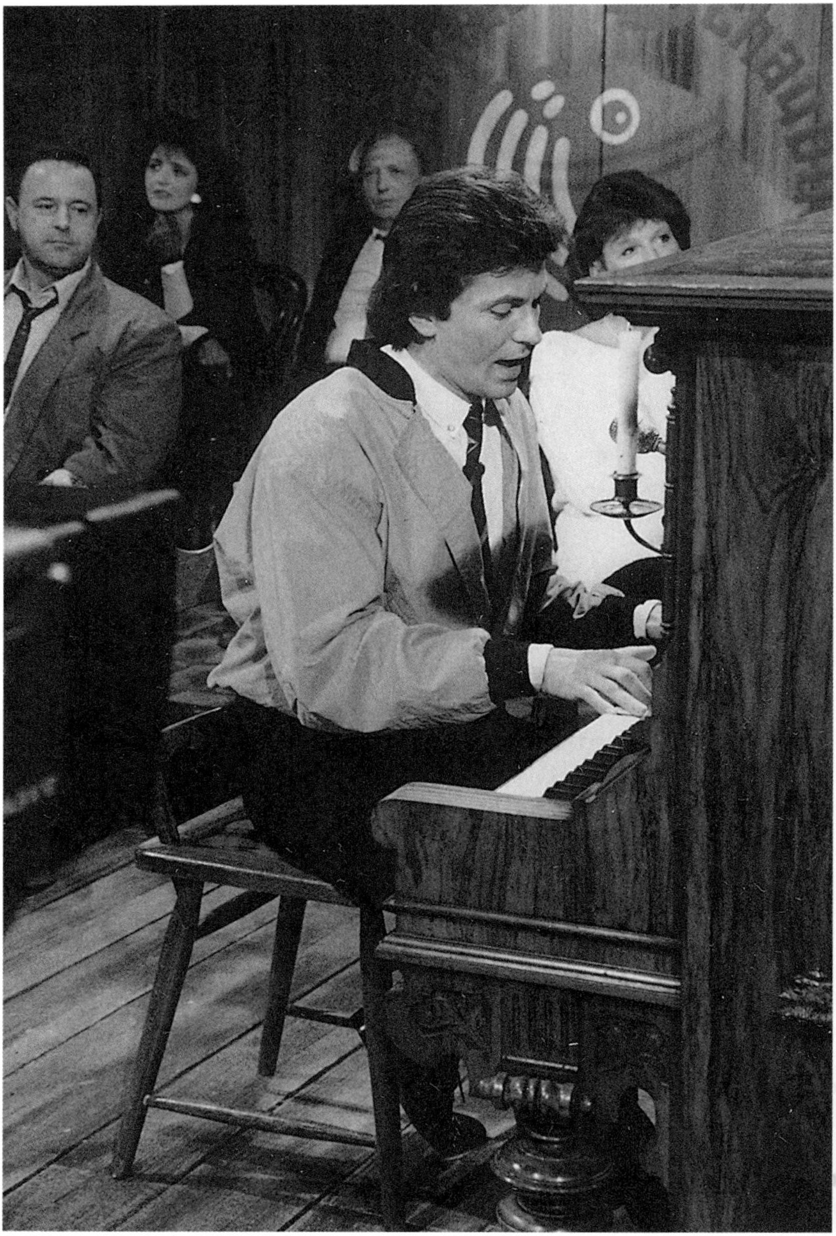

Boogie Woogie in der „Schaubude“: Rüdiger Wolff greift in die Tasten.

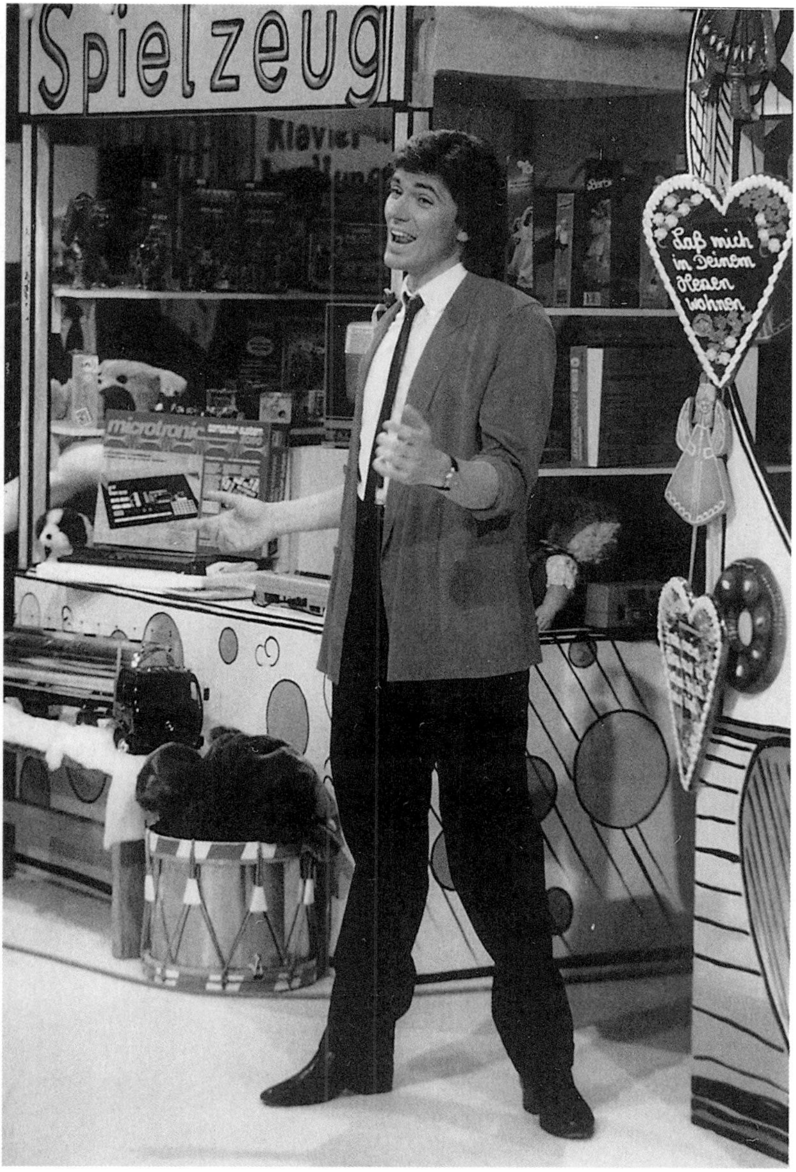

Seinen ersten „Schaubuden"-Auftritt hatte Rüdiger Wolff als Sänger. 1984 präsentierte er seinen Hit „Was aus mir wird, werden wir schon sehen". Vier Jahre später startete er als Moderator der Kultsendung.

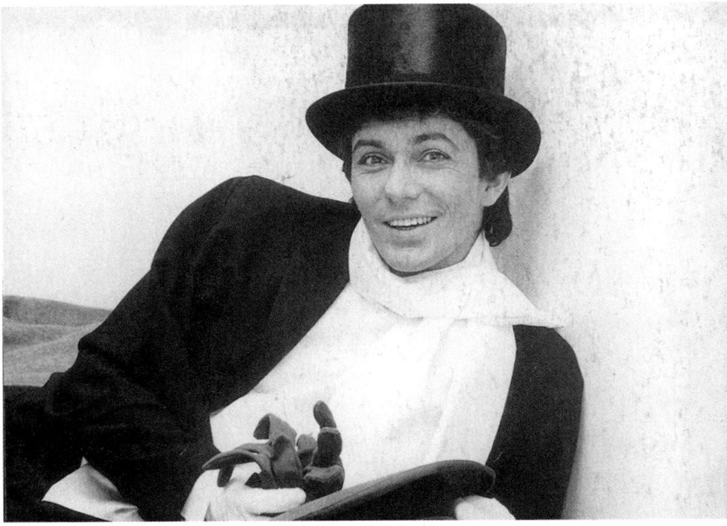

Glanzvolle Auftritte im „Theater des Westens“ in Berlin: Rüdiger Wolff 1984 in der Rolle des jungen, eleganten Freddy im Musical „My Fair Lady“.

Mit „Bühnenvater“ Heinz Drache in „Der Herr Ornifle“ von Jean Anouilh bei einer Aufführung in Berlin. Es folgte eine Theatertournee durch Deutschland, Österreich und die Schweiz.

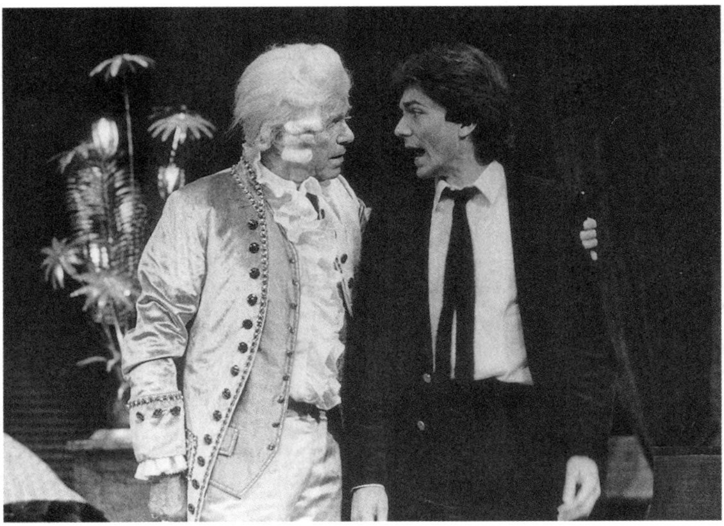

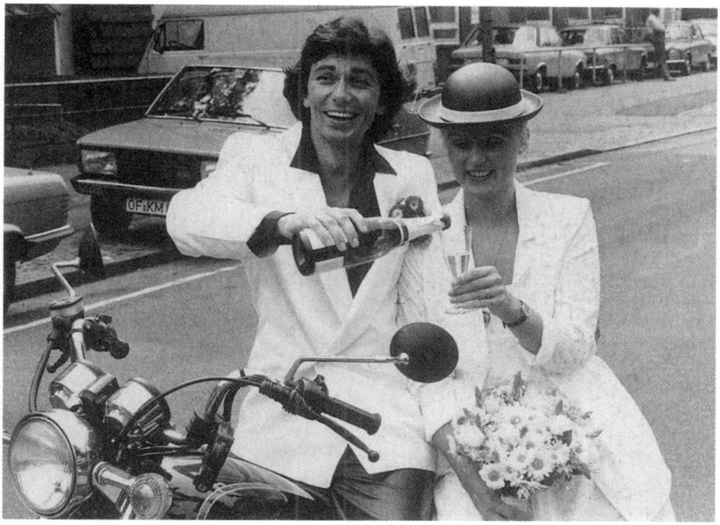

14. August 1981: Hochzeitsfoto mit Dörten. Für die „Bild“-Zeitung stoßen beide auf dem Motorrad an. „Mit Vollgas in die Ehe“, lautet die Schlagzeile.

Zusammen mit der unvergessenen Hanne Haller: Zwei Kreative unter sich.

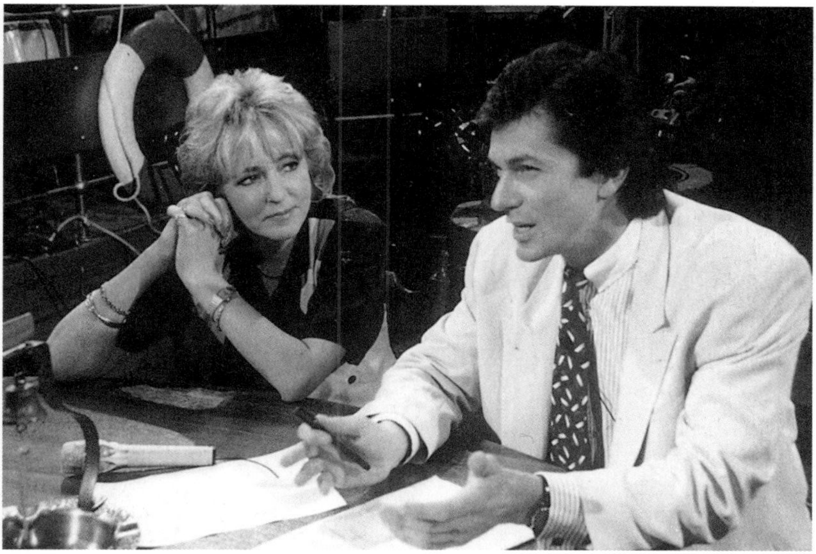

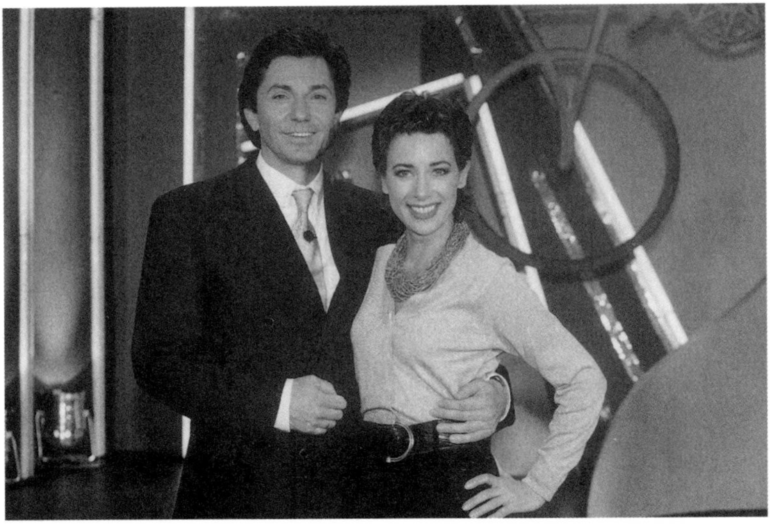

Mit Kollegin Sabine Sauer als Traumpaar in der „Aktuellen Schaubude“ von 1985 bis Anfang 1987. Rüdiger Wolff nennt sie eine „wunderbare Freundin“.

Am Tag ihrer Geburt am 30.11.1983 musste Rüdiger Wolff zur „tele-illustrierten“ des ZDF nach Mainz. Umso stolzer nimmt der Vater später Tochter Katharina in die Arme.

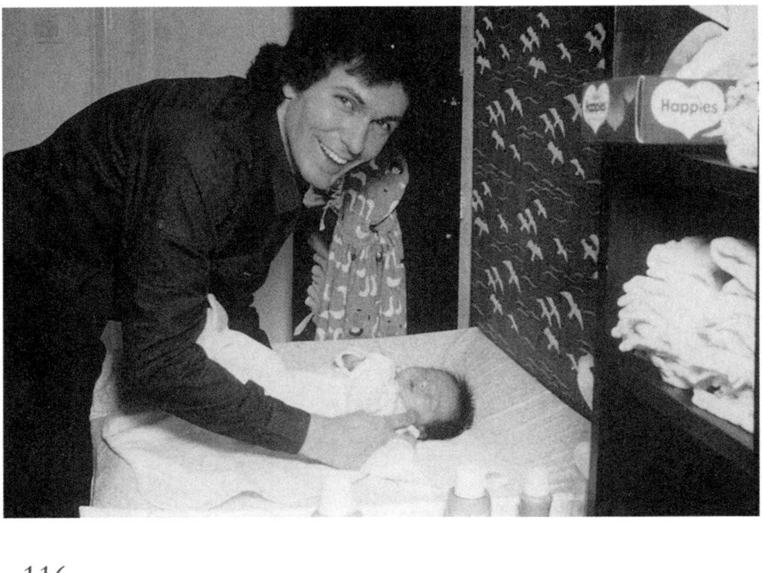

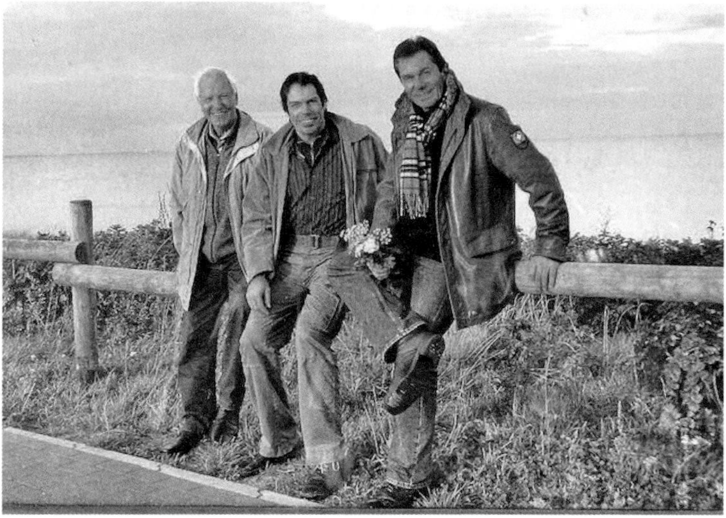

Vater Wilfried mit seinen beiden Söhnen Ulli und Rüdiger.

Gesangsduo: Rüdiger Wolff mit Tochter Katharina bei einem Open-Air-Auftritt der „Schaubude“ 2006 in Eckernförde. Sie ist da 23 und studiert Jura.

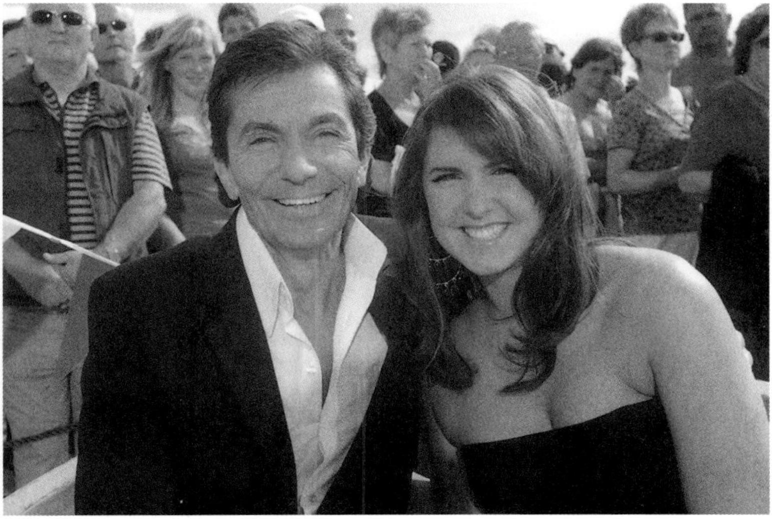

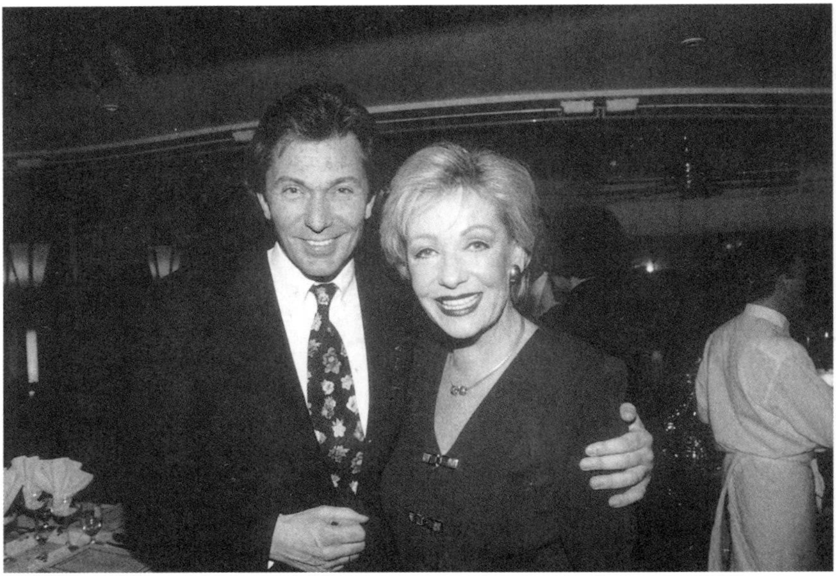

Mit Dagmar Berghoff, einer „lieben Kollegin und Freundin", in den 1990er Jahren.

Als Schirmherr der Nabu-Aktion „Rettet den Storch" gemeinsam mit der einstigen „Tagesschau"-Chefsprecherin in Aktion.

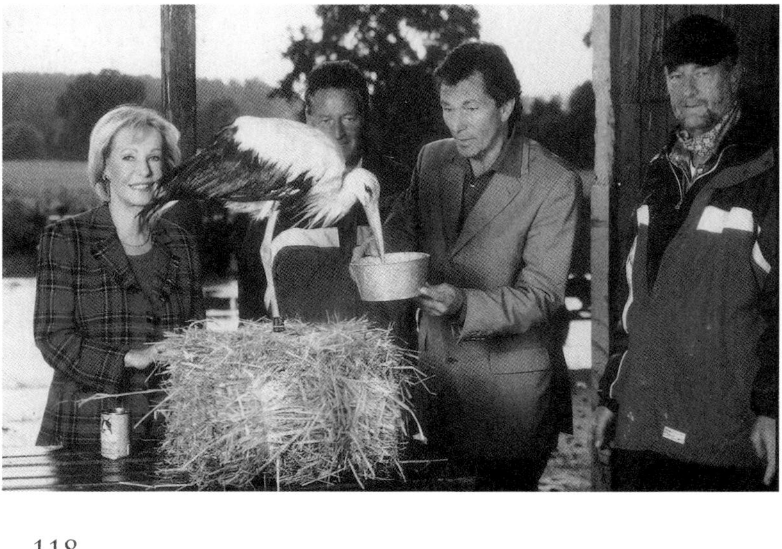

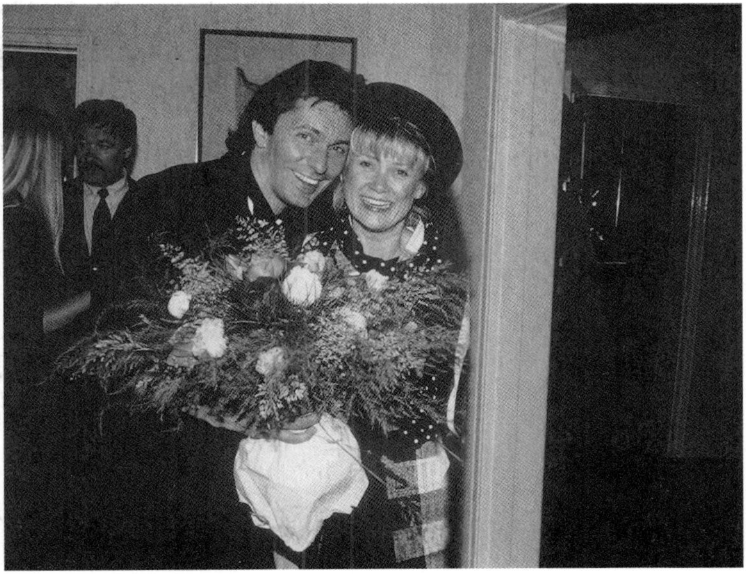

Mit der „hochverehrten“ Gitte Haenning zu Hause in der Dorotheenstraße. Wolff feierte Geburtstag; die Sängerin und Freundin brachte Blumen mit.

Der Brave und das Biest: Rüdiger Wolff 1989 mit der skandalumwitterten Sängerin und Schauspielerin Nina Hagen.

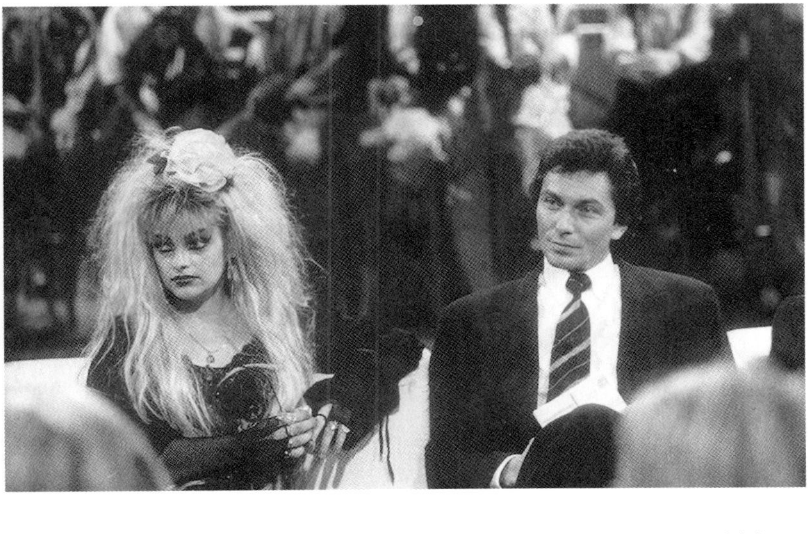

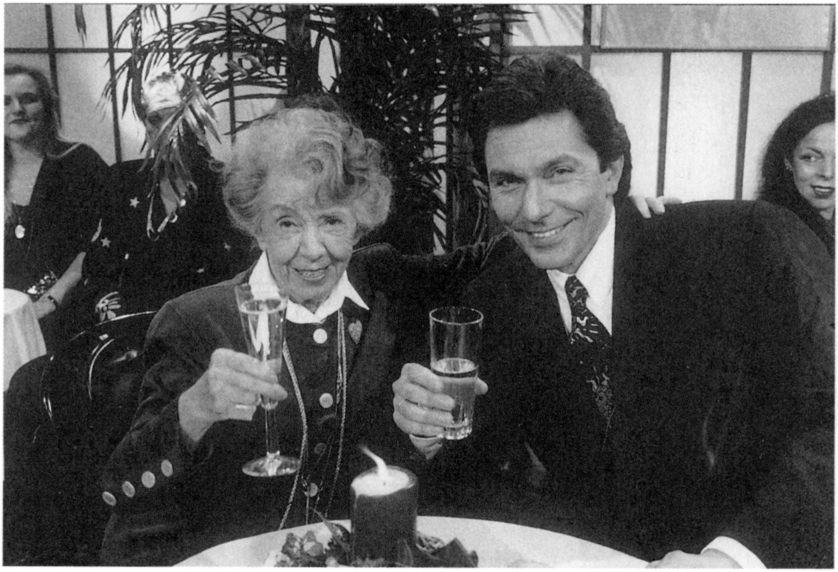

Inge Meysel war für Rüdiger Wolff Freundin, Kollegin und Ratgeberin. Oft tauschten sie sich aus – vor und hinter der Kamera.

Häufiger Gast im Hause Rüdiger Wolff: die Volksschauspielerin Heidi Kabel. Nicht nur das Hamburger Ohnsorg-Theater verband die beiden.

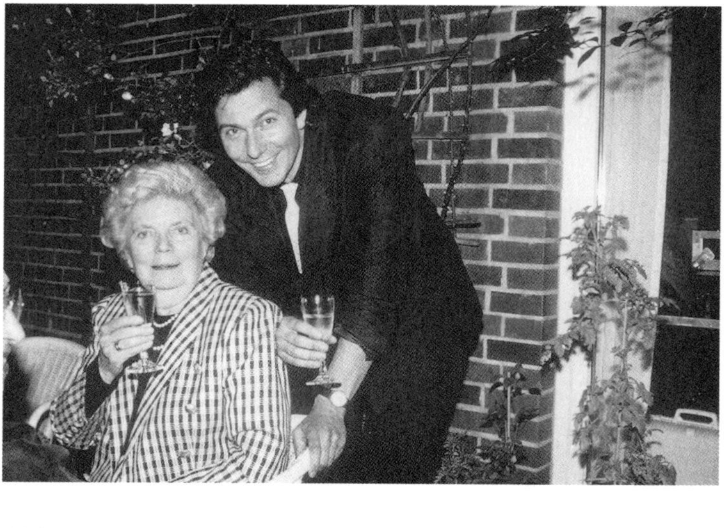

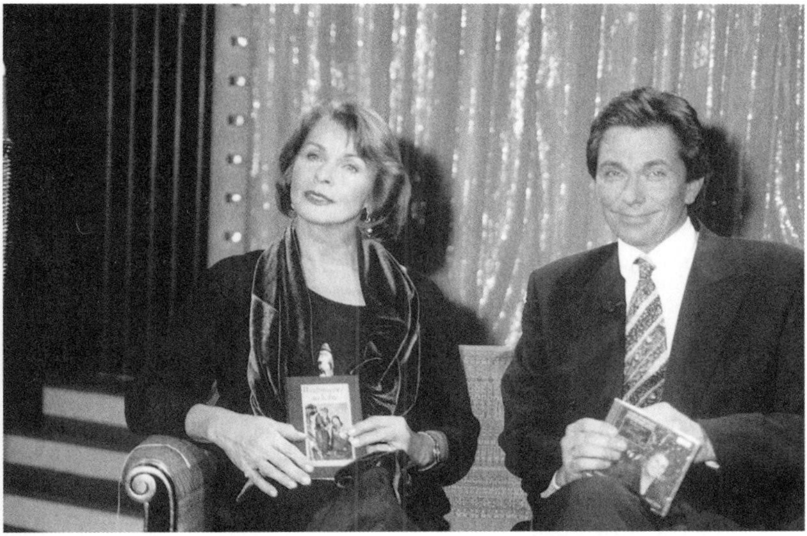

Mit Senta Berger in der „Schaubude". Die Schauspielerin rezitierte in der weihnachtlichen Sendung Theodor Storms „Weihnachtslied". Jahre später vertonte Wolff das Gedicht.

„Rüdiger, Lieeeber, was macht das Haus auf Sylt?" – Mit einem Kalauer begrüsste die Schauspielerin und Sketch-Partnerin von Loriot, Evelyn Hamann, gern ihren Kollegen aus dem Norden.

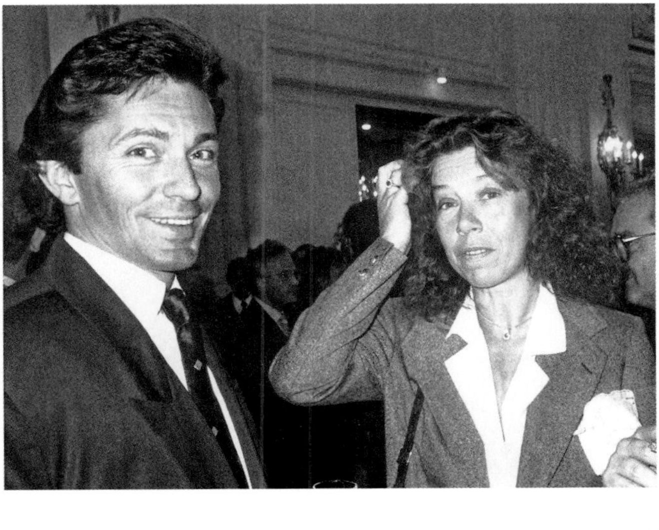

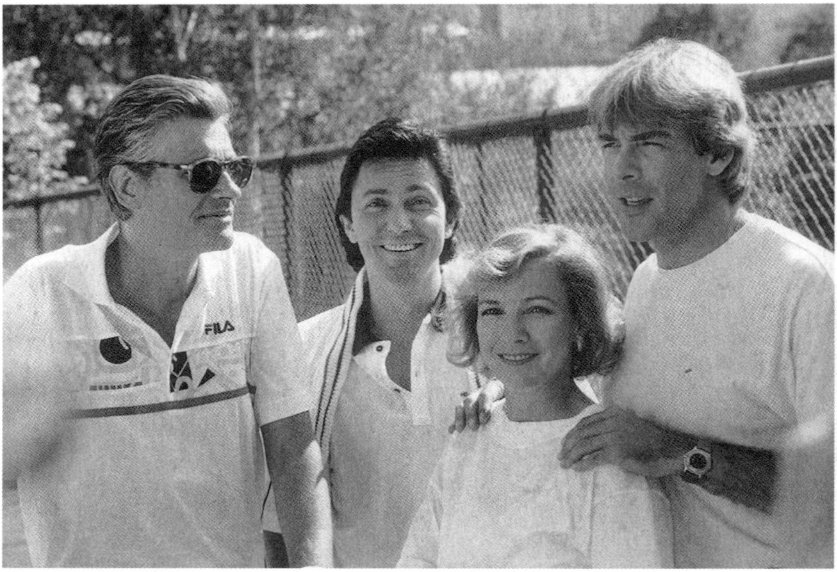

Auch in der Fernsehserie „Liebe auf Bewährung“ war Rüdiger Wolff in einer Folge mit Sky du Mont, Gila von Weitershausen, und Sascha Hehn (von links) mit von der Partie.

Verstanden sich prächtig: Victoria Voncampe an der Seite von Rüdiger Wolff in der letzten „Schaubude“ vor seinem Wechsel zum ZDF 1991.

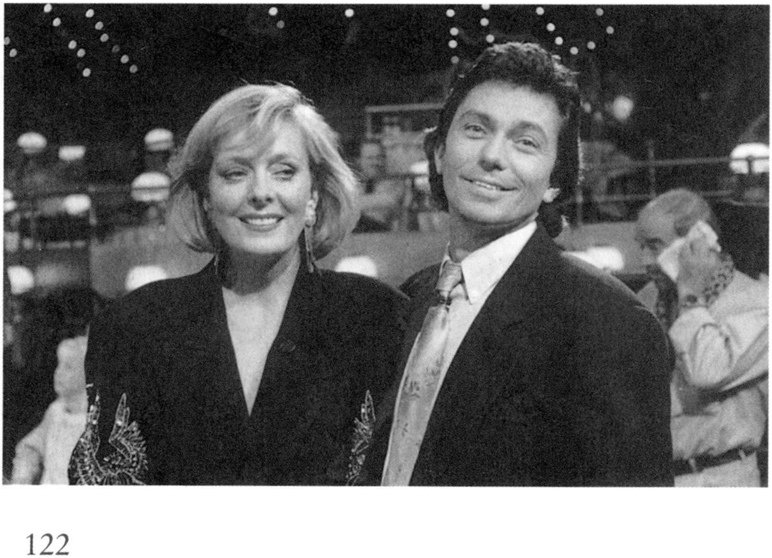

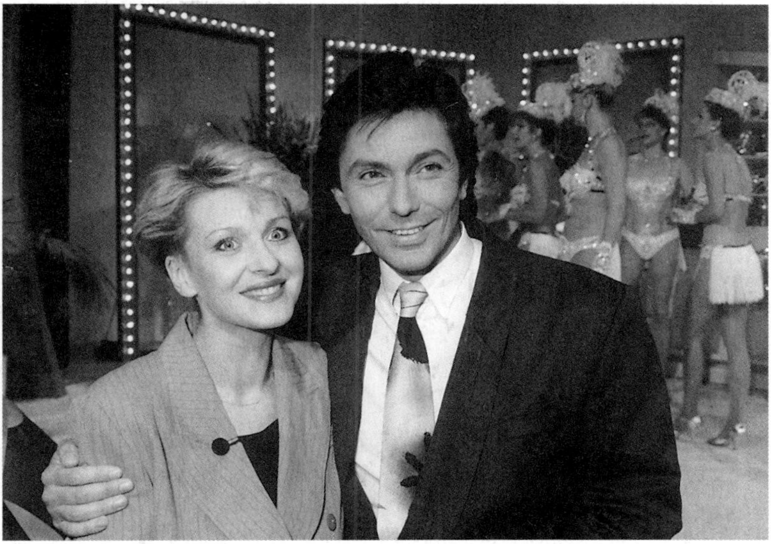

Das erste deutsch-deutsche Moderatoren-Paar nach der Wiedervereinigung: Rüdiger Wolff 1990 mit Carmen Nebel, die in Grimma bei Leipzig geboren wurde.

Zu Gast beim Weltstar Hildegard Knef in deren Wohnung in München. Die ZDF-Porträt-Reihe „Zu Gast bei…“ wurde zu einem großen Erfolg.

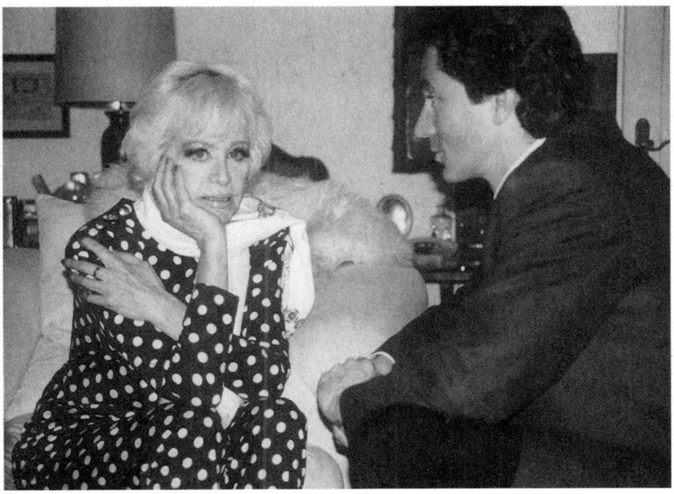

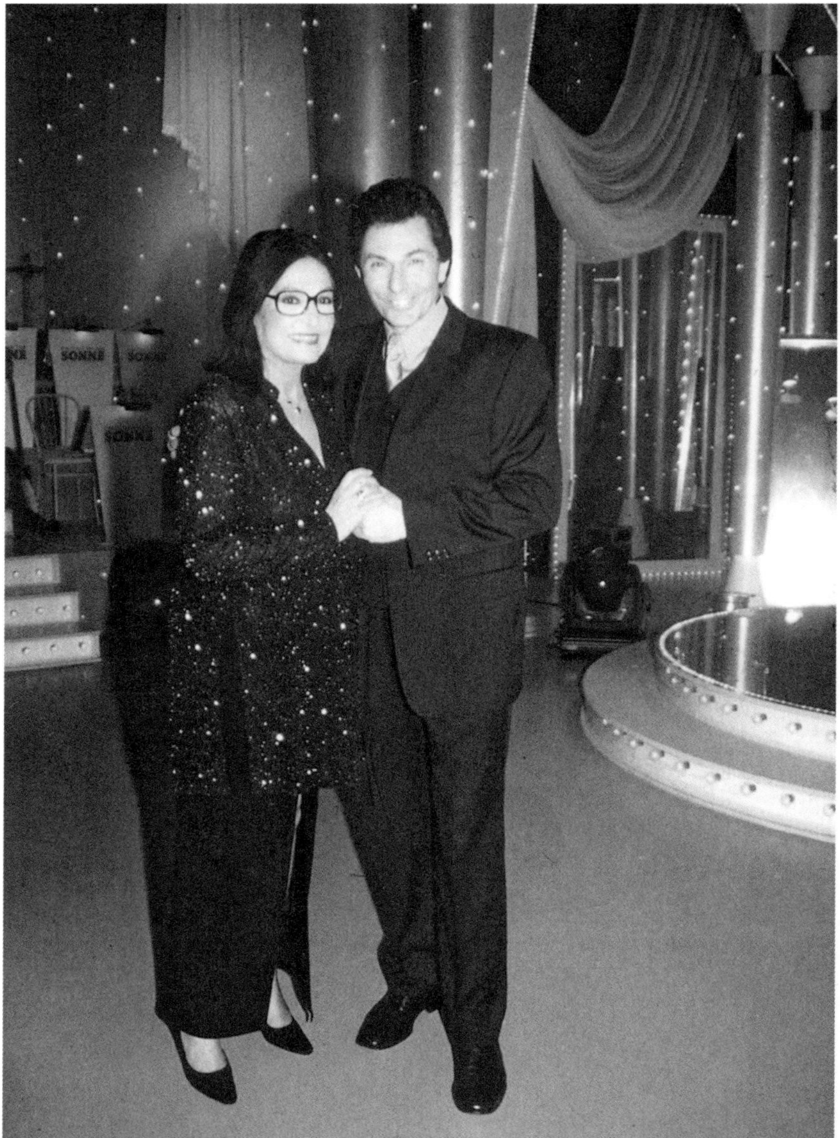

In der ARD-Sendung „Ein Platz an der Sonne“ traf Rüdiger Wolff im Oktober 2001 die große Nana Mouskouri. „Vergiss die Freude nicht“, sang die griechische Sängerin mit Weltkarriere.

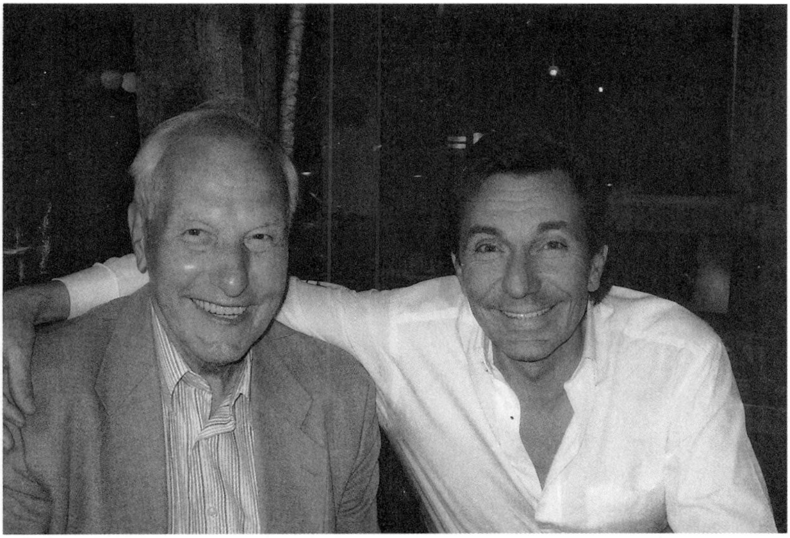

Rüdiger Wolff mit seinem Vater Wilfried Pollack in den 90er Jahren. Längst war der Vater da stolz auf die künstlerischen Erfolge des Sohnes und die Skepsis verflogen.

Mit Schwester Astrid im Haus der Eltern in Flensburg.

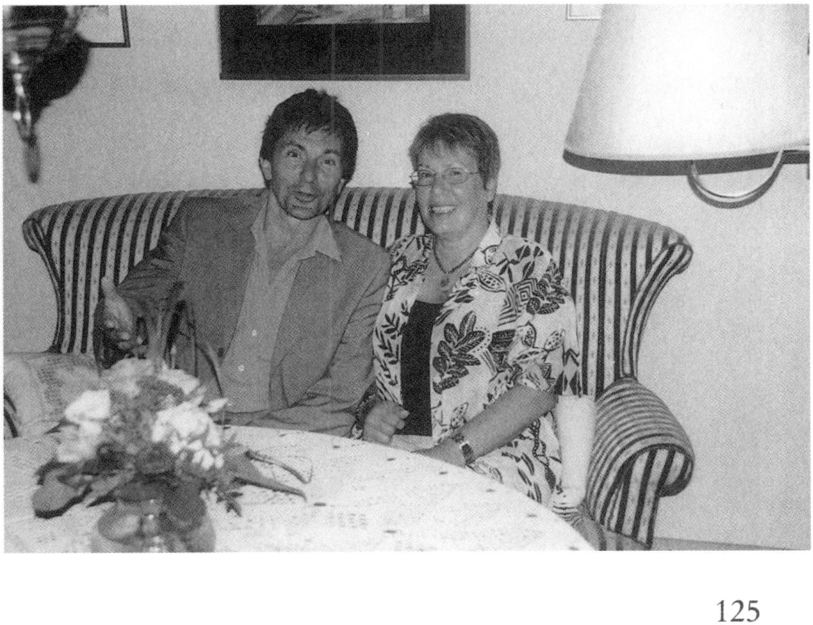

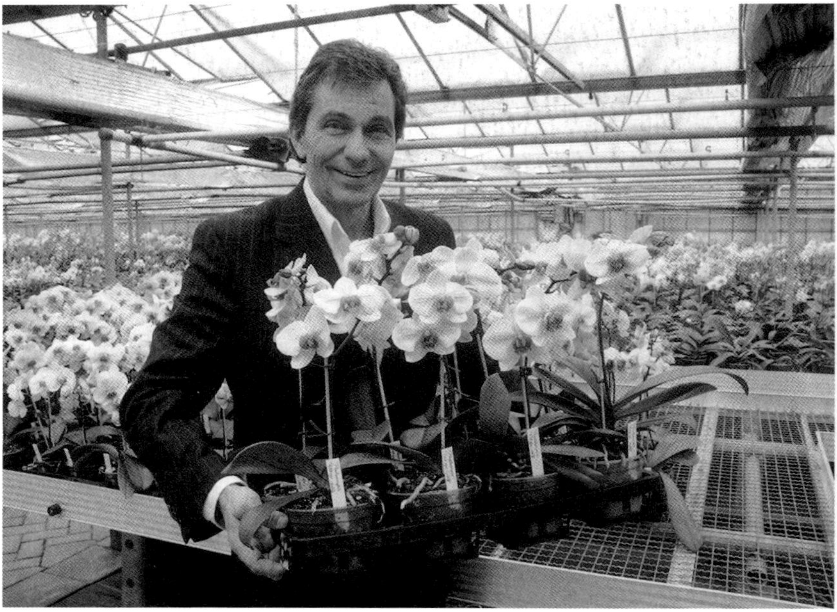

Rüdiger Wolff als Namensgeber in der „Orchideenfarm Kasten“ in Papenburg. Eine Neuzüchtung wird 2007 auf seinen Namen getauft.

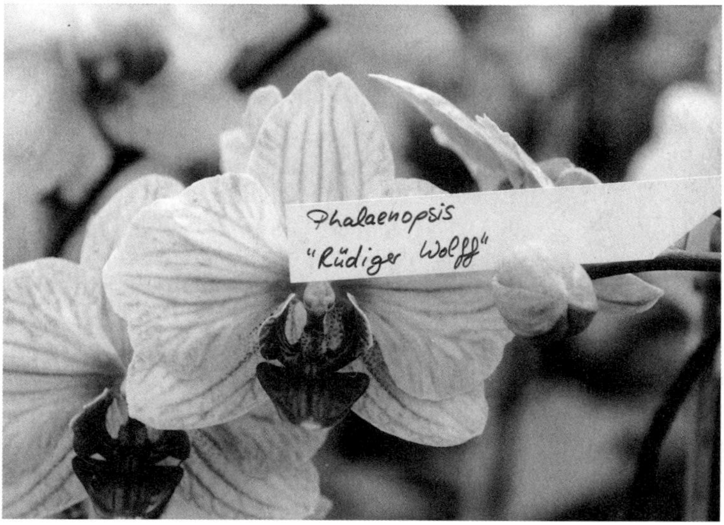

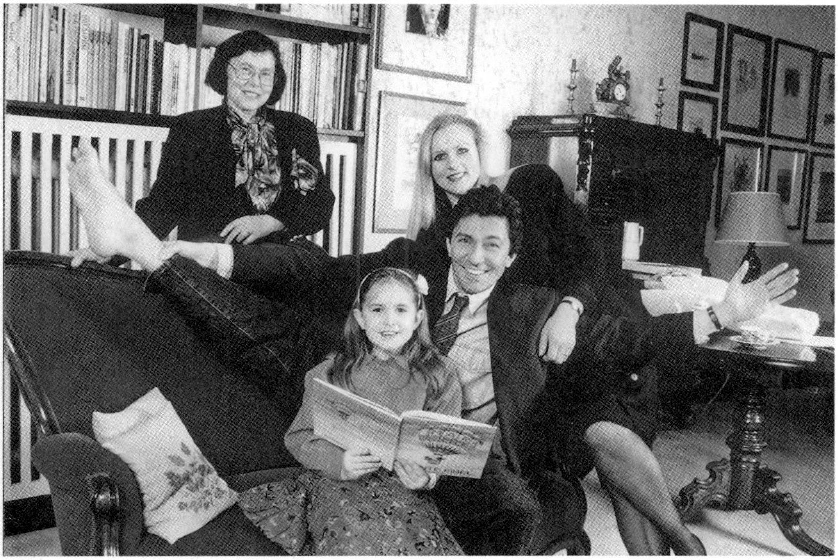

Foto aus glücklichen Ehejahren: Rüdiger Wolff privat mit Mutter Annechristel, Tochter Katharina und Ehefrau Dörten Ende der 1980er Jahre im Haus in Winterhude.

Paradies auf Erden: Schwanholm direkt an der Steilküste der Flensburger Förde. Das Teehaus (links) erbaute der Künstler selbst.

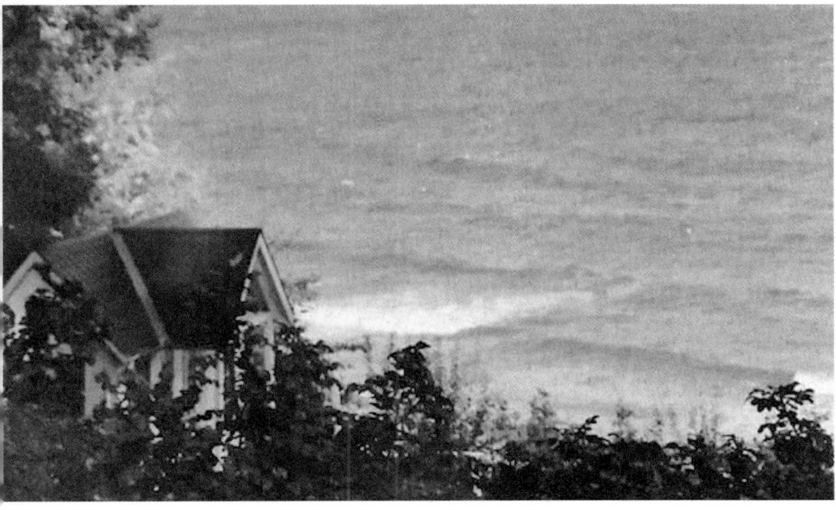

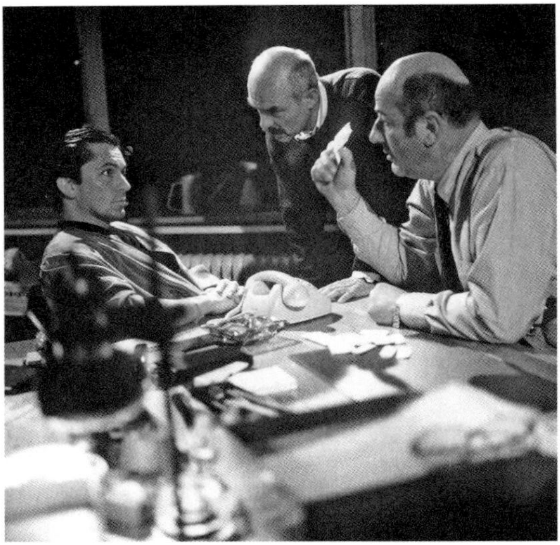

„Finale am Rothenbaum“: In dem Tatort mit Manfred Krug und Charles Brauer als Kommissare spielte Rüdiger Wolff (links) 1991 den Drogenhändler „Schnee-Holger“. Die Dreharbeiten endeten dramatisch.

In der TV-Serie „Heimatgeschichten“ spielte Rüdiger Wolff an der Seite von Jan Fedder. Links neben den beiden Hauptdarstellern Kirsten Block und Holger Mahlich.

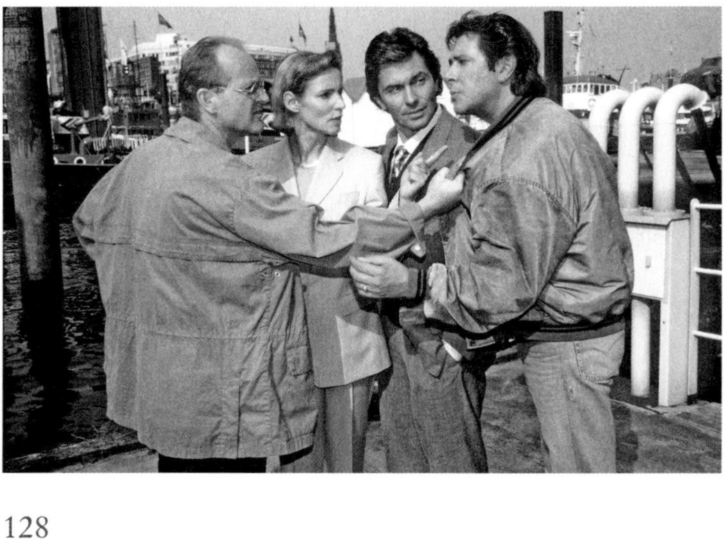

Vor und hinter der Kamera

Als Sänger liebte Rüdiger Wolff Schlager mit anspruchsvollen eingängigen Melodien und Arrangements. Mit seinen eigenen Liedern wollte er ein Gegengewicht zu den oft trivial-sentimentalen, „fürchterlich billigen“ Texten vieler Hits schaffen. Ja, er mochte auch die Popmusik der Beatles. Aber die sowohl kompositorisch als auch inhaltlich aus der Masse herausragenden Stücke einer Gitte Haenning, eines Udo Jürgens oder einer Daliah Lavi forderten ihn heraus. Sie waren für ihn der Maßstab. Gerade weil er durch den Großvater in die Welt der klassischen Musik eingeführt worden war und mit seinem Literaturstudium auch ein tieferes Verständnis für Sprache und Texte gewonnen hatte, wollte er die von vielen jungen Menschen seiner Generation verpönte deutschsprachige Unterhaltungsmusik aus der seichten Ecke herausholen und zeigen, dass sich populäre und kommerzielle Richtungen wie Pop- und Rockmusik einerseits und Schlagermusik andererseits nicht gegenseitig ausschließen, sondern ergänzen. Dies umso mehr, als er die Trennung zwischen sogenannter Unterhaltungsmusik und ernster Musik nie verstanden hat.
Gleiches galt für die Liedertexte. Mit der Rock- und Popmusik dominierte das Englische; die deutsche Sprache galt vielen in der rebellierenden 68er-Generation eher als piefig. Der Schlager geriet damit gleich doppelt in Verruf, musikalisch und durch seine Texte. Der Bruch war für Rüdiger Wolff zu radikal. Er stemmte sich gegen diesen Trend, aber auch gegen Trivialisierung und Verflachung der populären Musik. Dass ihn die Musikindustrie mit seinen eigenen Waffen schlug und eine Parodie auf die Disco-Musik zum Hit machte, konnte er nicht ahnen.
„Literatur muss Spaß machen. Sie soll den Menschen Freude, Vergnügen und Spaß bereiten und sogar Glück“, sagte der Literaturkritiker Marcel Reich-Ranicki 2001 in einem „Spiegel“-Interview. Genau so hatte es auch Rüdiger Wolff vor,

übersetzt auf die Schlagerwelt. Die Melodien und Texte von Schlagern sollten auf intelligentere Weise leichte Unterhaltung bieten. Außerdem blickte er in den anderen Teil Deutschlands, wo eine Nina Hagen mit originellen Liedern wie „Du hast den Farbfilm vergessen“ Karriere machte. In der DDR war die Schlagermusik Studienfach; Nina Hagen besaß ein Diplom als Schlagersängerin. Das imponierte Rüdiger Wolff.

Da war er wieder, der „Brückenbauer“. Wie bei seiner Schlagermusik liebte er auch als Moderator die harmonischen Töne. Wer von ihm interviewt wurde, durfte sicher sein, nicht hereingelegt zu werden. Das galt auch für Politiker, die er nun immer häufiger als ZDF-Mann in der „tele-illustrierten“ und ab Herbst 1991 im „Länderjournal“ zu Gast hatte. Einer von ihnen war der damalige Arbeits- und Sozialminister Norbert Blüm. In dem Gespräch vor laufender Kamera und Publikum im Studio ging es – wie konnte es anders sein bei einem Minister, der 1986 versprochen hatte: „Denn eins ist sicher: die Rente“ – um die Sozialversicherung.

Als Blüm auf eine Frage ausweichend antwortete, wollte es Rüdiger Wolff genauer wissen und bohrte nach. Der Minister wurde daraufhin zwar ein wenig konkreter, aber er ahnte wohl, dass seine Antwort immer noch zu vage war. Um aber zu verhindern, dass der Moderator noch einmal nachfragte und ihn dadurch noch mehr in die Enge triebe, ging Blüm in die Offensive und meinte: „So, Herr Wolff, jetzt müssten selbst Sie das verstanden haben.“

„Ich stand da wie ein begossener Pudel“, erinnert sich der Moderator. Höhnisch habe das Publikum gelacht. Wolff: „Nicht Kritik an meiner Arbeit hat mich verletzt, wohl aber solche Erfahrungen taten weh.“ Er machte sie öfters mit Politikern und erlebte, wie diese sehr freundlich sein können, wenn sie die Medien brauchen. „Danach oder in Situationen wie mit Norbert Blüm schauen viele von ihnen von oben herab auf unsere Zunft. Dann sind wir für sie nur Lakaien“, resümiert Rüdiger Wolff.

So blieben ihm auch Begegnungen mit dem Bundeskanzler und ehemaligen Ersten Bürgermeister Hamburgs Olaf Scholz eher in schlechter Erinnerung. Nach dem ersten Interview mit ihm in der „Aktuellen Schaubude“ tranken die beiden in der NDR-Promi-Kantine noch ein Bier. Scholz, gerade als aufsteigender Regionalpolitiker ins Rampenlicht der Medien gekommen, zeigte sich begeistert vom Fernsehmoderator. „Rufen Sie mich an, wann immer Sie wollen: Ich komme zu jedem Interview mit Ihnen“, sagte er. Zwei Jahre später – Wolff war inzwischen zum NDR-Radiosender 90,3 in Hamburg gewechselt – wollte der Moderator wieder ein Interview mit Scholz führen, der inzwischen weitere Stufen auf der politischen Karriereleiter genommen hatte. Doch vorbei war es bei ihrer erneuten Begegnung mit der alten Freundlichkeit. Missmutig erklärte Scholz: „Machen Sie schnell, ich habe keine Zeit.“ Einmal mehr merkte Wolff, wie Medienschaffende von Politikern gern hofiert werden, solange sie ihnen nützlich sind. Darauf dürfe man nicht hereinfallen. Die Gefahr, als Moderator instrumentalisiert oder eben auch fallengelassen zu werden, lauere überall.

„Richtig menschlich“ blieb dagegen in den Augen Rüdiger Wolffs Scholz’ Hamburger Parteikollege Hans Apel. In Bonner Regierungszeiten Finanz- und Verteidigungsminister, schied Apel 1990 mit 68 Jahren aus der aktiven Politik aus und wurde Honorarprofessor an der Universität Rostock. Er zeigte sich nicht nur interessiert, wenn der Moderator ihn in Sendungen bringen wollte, sondern besuchte später regelmäßig Wolffs Premieren im Ohnsorg-Theater, um ihn dort als Schauspieler zu erleben. Bei der Gelegenheit gab Apels Ehefrau dem Hauptdarsteller im Foyer einen Rat mit unfreiwilliger Doppeldeutigkeit, der nach kurzer Bedenkzeit alle zum Lachen brachte: „Ach Herr Wolff, Sie haben sicher als bekannte Person auch wenig Privatleben. Ich gebe Ihnen einen Tipp, wie mein Mann und ich es machen: Wenn wir ungestört sein wollen, gehen wir einfach zum Telefon, nehmen den Hörer ab, legen ihn daneben, und dann drehen wir ’ne Nummer.“

Für Gelächter im Publikum sorgte auch ein Interview Rüdiger Wolffs 1992 im ZDF-„Länderjournal“ mit der zur niedersächsischen Ministerin für Wissenschaft und Kultur avancierten Helga Schuchardt. Beide kannten sich gut aus Hamburger Zeiten und hatten sich angefreundet. Die Politikerin glaubte wohl im Mainzer Studio, dass es sich noch um ein Vorgespräch handele und die Live-Sendung noch nicht begonnen habe. Doch die Mikrofone waren offen und die Kameras leuchteten rot, als sie auf Rüdiger Wolffs „Schönen guten Abend, Frau Schuchardt“ zur Erheiterung des Studiopublikums und wohl auch der Fernsehzuschauer mit den Worten zurückgrüßte: „Hallo, Rüdi.“ Es dauerte, bis Schuchardt merkte, dass sie auf Sendung waren.
Viele weitere Treffen und Erlebnisse mit Politikern gehörten zum Moderatoren-Job Rüdiger Wolffs. Hamburgs einstigen Ersten Bürgermeister Klaus von Dohnanyi hat er als „sehr verschlossenen“ Interviewpartner in Erinnerung. Umso mehr sei die menschliche Begegnung mit ihm immer ein Gewinn gewesen. Sein Intellekt, sein Humanismus und sein Interesse an der Kultur hätten ihn beeindruckt. Gleiches gelte für von Dohnanyis Ehefrau, die Schriftstellerin Ulla Hahn. „Sie ist eine der besten Lyrikerinnen, die wir in Deutschland haben“, sagt Wolff.
Weniger positiv fällt das Urteil über den niedersächsischen Ex-Ministerpräsidenten und Bundespräsidenten a. D. Christian Wulff aus. Rüdiger Wolff war dabei, als am 7. 12. 2007 mit viel Prominenz ein besonderes Jubiläum gefeiert wurde: Die „Aktuelle Schaubude“ wurde fünfzig Jahre alt. Aus Hannover angereist, betrat MP Wulff das Hamburger Funkhaus – und wurde wie alle anderen Gäste nicht sogleich ins Aufnahmestudio vorgelassen, sondern mit einem Glas Sekt vertröstet. Wolff erinnert sich, wie Wulff laut den NDR-Empfangsdamen ein „Sie wissen wohl nicht, wer ich bin. Lassen Sie mich durch“ an den Kopf geworfen habe, worauf er schließlich als Einziger durchgelassen wurde. Für den Moderator war das nur peinlich.

Sein Vorgänger Sigmar Gabriel sei das genaue Gegenteil gewesen. „Er war den Menschen immer zugewandt und konnte sie für sich einnehmen", erinnert sich Rüdiger Wolff. In einer fünfteiligen Sendereihe, die im Sommer 2000 stets live von der Weltausstellung Expo in Hannover ausgestrahlt wurde, hatte er ausgiebig Gelegenheit zu Gesprächen mit Gabriel. Allerdings meist erst hinter der Bühne. Während der Talkshow drängelte sich seine Co-Moderatorin Eva Herman derart in den Vordergrund, dass es Unmut im Publikum und Ärger aus der Regie gab. Arroganz und Überheblichkeit fielen auf sie zurück. Mehr will Wolff über seine Kollegin nicht sagen.
Ach ja, seine Co-Moderatorinnen bei der „Schaubude" und beim ZDF. Auf die häufigen Wechsel seiner Fernsehpartnerinnen und ihre Auswahl hatte er keinen Einfluss. Aber für die Klatschpresse waren das Steilvorlagen für reißerische Überschriften. „Rüdiger Wolff wechselt schon wieder die Frau", stand da zum Beispiel zu lesen.
Die Kolleginnen an seiner Seite hat er höchst unterschiedlich in Erinnerung. Die einen drängelten sich rücksichtslos vor, andere machten aus der Teamarbeit einen Wettbewerb. Mit manchen wie Victoria Voncampe war das gemeinsame Führen durch eine Sendung dagegen „wie ein Spaziergang". Auch die Zusammenarbeit mit Dana Rehberg, Holde Heuer und Carmen Nebel bereitete ihm Freude.
Als bereichernd wiederum bewertet er in der Rückschau die Auftritte vor der Kamera mit Gastmoderatorinnen wie Ilse Werner, Heidi Brühl oder Hanne Haller. „Sie alle hatten wie ich Bühnenerfahrung als Sängerinnen, Schauspieler, Tänzerinnen. Dieser gemeinsame Hintergrund hilft ungemein. Es täte gut, wenn mehr Moderatoren ebenfalls einen solchen Background hätten, dann wüssten sie oft besser, von was sie reden", sagt Wolff.
Amüsiert erinnert er sich an Ausgaben der „Schaubude", in denen er gemeinsam mit Victoria Voncampe nicht nur durch die Sendung führte, sondern auch eigene Beiträge produzierte. So wollten sie wissen, wie viel ein Obdachloser in Ham-

burgs Innenstadt in einer Stunde zu erbetteln vermag. Rüdiger Wolff wurde von der Requisite mit alter, abgerissener Kleidung ausgestattet. „Die Sachen sahen nicht nur authentisch aus, sie stanken auch penetrant“, erinnert er sich. Nachdem er in der Maske so hergerichtet worden war, dass ihn niemand mehr erkannte, setzte er sich für eine Stunde an den Mönkebergbrunnen in der Hamburger Haupteinkaufsstraße. Eine versteckte Kamera filmte die Szenerie.

Nach einer Stunde lagen 16 Deutsche Mark und 75 Pfenning im Bettelhut. Und er war um eine wichtige Erfahrung reicher: „Unglaublich, wie aggressiv und ablehnend viele Vorübergehende auf mich reagierten.“ Als besonders erniedrigend habe er empfunden, wie er aus der sitzenden Bettler-Perspektive zu den Menschen aufschauen musste, während Passanten herablassend auf ihn niederschauten.

Umso mehr beeindruckte ihn wenig später die Reaktion Victoria Voncampes. Wolff war zurück zum NDR-Funkhaus gefahren, ohne sich abzuschminken, ohne die Perücke vom Kopf zu nehmen und die schmutzigen Kleider auszuziehen. Als er über den Parkplatz ging, kam ihm durch Zufall die Kollegin entgegen. Der Moderator erinnerte sich an seine schauspielerischen Fähigkeiten und wünschte der Fernsehfrau krächzend, mit verstellter Stimme einen schönen Tag. „Sie reagierte phantastisch“, zieht Rüdiger Wolff bis heute vor „dieser wahren Lady“ den Hut. „Sie hatte mich ganz offensichtlich nicht erkannt, wünschte dem vermeintlichen Bettler ebenfalls einen schönen Tag und gab ihm höflich die Hand!“

Von allen Moderatorinnen aber am nachdrücklichsten in Erinnerung geblieben ist ihm Sabine Sauer. Mit ihr zusammen führte er in seiner zweiten „Schaubuden“-Ära vom 21. April 1995 bis Ende 1996 durch das Programm. „Sabine gehört zu den besten Frauen im deutschen Fernsehen“, schwärmt Rüdiger Wolff, „sie ist klug, gebildet, ungeheuer belesen und sieht blendend aus.“

Und sie zeigte Haltung. Als Rüdiger Wolff 1996 bei der

„Schaubude" aufhören musste, lehnte sie eine Zusammenarbeit mit dem zurückgekehrten Carlo von Tiedemann entschieden ab. Sie hätte es wohl als Verrat empfunden angesichts der erfolgreichen Zeit gemeinsam mit Rüdiger Wolff. Mindestens einmal die Woche telefonieren beide bis heute miteinander und tauschen sich aus. 2020 ging Sabine Sauer – nach ihrem Ausflug in den Norden zurückgekehrt zum Bayerischen Rundfunk – nach 43 Berufsjahren in den Ruhestand. Da war sie nicht nur den meisten Menschen in Bayern, sondern einem großen Fernsehpublikum in ganz Deutschland als Moderatorin und Journalistin bekannt.

Rüdiger Wolff sammelte von Sommer 1991 bis Sommer 1994 beim ZDF weitere Fernseherfahrungen, bevor ihn der NDR zurückholte. Im Gegensatz zur „tele-illustrierten", in der er Stars wie Amanda Lear und Gloria Gaynor oder das amerikanische Gesangsduo Weather Girls live zu Gast hatte, behagte ihm der Trend bei der zum „Länderjournal" gewandelten täglichen Sendung nicht. „Aus Boulevard und Talk wurde ein eher innenpolitisches Magazin", lautet sein kritisches Urteil. Er wollte mit Gästen aus den unterschiedlichsten Bereichen vor der Kamera aber eher persönliche, „menschelnde" Gespräche führen. Das war immer seltener möglich. Vor allem die gerade vollzogene deutsche Wiedervereinigung wurde zu einem beherrschenden politischen Thema. Auch Rüdiger Wolff bewegte das, aber das parteipolitische Klein-Klein behagte ihm nicht.

Doch es gab eine Nische. Zu einer Besonderheit von „tele-illustrierte" und später „Länderjournal" wurde die in die Sendungen eingebettete Reihe „Zu Gast bei …". Hier hatte Rüdiger Wolff zwei Drehtage Zeit, um die ausgewählten Prominenten zu Hause zu besuchen und ausführlich mit ihnen zu reden. Die Kontakte kamen relativ leicht zustande. Wolff: „Die Künstlerinnen, die wir vorstellen wollten, sahen mich nicht als Eindringling. Sie betrachteten mich mehr als Künstlerkollegen aus ihrer Branche denn als Moderator." Oft entwickelten sich aus den dienstlichen Terminen fast freundschaftliche Begegnungen. Insgesamt 14 sehr persönliche Homestorys, geführt und gedreht in der Umgebung der jeweiligen prominenten Zeitgenossen, entstanden unter Rüdiger Wolff.

Der Moderator erinnert sich an lange, sehr offene Gespräche bei Hildegard Knef in München oder bei Elke Sommer. Wolff besuchte sie in ihrem Sommerdomizil in Marloffstein. Gemeinsam unternahmen beide zwischen den Aufnahmen Spaziergänge. Ein großes buntes Bild von Elke Sommer erinnert in Rüdiger Wolffs Kunstsammlung an die Begegnung. „Mir ist lieber, für die Menschen eine Malerin zu sein, die auch schauspielert, als eine Schauspielerin, die auch malt“, hat Elke Sommer einmal gesagt.

Als sie ihm in einer Mappe Werke zeigte, die sie gemalt hatte, gefielen Wolff die „Drei Nymphen mit Stier“ besonders gut. Kurzerhand schenkte der Hollywoodstar, der seit 1964 hauptsächlich in Beverly Hills lebt, Wolff das Bild und schrieb eine persönliche Widmung auf das Blatt: „Für meinen lieben Rüdiger. Meine 3 Grazien. Love Elke“.

Dabei erzählte Elke Sommer dem Moderator von einem großen Unterschied, den sie erlebe, wenn sie zwischen Deutschland und den USA pendele. In den USA bewundere man Menschen, die es zu etwas gebracht haben, ein großes Haus besitzen oder einen teuren Wagen fahren. Hierzulande werde man dagegen schnell als Angeber abgestempelt.

„Die deutsche Form der Anerkennung ist Neid“, ist Wolf ein Satz aus der Begegnung mit der Künstlerin, die aus Berlin stammt und in Hollywoodfilmen zur „blonden Sexbombe“ stilisiert wurde, haften geblieben.

Geheimnisse

„Die Liebe ist ein seltsames Spiel“, so lautete ein Erfolgshit Connie Francis’. 1960 erschienen, machte er die US-Sängerin auch in Deutschland zum Star. Für Rüdiger Wolff war sie eine „Legende“, als sie in seine Sendung „tele-illustrierte“ kam. Er hatte sie in seiner Jugendzeit, als er sein eigenes, handgeschriebenes Schlager-Magazin herausgab, bewundert.
Da saß nun der legendäre Weltstar in der Garderobe, eine kleine Frau mit hohen Plateausohlen. Sie zwinkerte Rüdiger Wolff freundlich zu und sagte: „Ruudiger, du bist ein Sänger too. Wir müssen machen ein Duett.“
Es blieb von beiden ein frommer Wunsch, so wie auch der Traum einer gemeinsamen Platte Rüdiger Wolffs mit der Sängerin Milva scheiterte, weil sich letztlich die Plattenfirmen nicht einigen konnten. Die Grand Old Lady aus Italien hatte mit Wolff zusammen in der ARD-Sendung „Ein Platz an der Sonne“ das gleichnamige Lied gesungen und war so begeistert, dass sie mit dem Kollegen aus dem Norden weitere Duette aufnehmen wollte.
Solche Angebote gehörten zu den schönen Momenten seiner Karriere. Doch es gab auch Tiefpunkte. Immer wieder wurde er am Theater oder beim Fernsehen von Männern und von Frauen angesprochen, die eindeutige Hintergedanken hatten. Manches Engagement auf der Bühne oder vor der Kamera ging verloren, weil er sich weigerte, das Spiel mitzuspielen.
Doch sexuelle Belästigung und Machtmissbrauch waren das eine, die Liebe zwischen und unter den Geschlechtern etwas ganz anderes. Rüdiger Wolff war auch hier ein Wanderer zwischen den Welten. Er lehnte körperliche Nähe zu einem Freund nicht ab, wenn Gefühle tiefer gingen. Und er steht zu diesen Gefühlen einschließlich des Austausches von Zärtlichkeiten. Die Bisexualität, so glaubt er, ist in jedem Menschen angelegt. Nur werde sie aufgrund von Erziehung und von gesellschaftlichen Konventionen unterdrückt oder stigmatisiert.

Wie der Zufall es wollte, sollte die große Inge Meysel in dieser Frage, die bei ihm lange Zeit innere Zerrissenheit auslöste, Ratgeberin und Freundin werden. Es war ganz am Anfang seiner Karriere, als er 1981 nach seinem ersten großen Bühnenerfolg in Hannover eine Theatertournee durch Deutschland machte. Der Bus mit den Schauspielern, zu dem auch der berühmte Heinz Drache gehörte, war unterwegs zum nächsten Spielort. Unterwegs wurde auf einem Rastplatz Pause gemacht.

Plötzlich hielt auf demselben Parkplatz ein anderer Bus, ebenfalls unterwegs mit einem Theaterensemble. Das „Hallo" war groß. Rüdiger Wolff: „Fast alle stiegen aus und entdeckten unter den neu angekommenen Kolleginnen und Kollegen Inge Meysel. Sie drängten zu ihr. Jeder wollte der großen Dame des Theaters und Fernsehens zeigen, wie wichtig er ist. Das war mir zuwider. Ich blieb im Bus sitzen."

Inge Meysel hatte zu diesem Zeitpunkt bereits viele Bühnenerfolge gefeiert und in zahlreichen Hauptrollen großer Fernsehfilme mitgewirkt. Doch die Künstlerin, 1910 als Tochter eines deutschen jüdischen Kaufmanns und seiner dänischen Frau geboren, hatte auch mit ihrem gesellschaftspolitischen Engagement immer wieder Schlagzeilen gemacht. Schon als 15-Jährige hielt sie eine öffentliche Rede gegen die Todesstrafe. Das war 1925. Nach dem Zweiten Weltkrieg unterstützte sie 1972 den Wahlkampf von Willy Brandt und später Kampagnen der Frauenrechtlerin Alice Schwarzer. Streitbar war sie, offen und direkt. Als ihr im selben Jahr, als die erste Begegnung mit Rüdiger Wolff auf dem Busparkplatz stattfand, das Bundesverdienstkreuz verliehen werden sollte, lehnte sie mit dem Hinweis ab, dass es keinen Orden wert sei, wenn jemand „sein Leben anständig gelebt hat".

Kein Wunder, dass sich die berühmte Schauspielerin nicht von den Elogen der Kollegen, die sie am Bus umringten, beeindrucken ließ. Viel mehr machte sie der Unbekannte neugierig, der im anderen Bus sitzen geblieben war. Sie ging zum Fahrzeug, klopfte an die Scheibe und forderte Rüdiger Wolff zum Herauskommen auf. Er stellte sich vor, und sie sagte nachdenklich: „Wir haben irgendetwas gemeinsam.“ Wolffs Antwort: „Frau Meysel, das kann schon deshalb nicht sein, weil Sie berühmt sind und ich erst ganz am Anfang stehe.“

„Warten Sie nur ab. Wir werden uns noch öfters begegnen“, kam als Antwort. Für den 28-Jährigen klang das „unglaublich“. Aber die Prophezeiung wurde wahr. Schon bald kam er bei Dreharbeiten wieder mit ihr in Verbindung. Sie spielte die Hauptrolle. In einer Pause beim gemeinsamen Essen aller Schauspieler erhob Inge Meysel plötzlich das Glas, zeigte auf Rüdiger Wolff und sagte: „Ich gebe einen Toast auf diesen jungen Mann hier. Für mich ist er Typ Alain Delon. Er wird noch viel erreichen, und auf dem Weg viele Frauen- und auch manche Männerherzen brechen.“

Von da an bis zu ihrem Tod 2004 begegnete Rüdiger Wolff immer wieder Inge Meysel. Er hatte sie zu Gast in zahlreichen Sendungen, traf sich mit ihr privat. Ein freundschaftliches Verhältnis entstand. Sie telefonierten regelmäßig, tauschten sich aus – und gratulierten sich am 30. Mai alljährlich gegenseitig zum Geburtstag, den sie am selben Tag feierten. Wolff: „Sie war eine fabelhafte Ratgeberin und so etwas wie eine Vertraute.“

1994 besuchte Rüdiger Wolff Inge Meysel für die ZDF-Reihe „Zu Gast bei …“. Zwei Drehtage ließen wie einige Begegnungen zuvor schon Zeit für den persönlichen Austausch mit der Künstlerin. Inge Meysel, die bereits sieben Jahre zuvor in einem Interview mit der Zeitschrift „Emma“ von ihren gleichgeschlechtlichen Erfahrungen berichtet hatte, erzählte ihm, wie ihre Sehnsucht und das Bedürfnis nach Zärtlichkeit nicht nur von Männern, sondern oftmals von Frauen ausgefüllt werde. Wolff: „Ich traute ihr da zu erzählen, dass ich mit einem Kommilitonen, bevor ich meine Frau kennenlernte, ähnliche Erfahrungen gemacht hatte. Daraus erwuchs eine Seelenverwandtschaft zwischen uns beiden.“

Inge Meysel gab ihm an diesem Tag einen Rat mit, den er nicht befolgte. „Erzähle es nie deiner Tochter, dass du auch

Zärtlichkeiten mit Männern ausgetauscht hast. Das wird sie nie verstehen und dir nie verzeihen", sagte sie, „Väter machen so etwas nicht." Doch Rüdiger Wolff wollte nicht akzeptieren, dass Menschen „entweder nur heterosexuell oder nur schwul sein dürfen". Zumal seine Nähe zu einem Freund nie „letzte Grenzen" überschritten habe. Vor allem aber wollte er sich nicht verstellen.
Als Tochter Katharina ihn als junge Frau löcherte und fragte, ob er auch etwas mit Männern gehabt habe, wo doch so viele beim Theater und Fernsehen schwul seien, gab der Vater zu: „Ja, ich habe es auch einmal ausprobiert." Lange Zeit habe seine Tochter danach nicht mit ihm gesprochen; immer wieder erinnerte er sich an die Warnung Inge Meysels. Doch schließlich renkte sich das Verhältnis zwischen Vater und Tochter wieder ein, und Rüdiger Wolff war in späteren Jahrzehnten heilfroh, dass er offen zu ihr war. Schließlich musste er zweimal in seinem Leben erfahren, dass die Eltern ihm Wichtiges verschwiegen hatten. So etwas sollte Katharina nicht erleben.
Da war nicht nur die NS-Vergangenheit seines geliebten Großvaters, die er erst entdeckte, als er in der Schule von den vielfältigen Verstrickungen aus jener Zeit erfahren und eigene Nachforschungen angestellt hatte. Noch gravierender sollte eine andere Wahrheit sein, die erst 2002 ans Licht kam und seine Familiengeschichte um ein überraschendes Kapitel erweiterte.
Erst als Rüdiger 48 und sein Bruder Ulli 44 Jahre alt war, lüftete sich ein Geheimnis. Halbschwester Astrid trat ein ins Leben der Familie Pollack.
Was war geschehen? Vater Wilfried, mit 17 als Pimpf in den Krieg eingezogen, kehrte vom Einsatz in Griechenland nach Deutschland zurück. Heim zu den Eltern nach Ostpommern ging nicht. Vater und Mutter waren, wie er erst später erfuhr, geflohen; die Heimat von russischen Truppen besetzt.
So strandete der 19-Jährige an der Mosel bei Traben-Trarbach. Dort lernte er die gleichaltrige Marlene kennen. Die

beiden jungen Menschen verliebten sich, und ein Jahr später – 1946 – wurde ihre gemeinsame Tochter Astrid geboren. Wilfried Pollack wollte heiraten, doch seine erste große Liebe sagte Nein. Sie wollte das Kind allein großziehen – ohne Kontakt zum Vater.
Die Liebe blieb ein seltsames Spiel. Plötzlich war alles vergessen. So zog Wilfried Pollack enttäuscht nach Norden, wo er seine Eltern wiedersah und seine spätere Frau kennenlernte. Ihr verriet er von der Tochter. Beide beschlossen, es als ihr Geheimnis zu behalten.
Astrid war 55, als sie den Wohnort ihres leiblichen Vaters herausfand und ihm schrieb. Sie wusste von seiner Existenz, hatte aber bis dahin nicht den Kontakt gesucht. Nun wollte sie ihn und seine Familie in Flensburg besuchen. Damit waren die Eltern Pollack unter Zugzwang. Nun erzählten sie ihren erwachsenen Söhnen von der Halbschwester, und bald kam es zur ersten Begegnun.
Die weiterhin an der Mosel lebende Mutter von Astrid war ein großer Fan der NDR-Fernsehreihe „Wunderschöner Norden". Und ausgerechnet deren Moderator Rüdiger Wolff war ihr Lieblingsmoderator. Dass dieser ein Sohn jenes Mannes war, dem sie einst nach den Wirren des Krieges begegnet war und der zum Vater ihrer Tochter wurde, konnte sie schon wegen dessen neu angenommen Nachnamens nicht ahnen. Umso überraschter war sie, als Rüdiger Wolff sich eines Tages am Telefon meldete und vorstellte. Damit war auch dieses Geheimnis gelüftet.
Vielleicht wäre alles anders gekommen, hätte Vater Wilfried Pollack, als er aus dem Krieg heimkehrte, nicht Pollack geheißen, sondern wie später sein Sohn den Nachnamen geändert. So war er – zumal als Flüchtling – stigmatisiert und an der Mosel nicht willkommen. Namen sind eben doch mehr als Schall und Rauch, wie es Goethe in seinem „Faust" behauptet. Sie können nicht nur, wie Psychologen sagen, eigene Entscheidungen beeinflussen. Sie vermögen Menschen Stempel aufzudrücken. Um die negativen Erfahrungen, die wie

Wilfried Pollack unzählige Vertriebene machen mussten, sollten auch deren Kinder noch lange mit sich herumschleppen. Trotzdem gelang den meisten Vertriebenen-Familien der soziale Aufstieg.
Nachdem Rüdiger Wolffs Gespräch mit Inge Meysel in der Reihe „Zu Gast bei …“ gesendet war, erhielt er Drohbriefe. Da hätten sich ja mit der Halbjüdin Meysel und ihm die richtigen getroffen, hieß es in antisemitischen Pamphleten. Es sollte noch mehrmals passieren, dass Zuschauer den Namen „Wolff“ als „typisch jüdisch“ einordneten und den Moderator als Juden beschimpften. „So erlebte ich nicht nur die MeToo-Debatte vorweg, sondern erfuhr gemeinsam mit Inge Meysel, wie sich wieder ein gefährlicher Antisemitismus in Deutschland breitzumachen begann“, sagt Rüdiger Wolff. Er habe sich gewundert und sei erzürnt gewesen, dass Politik und Gesellschaft lange Zeit über die Entwicklung hinweggeschaut hätten: „Diese Art von beleidigenden Briefen, die auch mich erreichten, waren keine Ausnahme. Sie hätten ernster genommen werden müssen.“

Vertreibung aus dem Paradies

Der Bachlauf, der das 8000 Quadratmeter große Grundstück direkt an der Flensburger Förde durchzog, war unberührte Natur. „Schwanholm“ tauften die Wolffs ihr Refugium. Doch das Wasser, das sich still einen Weg über die Hochebene hinunter zum 30 Meter tiefer gelegenen Strand suchte, teilte das Grundstück, wusch den Mergel aus, unterhöhlte die Ufermoräne aus Ton, Sand und Gesteinsblöcken. Rutschungen und Unterspülungen waren bei diesem geologischen Untergrund keine Seltenheit.

Die Veränderungen im Boden könnten als Metapher dienen für die Ehe von Dörten und Rüdiger Wolff. Ein wachsender Graben, der sich nicht nur durch die Landschaft zog. Der den Untergrund aufweichte.

Voller Tatendrang ging Rüdiger Wolff nach dem Erwerb des Grundstückes mit seinem Fischerhaus und dem in wenigem Abstand danebenliegenden Schuppen zum Trocknen von Netzen an die Arbeit. Nicht nur die begonnene Grafiksammlung musste zurückstecken, weil nun fast jede Mark ausgegeben wurde, um das Wochenend- und Feriendomizil zu verschönern. Was Ehefrau Dörten – so ihr Ex-Mann in der Rückschau – zunehmend skeptisch sah. Investierte er zu viel Geld, zu viel Zeit und zu viel Leidenschaft in seinen Zufluchtsort, den er später sein „Ein und Alles“ nennen sollte? Zahlte er – blind vor Begeisterung – überhöhte Preise an die Handwerker, sozusagen einen Promi-Zuschlag?

Dörten Wolff blickte weiter – im wahrsten Sinne des Wortes. Sie schaute an Wochenenden und unbeschwerten Tagen von „Schwanholm“ nicht nur über die Flensburger Förde Richtung Sonderburger Bucht in Dänemark, sondern auch nach Westen. Unsichtbar in der Ferne, knapp 100 Kilometer Luftlinie entfernt, liegt da die Insel Sylt. Ihr Sehnsuchtsort.

Rüdiger genoss die Ruhe und die Abgeschiedenheit an der Steilküste; er wollte weit weg vom Showgeschäft und von der

Welt der Prominenten sein. Dörten liebte die mondäne Nordseeinsel mit ihrem bunten Treiben, er das Privatissimum an der Ostseeküste. Zwei Welten, die schwer in Einklang zu bringen waren.

Jede freie Minute fuhr der Moderator der „Aktuellen Schaubude“, der inzwischen zu den bekanntesten Fernsehmoderatoren Norddeutschlands zählte, der mit Fanpost – Heiratsangebote eingeschlossen – überhäuft und auf der Straße schnell erkannt und angesprochen wurde, nach Schwanholm, um sich hier auch selbst einzubringen. Handwerker bauten das Fischerhaus zu einem luxuriösen Feriendomizil mit Blick aufs Wasser aus; der Netzeschuppen nebenan – die „Dependance“ – wurde zu einem gemütlichen, komfortablen Gästehaus, in dem später mancher prominente Künstler und bekannte TV-Moderator übernachten sollte.

Ein Teepavillon fehlte Wolff noch auf dem Gelände. Er entwarf und zeichnete das Häuschen und baute es mit Hilfe seines Schwiegervaters, der als Landwirt aus dem nordfriesischen Wester-Schnatebüll herüberkam und mit anpackte, selbst nach eigenen Plänen auf. Es wurde auch architektonisch ein Schmuckstück, weiß angestrichen fügte es sich mit perfekten Proportionen in die Landschaft nahe am Abhang.

„Alle glaubten, ich hätte zwei linke Hände“, erinnert sich der Künstler. Dabei habe ihm die handwerkliche Arbeit „unendlich“ Freude bereitet. So zimmerte er auch noch gleich eine große, zweistufige Terrasse aus Holz rund um das Haus.

Zu den Gebäuden, die immer schmucker wurden, kam die Gartenanlage. Hier hatte vor allem seine Frau das Sagen. Es wurde begradigt, es wurden Brücken und Bänke gebaut und aufgestellt, es wurden Bäume gefällt, neue Pflanzen gesetzt – darunter 50 Rhododendren und 80 rund beschnittene Buchsbäume. Aus dem Garten wurde ein Park, in dem im Frühjahr und Sommer bis in den Herbst hinein üppig die Blumen blühten.

Der Bach, der ein kleines Bett quer durchs Gelände ausgewaschen hatte, begann in diesem Idyll zu stören. Im Sommer war

der Bachlauf trocken, während im Frühjahr und Herbst reichlich Wasser darin plätscherte. Ehefrau Dörten und sein Schwiegervater überzeugten Rüdiger Wolff, den Bach zu verlegen und unterirdisch in ein Rohr zu zwängen. Eine verhängnisvolle Entscheidung.
2003 wurde ein tiefer künstlicher Graben ausgebaggert, eine Spundwand gesetzt. Laster rückten mit Kies an, um den Boden zu verfüllen, nachdem die großen KG-Rohre verlegt waren, durch die fortan das Wasser abfließen sollte. Die Kanalisation verlief vom oberen Plateau abwärts bis zum Meeresspiegel. Schließlich kam Mutterboden drauf, dann wurde Rasen ausgesät. Als dieser zu sprießen begann, sprach der stolze Besitzer von einem „kleinen St. Tropez".
Prominente Gäste wie der Sänger und Komiker Karl Dall, die Tagesschau-Sprecherin Dagmar Berghoff, der spätere „Landarzt"-Darsteller Walter Plate oder die Fernsehmoderatorin Sabine Sauer, die zu Besuch kamen, staunten nur noch. Der Blick über das Wasser, das Bootshaus unterhalb der Steilküste mit dem kleinen Strand davor, das glasklare Wasser, der Ausflug mit dem kleinen Motorboot auf die Förde hinaus: „Es sah einfach gigantisch aus", sagt Rüdiger Wolff wehmütig, „ich war damals stolz wie Bolle."
Drei Jahre ging alles gut. Alle genossen die Zeit im „Schlosspark ohne Schloss", wie Tochter Katharina „Schwanholm" nannte. Allerdings nahmen die Zeichen zu, dass auf dem Grundstück und am Hang etwas in Bewegung war. Zwei inzwischen erwachsene Nachbarkinder, die in der Nähe aufgewachsen waren und nun im Tiefbau beschäftigt waren, kamen vorbei und warnten: „Da passiert etwas im Untergrund!" Doch schnell waren die Sorgen wieder verdrängt; man wähnte sich auf festem Boden.
Bis zum 12. Dezember 2006. Rüdiger Wolff, seit zwei Jahren nicht mehr Fernsehmoderator, sondern wieder in seinem erlernten Handwerk als Schauspieler sowie als Sänger unterwegs, kam mit einer Konzertveranstalterin aus Eckernförde. Dort sollte er ein vorweihnachtliches Konzert geben. Soeben hatten

die beiden erfahren, dass die große Stadthalle ausverkauft sei. Wolff: „Ich war glücklich, weil ich nach dem Ende der Moderatoren-Zeit das Gefühl hatte, dass das Publikum mich, meine Lieder und meine Art zu singen, immer besser verstand. Ich wurde nicht mehr auf die Rolle des gutaussehenden Fernsehmanns reduziert, sondern als Künstler wahrgenommen. Das hatte ich mir immer gewünscht."

Entsprechend entspannt war die Stimmung, als Rüdiger Wolff mit seiner Begleiterin den Abstecher zum Ferienhaus machte. Kaum mehr als eine halbe Stunde Autofahrt, dann waren sie da. Das Waldstück neben dem Grundstück war einsam und verlassen, über der Förde kündigte sich bleiern der nahende Winter an. Rüdiger Wolff erinnert sich, wie er in die Küche des Hauses ging, um einen Kaffee aufzusetzen. Dabei schweifte sein Blick durch die verglaste Terrassentür über den vorderen Teil des Grundstücks hin zum Wasser. Erst nach und nach, so schildert er, habe er realisiert, dass zur Steilküste hin etwa ein Drittel des Bodens fort war. Der Hangrutsch hatte Rhododendren und Buchsbäume, Blumenrabatten und Bauerngarten mit sich in die Tiefe gerissen. Der Anblick war ein Schock. Nur das Bootshaus am Strand stand noch. Wie durch ein Wunder hatte der Erdrutsch es verschont.

Rüdiger Wolff rief, nachdem er die Sprache wiedergefunden hatte, seine Frau und seinen Vater an, mit dem er sich nach Jahren der gegenseitigen Distanz längst versöhnt hatte. Wilfried Pollack war klar geworden, dass sein Sohn nicht für einen bürgerlichen Beruf geeignet war. Und er hatte spätestens nach dessen Kauf des Traumgrundstücks an der Förde gesehen, dass sich als Künstler und Fernsehmoderator gutes Geld verdienen lässt. Seine Sorgen, er könne sich und seine Familie nicht mit Musik und Schauspiel ernähren, hatten sich als grundlos erwiesen.

Doch es waren ja auch die Fernsehengagements dazugekommen. So war er nun gemeinsam mit seiner Frau stolz auf Rüdiger. Oft begleitete er ihn zu Fernsehsendungen in Studios und hielt dessen Begegnungen mit Prominenten in unzähligen Fotos fest. Wo Wilfrid Pollack nur konnte, machte er Werbung für seinen Sohn. Längst wusste der Bekannten- und Freundeskreis des Polizisten, dass sich hinter dem Namen „Wolff“ ein Sprössling von ihm verbarg.

Sofort nach dem Anruf seines Sohnes eilte der Vater zum abgerutschten Grundstück, um seinem Sohn beizustehen. Ehefrau Dörten tröstete am Telefon. „Das kriegen wir wieder hin“, sagte sie zu ihrem Mann.

Was war passiert? Für Rüdiger Wolff steht im Nachhinein fest: „Natur lässt sich nicht überlisten. Das Wasser hat sich einen eigenen Weg außerhalb des verlegten Rohres gebahnt.“ Hinzu kam von der Seeseite die Wucht der Wellen. Mit jedem Herbst- und Wintersturm nagten sie an der Steilküste. Da halfen auch die gegossene Betonmauer vor dem Sandstrand und die großen Findlinge als Wellenbrecher nicht.

Die Ehefrau bestand darauf, die Aufräumarbeiten selbst in die Hand zu nehmen und die Kosten im Blick zu behalten. Dann geschah die weitere Katastrophe. Rüdiger Wolff: „Eines nachts, ich war schon zu Bett gegangen, kam sie nach einer Grundstücksbesichtigung nach Hamburg zurück. Sie kam die Treppe herauf und sagte: ‚Ich halte es nicht mehr aus. Als alles in >Schwanholm< noch in Ordnung war, hätten wir verkaufen sollen. Aber du hast darüber nicht mit dir reden lassen.‘ Das war das Ende unserer Ehe. Das Grundstück hat sie letztlich zerstört.“

Für Wolff kam die Trennung unvorbereitet. Ja, sagt er später, er habe schon gemerkt, dass die Begeisterung seiner Frau für das Refugium an der Förde nachließ. „Nicht schon wieder dasselbe. Immer nur nach >Schwanholm<, das ist mir zu öde“, habe sie geseufzt, wenn er mit der Familie nach dorthin aufbrach. Als Tochter Katharina noch klein war, lernte sie dort das Reiten, schloss Freundschaften mit gleichaltrigen Mädchen. Aber das war längst vorbei. Katharina war inzwischen 23 Jahre alt, studierte in Hamburg Jura, war von zu Hause ausgezogen, lebte ihr eigenes Leben. Mit dem gemeinsam mit ihrem Vater aufgenommenen Lied „Es muss Liebe sein“ sollte auch sie es ein Jahr später im Showgeschäft zu Bekanntheit bringen.

Nach dem abrupten Ende als freier Mitarbeiter des NDR aufgrund einer „Dienstanweisung für die Beschäftigung freier Mitarbeiterinnen und Mitarbeiter" im Jahr 2004 und der Zerstörung seines „Lebenswerks Schwanholm" durch einen Erdrutsch war die Trennung von seiner Frau für Rüdiger Wolff „ein Schlag zu viel". Es kam alles zusammen und holte ihn in einem regelmäßig wiederkehrenden Traum ein, in dem die Erde unter ihm wegrutschte – mal mit, mal ohne Menschen drauf. Aber am Ende war da immer der Abgrund.

Nie wieder fuhr Rüdiger Wolff nach „Schwanholm". Die Immobilie wurde mit der Scheidung seiner Frau überschrieben. Er hat mit dem Kapitel abgeschlossen. Aber der Schmerz bleibt. „Schwanholm" war sein Stückchen Paradies auf Erden – keine Bühne, kein Rampenlicht, keine Verstellungen. Stattdessen vertrautes Terrain, Heimat für Leib und Seele.

Die Zeit hat nur die Wunde der gescheiterten Ehe geheilt. Über sie sagte der Künstler und Moderator viele Jahre nach der Trennung: „Es war eine ganz besondere Ehe. Wir haben uns geliebt, wir hatten viele gute Jahre. Ich fühlte mich von meiner Ehefrau lange Zeit verstanden wie nie zuvor in meinem Leben. Aber wir waren beide keine einfachen Menschen. Wir hatten jeder den Kopf voller eigener Ideen, voller Pläne. Und jeder wollte in seinem Metier immer mehr. Meine Frau als Ärztin, als Forscherin, die mit selbst entwickelten Medikamenten Krankheiten heilen oder lindern wollte – ich als Künstler. Meine Lieder, meine Kompositionen und Vertonungen, meine Texte sollten die Menschen erreichen. Diese so unterschiedlichen Lebensziele ließen uns unmerklich auseinanderdriften."

Da war wieder das Bild von dem Bachlauf auf dem Grundstück an der Steilküste, der sich nicht kanalisieren ließ, sondern mäanderte. Aber die Sprachlosigkeit zwischen dem nun getrennten Paar wurde überwunden. Jahre nach der Scheidung entwickelte sich zwischen Dörten und Rüdiger Wolff wieder ein regelmäßiger Kontakt. Der Erdrutsch hatte die Verbindung nicht für immer begraben.

Inge Meysel lässt grüßen

Vor dem Erdrutsch auf „Schwanholm" 2006 und seinen Folgen lagen zwölf weitere Erfolgsjahre im Fernsehen. Rüdiger Wolffs Karriere als Moderator ging weiter. Die „Aktuelle Schaubude" blieb Ausgangspunkt. Doch am Ende führte er durch große ARD-Shows wie „Das Lied zum Glück" oder „Ein Platz an der Sonne". Bundesweit sahen Millionen Menschen die Sendungen zur besten Sendezeit. Doch noch war „Schaubuden"-Zeit.

„Tuschel, Tuschel. Beim NDR brodelt mal wieder die Gerüchte-Küche", so begann ein Bericht in der „Bild"-Zeitung vom 6. Juli 1994. Es durfte spekuliert werden. Kehrt Rüdiger Wolff vom ZDF zur „Schaubude" des NDR zurück? Der Betroffene wird in dem Artikel mit den Worten zitiert: „Ich möchte dazu nichts sagen." Was eigentlich schon alles sagte.

Inzwischen war die Sendezeit der „Aktuellen Schaubude" von sonnabends auf den Freitag verlegt worden. Hier wurde sie nun wöchentlich gleich nach der Tagesschau um 20.15 Uhr ausgestrahlt. Die Einschaltquote lag dabei im Juni 1994 bei 280 000 Zuschauern – weit weniger als in den Anfangsjahrzehnten. Aber inzwischen waren Konkurrenz und Programmangebot im Fernsehen durch die Privatsender erheblich größer geworden. Rüdiger Wolff sollte die Zahlen wieder nach oben bringen, so wie es ihm in seiner ersten „Schaubuden"-Zeit zwischen August 1988 und Sommer 1991 gelungen war.

Der Fortgang vom ZDF und der täglichen Sendung „tele-illustrierte"/„Länderjournal" kam dem Moderator gelegen. In Mainz sollte er mehr Tage im Studio als bisher präsent sein. Damit wäre noch weniger Zeit für die Familie in Hamburg geblieben. Dort stand gerade der Wechsel der elfjährigen Tochter Katharina von der Grundschule aufs Gymnasium bevor, und die Arztpraxis von Ehefrau Dörten in dem großen Haus in Winterhude forderte immer mehr Präsenz und Einsatz der erfolgreichen Ärztin. Hinzu kam das drei Jahre zu-

vor erworbene Grundstück „Schwanholm“ an der Flensburger Förde, wohin es den Moderator so gern zog.
So drehte sich das Moderatoren-Karussell bei der „Schaubude“ erneut. Nach seinem ersten Einsatz begann mit der 1542. Folge der Sendung am 2. Dezember 1994 für Rüdiger Wolff die zweite Staffel bei dieser einst beliebtesten und ältesten regelmäßig ausgestrahlten Sendung im deutschen Fernsehen nach der „Tagesschau“. In den Medien war bei seinem Comeback ein strahlender, 41 Jahre alter Moderator zu sehen. An seiner Seite als Co-Moderatorin Andrea Beckmanns.
Doch schon vier Monate später war es vorbei mit diesem Fernsehpaar. Hinter den Kulissen arbeiteten die „Schaubuden“-Macher an frischen Konzepten. Der Vorspann der Sendung wurde aufgepeppt, die Deko geändert. Und Rüdiger Wolff bekam mit Sabine Sauer eine neue Kollegin.
Die Journalistin, die wie ihr Partner zunächst ein (Kunst-)Studium mit einem ganz anderen Berufsziel begonnen hatte, kam aus München. Konnte das gutgehen, da doch die „Schaubude“ als Unterhaltungs- und Informationsmagazin stark von einem norddeutschen Flair lebte?
Rüdiger Wolff zeigte der neuen Kollegin erst einmal einen Tag lang „die wichtigsten Stellen“ Hamburgs. Schnell merkte er, dass sie sich als Moderatorenteam „wunderbar ergänzten“ und auch privat „auf einer Wellenlänge“ funkten. Fernsehkritiker und Zuschauer müssen gespürt haben, dass diese Besetzung für die runderneuerte „Schaubude“ ideal war. Vom „Dream-Duo“ ist die Rede, das bis Ende 1996 durch das Programm führen sollte.
Zurück in Hamburg, näher bei der Familie und seinem „schnuckeligen Fischerhaus an der Ostsee“ (Hamburger Abendblatt) – und dazu eine ideale Partnerin beim Fernsehen: Was wollte Rüdiger Wolff mehr?
Er wollte mehr, er konnte es nicht lassen. Begann wieder parallel auch für das Radio zu moderieren, arbeitete für das Klassik-Radio („Musik für Grenzgänger“), bekam bei NDR 4 eine eigene Talk-Sendung (Wolff & Wolff) und präsentierte

hier überdies dreimal die Woche eine Stunde lang Musik. Vormittags und nachmittags saß er vor Radio-Mikrofonen.
Zugleich stürzte sich der gelernte Schauspieler zusätzlich zur „Aktuellen Schaubude“ in neue Fernsehproduktionen. So war er im November 1995 in der Fernsehserie „Heimatgeschichten“ neben Doris Schade und Jan Fedder in einer Hauptrolle des Spielfilms „Familienbande“ zu sehen. Er stand in der zweiten Staffel der ZDF-Serie „Der Mond scheint auch für Untermieter“ vor der Kamera, spielte in einer Folge von „Neues vom Süderhof“ mit. Später wirkte er bei der Rosamunde-Pilcher-Verfilmung „Dornen im Tal der Blumen“ mit.
Im Frühjahr 1996 begann er obendrein im Radio auf N 3 das Kultur- und Gesellschaftsmagazin „NordZeit“ zu moderieren. Obwohl nachmittags ausgestrahlt, erreichte es eine für diese Tageszeit beachtliche Zahl von bis zu 150 000 Zuschauern.
Als seine Tochter nach dem ersten Jahr auf dem Gymnasium 1996 vor den Sommerferien ein glänzendes Zeugnis nach Hause brachte, kam eine große Urlaubsreise mit der ganzen Familie nicht in Frage. Papa hatte nur wenig Zeit. „Es reicht allenfalls mal kurz zum Auftanken“, verriet der inzwischen 42-Jährige einer Zeitung. Zum Ausgleich hatte Katharina immerhin das private Ferienparadies an der Flensburger Förde.
Ein halbes Jahr später wurde schließlich doch noch ein Kurzurlaub auf den kanarischen Inseln gemacht. So, wie es ein Jahr zuvor nach Rom gegangen war. Die Wolffs hatten in einem Hotel in der Nähe des Petersdoms Quartier bezogen, als sie am Sonntag beobachteten, wie die Touristen zum großen Platz vor der Kirche strömten. Also gingen sie auch hin. Weil die kleine Katharina wegen der Menschenmassen nichts sehen konnte, nahm sie Papa auf die Schultern. Katharina muss von dort den Papst beim Zelebrieren der Messe gesehen und gehört haben. Laut rief das Mädchen: „Papa, die Frau im Abendkleid, die singt scheiße.“ Wütende Augen richteten sich auf die Eltern des Kindes.

Die Kurzurlaube gaben Kraft und sorgten für unvergessliche Momente jenseits des beruflichen Alltags. Aber sie kosteten auch. Mit dem beruflichen Aufstieg wurde der Lebensstil der Wolffs anspruchsvoller. Es durften nur die ersten Hotels am Platz sein. Aber es lief ja.

Rüdiger Wolff und seine Co-Moderatorin Sabine Sauer, für die Hamburg inzwischen nach eigenen Worten zur „zweiten Heimat" geworden und die häufig Gast bei „den Wolffs" in der Dorotheenstraße war, führten weiter durch das Programm der „Aktuellen Schaubude". Zu den besonderen Gästen zählte dort Helmut Schmidt. Als 1996 dessen Buch „Weggefährten" erschien, gelang es der Redaktion, den Altbundeskanzler, der nur sehr selten Interviews gab, in die Sendung zu bekommen. Schmidt war bekannt dafür, dass er gegenüber Medienvertretern ruppig und unwirsch sein konnte, wenn sie Fragen stellten, die ihm nicht passten. So machte das bevorstehende Live-Gespräch Wolff doch ein wenig nervös. Wie konnte er Helmut Schmidt vor der Sendung gnädig stimmen, damit der „Schaubuden"-Gast ihn als Moderator nicht in eine peinliche Situation bringt?

Wolff fiel seine Vertraute Inge Meysel ein. Er wusste, dass die „Mutter der Nation", wie sie oft genannt wurde, mit den „Schmidts" befreundet war. Er rief sie an und fragte, ob sie einen Tipp für das Gespräch mit dem Politiker hätte. Meysel gab sich schroff. „Helmut behandelt seine Frau Loki schlecht. Mit ihm will ich derzeit nichts zu tun haben. Da musst du alleine durch", sagte sie. Darauf bat Rüdiger Wolff, den schwierigen Interviewpartner wenigsten von ihr grüßen zu dürfen. Die gemeinsame Bekanntschaft könnte das Eis beim Altbundeskanzler brechen. Doch Meysel verbat sich auch das.

Dann war es so weit. Eine gute Stunde vor der Live-Sendung traf der Gast im Studio Lokstedt ein. Die gesamte „Schaubuden"-Crew war aufgeregt. Und Helmut Schmidt machte seinem Ruf alle Ehre. Als Rüdiger Wolff ihn begrüßen wollte und die Hand reichte, schob er sie zur Seite, guckte durch den Moderator hindurch und ging grußlos in die Maske.

Co-Moderatorin Sabine Sauer bekam die Szene mit. „Lass mal, ich mach das schon“, raunte sie dem Kollegen zu, folgte Helmut Schmidt und ging zur Begrüßung neben dem Stuhl, in dem der in Hamburg als ehemaliger Bürgermeister und Innensenator hochverehrte Gast Platz genommen hatte, auf Augenhöhe. Sie erhielt die nächste Abfuhr. Obwohl Helmut Schmidt die Moderatorin von anderen Begegnungen ebenso kannte wie Rüdiger Wolff, fragte er nur spöttisch: „Wollen Sie ein Autogramm oder was?“

Schlimmer konnte es für die Moderatoren eigentlich nicht mehr kommen. Die Sendung begann. Zu allem Unglück hatte die Regie vor dem Gespräch mit dem Gast ausgerechnet Schlagersänger Jürgen Drews mit einem Musikstück eingebaut. Dem Bach-Freund und passionierten Orgelspieler Schmidt passte das gar nicht. Als Rüdiger Wolff ihm zuflüsterte, dass sie gleich auf Sendung seien, meinte er trocken: „Ich wünschte, es wäre schon vorbei.“

Das Rotlicht der Kamera leuchtete. Sie waren auf Sendung. Wie sollte Rüdiger Wolff das Eis brechen, um ein Gespräch zu führen? Er hob an. „Lieber Herr Altbundeskanzler, bevor wir über ihr gerade erschienenes Buch reden, soll ich sie ganz herzlich von einer kritischen, aber solidarischen Freundin aus Bullenhausen grüßen.“ Da ging plötzlich, so erinnert sich der Moderator, ein leises Lächeln über das Gesicht Helmut Schmidts, der antwortete: „Ach, Inge.“ Von der Minute an war der Gast die Freundlichkeit in Person und lobte gar, wie gut sich sein Gegenüber doch auf das Gespräch mit ihm vorbereitet habe. Es dauerte für „Schaubuden“-Verhältnisse ungewöhnlich lange, nämlich gut acht Minuten.

Ein paar Tage später telefonierte Rüdiger Wolff mit Inge Meysel. Hatte sie die Sendung gesehen und gemerkt, dass er ihr Grüß-Verbot missachtet hatte? „Na klar habe ich das bemerkt. Aber es war wohl notwendig. Und das Interview, das du geführt hast, war klasse“, antwortete sie.

Das sahen auch Fernsehkritiker so. Sie, die in dem Moderator eher den „smarten Beau mit den braungrünen Augen“ (Hamburger Abendblatt) beschrieben, der gut aussehe, aber von dem wenig Tiefsinniges zu erwarten sei, lobten die politische Qualität des Schmidt-Interviews. Das hatte man ihm nicht zugetraut. So wie das Stadtmagazin „Szene Hamburg", das über Rüdiger Wolff spottete: Wer wie er „Schlagerpiepsmäuse" in der „Aktuellen Schaubude" ankündige, müsse impotent sein. Man dürfe deshalb fragen, wie oft seine Frau Doktor unbefriedigt in die Kissen weine.

Wolff, der sich über gute, und vor allem reichliche Presse und PR-Arbeit nicht beschweren konnte, musste mit solchen Schlägen unter die Gürtellinie leben. „Auch in den Redaktionen bei Fernsehen und Radio und unter unseren Gästen in den Sendungen meinten viele, ich könnte inhaltlich nicht mitreden, sei unbelesen und unzureichend gebildet. Das Klischee, wer gut aussieht, könne nur ein Mann fürs Leichte sein, war zu stark in den Köpfen. Erschwerend kam bei mir hinzu, dass ich durch meine Schlagerkarriere in eine weitere Klischee-Schublade geschoben worden war", resümiert Rüdiger Wolff. Trotzig bekannte er später im großen Porträt eines Hamburger Magazins: „Ich bin kein Schwiegermutter-Traum." Er wollte authentisch sein. Dabei war er doch immer wieder anders – als Schauspieler, als Sänger, als Moderator und später als Komponist und Chansonier.

Was war gespielt, wer war er selbst?

Im Juni 1996 schmückte ein Foto von ihm und Sabine Sauer zusammen mit anderen vertrauten Fernseh-Gesichtern von Alida Gundlach und Hubertus Meyer-Burckhardt bis Götz Alsmann die Mitarbeiterzeitschrift des NDR. Daneben die Zeile: „Unsere Moderatorinnen und Moderatoren sind Lieblinge des Publikums." Das hinderte die Verantwortlichen nicht, einen Monat später einen Wechsel anzukündigen. Zum 1. Januar 1997 sollte Carlo von Tiedemann wieder durch die „Aktuelle Schaubude" führen.

„Carlo ist eine Art Kultfigur im Norden", verteidigte „Schaubuden"-Boss Dr. Heiner Herde die Rückkehr des Dampfplauderers von Tiedemann, der nach seinem Fernseh-

Rauswurf 1988 im Radio weitergemacht hatte. Die Verträge der Noch-Moderatoren Wolff und Sauer liefen zum Jahresende aus.
Gegenüber den Medien nahm es Rüdiger Wolff gelassen. Nach zwei weiteren Jahren bei der „Schaubude" sei ein Wechsel wohl fällig, meinte er in einem Interview. Und im Übrigen solle man sowieso aufhören, wenn es am schönsten ist.
Was den Moderator besonders tröstete, war die Solidarität der von ihm so geschätzten Sabine Sauer. Auch sie hörte bei der „Schaubude" auf. Der Stil Rüdiger Wolffs lag ihr und entsprach ihrem Anspruch, auch wenn die „Neue Presse" aus Hannover meinte, die Moderation des gelernten Schauspielers hätte „immer etwas von wohltrainiertem Boulevardtheater".
Nur Rüdiger Wolffs Tochter Katharina wollte das Ende ihres Vaters bei der „Aktuellen Schaubude" nicht still hinnehmen. Als die Zeitungen im Sommer den Wechsel ankündigten, waren große Ferien. Die 13-Jährige produzierte zu Hause handgeschriebene Flugblätter, auf denen sie den Hamburgern die Frage stellte, ob sie wirklich den skandalumwitterten Carlo von Tiedemann anstelle ihres Vaters in der „Aktuellen Schaubude" sehen wollten. Wörtlich hieß es in ihren Flugblättern weiter:
„Engagieren Sie Rüdiger Wolff. Dieser Mann kann alles!
Er ist Sänger.
Er ist Schauspieler.
Er ist Moderator.
Und er sieht sehr gut aus!!!
Darum: Engagieren Sie Rüdiger Wolff. Er kostet viel weniger, als Sie glauben.
Dieser Mann ist der Richtige!"

Vor ihrem Haus in Winterhude, in der sich auch die Praxis der Mutter befand, begann sie schließlich die Zettel zu verteilen. Arzthelferinnen sahen das und alarmierten die Mutter, die die Aktion beendete. Als Rüdiger Wolff von dem „Rettungsversuch" seiner Tochter hörte, war er tief bewegt.

Der Abgrund

„Es muss das Herz bei jedem Lebensrufe bereit zum Abschied sein und Neubeginne um sich in Tapferkeit und ohne Trauern in andere, neue Bindungen zu geben.“ So heißt es bei Hermann Hesse. Das berühmte Zitat aus dem „Stufen“-Gedicht gilt auch für Rüdiger Wolffs Abschied von der „Aktuellen Schaubude“. Nicht einmal drei Monate nach dem Stabwechsel hatte der Moderator eine neue, eigene TV-Sendung: „Talk im Fährhaus“. Ausgestrahlt wurde die Talkshow vom Dritten Programm N3 sechsmal im Jahr am Sonntagvormittag aus der „Komödie Winterhuder Fährhaus“. Die Matinee, die das Theater unter dem Titel „Wolff nach elf“ anpries, war so gut wie immer ausverkauft.
Rüdiger Wolff war in seinem Element. Endlich habe er Zeit, mit seinen Gesprächspartnern ausführlich zu plaudern, sagte er einem Magazin, „nicht immer nur freundlich, schnell und kurz, sondern angesprochene Themen vertiefend“. Zugleich konnte er bei der Auswahl der Gäste auf gute alte Bekannte und Freunde setzen. Die Liste füllte sich in den kommenden zwei Jahren zu einem „Who is Who“ aus Kultur und Gesellschaft. Loki Schmidt, Heidi Kabel, Ilse Werner, Gitte Haenning, Olivia Molina, Dagmar Berghoff oder die Kessler-Zwillinge kamen, ebenso Walter Plathe, Johannes Heesters, Heinz Reincke, Peter Striebeck und Henning Voscherau, der selbst aus einer Theaterfamilie stammt. „Ich bin Hauptdarsteller geblieben“, sagte der gut gelaunte Hamburger Bürgermeister in der Sendung.
Auf die Frage, was das Geheimnis seines politischen Erfolgs sei, antwortete Voscherau: „Man muss die Fähigkeit haben, das, was man denkt und fühlt, überzeugend rüberzubringen. Sonst müssen Sie Beamter werden.“
Etwas überzeugend rüberbringen – das war auch stets Rüdiger Wolffs Anspruch. Egal, ob er Schlager sang oder ob er – wie in den nächsten Jahren mehrfach – Hörbücher einsprach

und Radiosendungen moderierte: Er schien in jeder Aufgabe aufzugehen, strahlte auf jedem Pressefoto, als sei es das erste Mal, dass er in die Zeitung komme. Das galt auch dann noch, wenn er alljährlich durch die Eröffnungsveranstaltung der Heizung-und-Sanitär-Messe in Hamburg führte. „Ich habe jede Moderation wie eine Rolle im Theater verstanden. Da stand nicht mehr Rüdiger Wolff, sondern sein Double, das perfekt funktionieren wollte", verrät er.

Seine verschmitzte Vertraute Inge Meysel gab zu, dass es ihr bei vielen Auftritten auch ums Honorar ging. Natürlich sagte sie zu, als sie in die Talkshow mit Rüdiger Wolff ins Winterhuder Fährhaus eingeladen wurde. Aber keck sagte die damals 86-jährige, immer noch geistreiche und schlagfertige Schauspielerin: „Ich komme nur hierher, damit ich im nächsten Monat meinen Gärtner bezahlen kann." Da schmunzelte der Moderator – und mag in dem flotten Spruch ein wenig an sich gedacht haben. Auch er nahm viele Aufträge an, um sich materielle Freiheit zu verschaffen. Zum Beispiel ermöglichten sie ihm, die allmählich in den Mittelpunkt seiner Kunstleidenschaft rückende Grafiksammlung auszubauen.

1999 dann die nächste Stufe auf der Moderatoren-Karriereleiter. Inzwischen hatte Rüdiger Wolff auch wieder das Schlagersingen begonnen; neue, selbst geschriebene und -komponierte Singles kamen auf den Markt. „Mein Herz bleibt bei dir", wird zum Hit. Er präsentiert ihn im Expo-Café in Hannover und in vielen TV-Shows. Selbst in Belgien landet die Ballade auf Platz eins. Dazu präsentiert er im dritten Fernsehprogramm „zur kalten Jahreszeit" die „Winter-Melodie".

Doch ein besonders attraktives Unterhaltungsformat wartet noch auf ihn: 2001 kündigt „Tagesschau"-Sprecherin Dagmar Berghoff an, wegen der schweren Erkrankung ihres Mannes die Moderation ihrer Sendereihe „Wunderschöner Norden" abgeben zu wollen. Doch nicht an irgendwen sollte die beliebte Sendung, die an den verschiedensten Orten Norddeutschlands gedreht wurde, gehen. Berghoff bestand darauf, dass der frühere „Schaubuden"-Moderator Rüdiger Wolff sie

übernimmt. Er sei für die Mischung aus Musik, Stars und Talks genau der Richtige.
Die Liste seiner Engagements wurde immer länger. Und die Erinnerungen an Begegnungen mit den unterschiedlichsten Gästen ebenso. Amüsantes, Kurioses, Nachdenkliches inklusive. So wollte US-Weltstar Harry Belafonte – beide verstanden sich auf Anhieb – unbedingt Rüdiger Wolffs Schuhe haben. Noch im Studio wurde anprobiert. Aber Belafonte hatte Größe 43, Wolff 45. Es passte beim besten Willen nicht. Spaß hatten beide trotzdem.
Dann wiederum half Daliah Lavi in einer brenzligen Situation. Der Moderator sollte durch eine Fernsehshow live von der Grünen Woche in Berlin führen und dabei auch die israelische Filmschauspielerin und Sängerin interviewen. Aber es ging ihm gesundheitlich schlecht: Kopfschmerzen, hohes Fieber, Schwindel, Übelkeit. Schaffte er es überhaupt raus auf die Bühne? Daliah Lavi bekam die Situation in der Maske mit, gab dem Moderator eine Pille. „Aus der Heimat", sagte sie, „hilft garantiert." Rüdiger Wolff nahm sie – und talkte wenig später munter und vergnügt mit der Künstlerin vor laufender Kamera. Was für ein Mittel es war, hat er nie erfahren. Aber fortan verstanden sich Daliah Lavi und er prächtig …
… was von Udo Jürgens nicht gesagt werden kann. Er war eines der großen Vorbilder in Rüdiger Wolffs Kindheit und Jugend. Doch als sich die beiden nach einer von Wolff moderierten Sendung im VIP-Restaurant des Fernsehstudios trafen, zeigte der Schlagerstar ihm die kalte Schulter. „Ich war für ihn nur der Mohr, der seine Schuldigkeit getan hatte. Dabei hätte ich ihn so gerne Vieles zu seiner genialen Musik gefragt. Aber nein. So etwas habe ich sonst nur bei Politikern erlebt", sagt Rüdiger Wolff.
Doch all dies gehörte zum Alltag des Show- und Fernsehgeschäfts. Jeder lernte schnell, damit umzugehen. Anders das, was im Sommer 2004 folgen sollte.
Rüdiger Wolff war inzwischen einer der meistbeschäftigten Moderatoren im deutschen Fernsehen. Vater Wilfried Pollack

hatte seine Einstellung zum Werdegang seines Sohnes längst gewandelt und bewunderte nun dessen Fleiß. Anders die Mutter. Zunehmend äußerte sie die Sorge, dass Rüdiger angesichts der Flut von Aufträgen „verbrannt" werden könnte.
Dann kam ein Anruf aus dem NDR in Hamburg. Er, Rüdiger Wolff, möge ins Funkhaus kommen. Abteilungsleiter und Personalabteilung möchten ihn sprechen. Es ging um die Verlängerung seines Arbeitsvertrages. Seit einem halben Jahr hatte der NDR ihn hingehalten. Normalerweise war für alle freien Mitarbeiter, zu denen auch er zählte, nach 14 Jahren Schluss. So wollte es eine hausinterne Vorschrift. Weil arbeitsrechtlich das Risiko bestand, dass eine ständige Beschäftigung ohne Festanstellung über diesen Zeitraum hinaus dazu führen könnte, dass sich Betroffene in ein festes Arbeitsverhältnis einklagen, wurde die Anweisung erlassen.
Rüdiger Wolff schwebte zwischen Hoffen und Bangen. Mal hatte er aus dem Funkhaus Signale erhalten, dass es für ihn eine Verlängerung per Sondergenehmigung geben werde. Dann wieder meldete der Flurfunk, dass Ausnahmen von der 14-Jahre-Regelung grundsätzlich nicht mehr gemacht würden. Dann hieß es wieder, der NDR werde ihn niemals fallen lassen – schon wegen seiner großen Beliebtheit beim Publikum.
Und nun der Anruf vom NDR-Abteilungsleiter. Er klang entspannt und wirkte gut gelaunt. Rüdiger Wolff ging angesichts des freundlichen Telefonats fest davon aus, dass nun endlich einer Verlängerung nichts mehr im Wege stünde.
„Es war ein schöner Sommertag. Ich fuhr guter Dinge hin", erinnert sich der Moderator. Was folgte, war jedoch das Aus seiner Tätigkeit beim NDR aus formalen Gründen. Keine Sondergenehmigung, sondern abserviert.
„Ich war wie gelähmt, nachdem ich die Kündigung entgegengenommen hatte und zurück zu meinem Auto auf den Parkplatz vor dem Funkhaus gegangen war. Quasi über Nacht verlor ich beim NDR meine Fernseh- und Radiosendungen."
Ein Jahr lang, so die Regelung, durfte er nach einer kurzen

Übergangszeit überhaupt nicht mehr auftreten. Danach waren die Einnahmen aus freier Mitarbeit auf einen Betrag von jährlich 6000 Euro begrenzt.
Die Hiobsbotschaft nahm Wolff, wie er sich erinnert, „wie ein Schauspieler“ entgegen. Rollen zu spielen, war er gewohnt. Er blieb gefasst, meinte: „Dann ist das eben so.“ Dann ging er, tief enttäuscht und menschlich verletzt. Warum gab es für ihn keine Sonderregelung, wie sie von den Sendeanstalten zuweilen auch bei längerfristig tätigen freien Mitarbeitern angewandt worden sei? Immer wieder stellte er sich die Frage. Vor allem ein leitender NDR-Redakteur habe sich wohl widersetzt. „Er mochte mich nicht und ärgerte sich über meinen Erfolg. Jetzt konnte er sich endlich rächen.“
Im Auto sitzend, gelang es dem soeben aus dem Programm des öffentlich-rechtlichen Fernsehens Geworfenen nicht, den Wagen zu starten. „Es fühlte sich ein wenig so an wie heute mit meiner Krankheit. Arme und Beine waren taub, nichts ging mehr. Meine Tochter musste kommen und mich abholen“, schildert der damals 51-Jährige den Schock.
Waren es die Vorboten von ALS?
Die Medizin tappt bei der Krankheit immer noch im Dunkeln. Annahmen besagen, einer ihrer Auslöser könnte ein traumatisches Erlebnis sein. War das bei Rüdiger Wolff der Fall? Letzte Gewissheit wird es nie geben. Es geschahen schließlich noch andere einschneidende Ereignisse – vom „Untergang“ seines Paradieses „Schwanholm“ bis zur Scheidung.
Der Einschnitt beim NDR wird von Rüdiger Wolff noch heute als „Vernichtung seiner beruflichen Existenz als Moderator“ bezeichnet. Trotzdem entstand danach wiederum Neues. Neben der Schauspielerei tauchte Rüdiger Wolff in eine weitere Welt als Komponist und Sänger ein. Hermann Hesse hat recht. „Nur wer bereit zu Aufbruch ist und Reise, mag lähmender Gewöhnung sich entraffen.“

Zwischen Bars und Bühnenbrettern

Das abrupte Ende seiner Moderatoren-Ära beim NDR stürzte Rüdiger Wolff in eine tiefe Krise. Der damals 51-Jährige wusste, dass ein Comeback im Fernsehen schon wegen seines Alters kaum mehr möglich sein würde. Er fühlte sich gefangen in der Moderatoren-Rolle, musste herauskommen. Aber wie?

Rüdiger Wolff begann sich durch Kneipen und Bars auf St. Pauli und im berüchtigten Viertel St. Georg rund um den Hamburger Hauptbahnhof zu trinken. Ein Anlaufpunkt war die legendäre Kneipe „Zum Silbersack" nahe der Reeperbahn, in die er manchmal auch nach Ende einer „Aktuellen Schaubude" gegangen war. Die Gaststätte war Kult; Prominente von Hans Albers und Heinz Rühmann bis zu Curd Jürgens, Freddy Quinn oder Hildegard Knef gehörten zu den Gästen. „Oh, Rüdi kommt. Rüdi von der ‚Schaubude'", hieß es, wenn Wolff die Gaststätte betrat, und Wirtin Erna Thomsen stellte ihm schon seine Standard-Bestellung hin: „Bier und ein Lütten".

Doch jetzt war es nicht ein Stück Entspannung nach einer Live-Sendung, sondern Verzweiflung. Schon am helllichten Tag zog Rüdiger Wolff los, hielt es zu Haus nicht mehr aus. Er fühlte sich verraten. „Es wurde an mir ein Exempel statuiert, bevor diese arbeitsrechtliche Regelung einige Jahre später aufgehoben wurde", sagt er zurückblickend. Zu sehr habe er sich hergegeben für Radio und Fernsehen – und zwar auch für Sendungen, hinter denen er nicht hundertprozentig stand. Schlimmer noch, er habe sein Leben danach ausgerichtet. „Erst mit dem abrupten Ende wurde mir das klar", gesteht Wolff.

Hunderte von Briefen, die Fans des geschassten Moderators an den Sender schickten und in denen seine Rückkehr gefor-

dert wurde, trafen ein. Er las die weitergeleitete Post damals nicht. 14 Jahre lang hatte er in der ersten Reihe der deutschen Radio- und Fernsehmoderatoren gestanden. Nun war der Boden unter seinen Füßen weggezogen. „Ich stand am Abgrund“, erinnert er sich. Und: „Meine Frau hat mich vor dem Untergang bewahrt.“
Nach den Monaten des tiefen Falls, der Depression und Mutlosigkeit beendete er von heut auf morgen seine Verzweiflungstour, ließ den Alkohol stehen und kehrte zu den Wurzeln seiner künstlerischen Arbeit zurück. Er war mehr als nur der „Fernsehmann“.
Im Frühjahr 2005 klopfte er ohne Vorankündigung beim damaligen Intendanten des Ohnsorg-Theaters, Christian Seeler, an. Wolff war dort kein Unbekannter. Im Gegenteil. 1999 war er bei einer Gala für die Volksschauspielerin und Ohnsorg-Legende Heidi Kabel, die ihren 90. Geburtstag feierte, mit einem Geburtstagsständchen im Hamburger Congress-Centrum aufgetreten. Er hatte ihr zu Ehren die Ballade „Mein Herz bleibt bei Dir“ gesungen.
Und im Fernsehen hatten neben der „Aktuellen Schaubude“ noch andere Sendungen für weitere Popularität gesorgt. So feierte er von 2000 bis 2004 in der beliebten Sendereihe „Wunderschöner Norden“ nicht nur als Moderator, sondern auch als Sänger Erfolge. Immer häufiger trat er nun gemeinsam mit seiner Tochter auf. Katharina hatte das Entertainment-Talent ihres Vaters geerbt.
Allein und als Gesangsduo mit seiner Tochter knüpfte Rüdiger Wolff in Dutzenden Fernsehshows von ARD und ZDF an die Anfangserfolge als Schlagersänger an; die von ihm geschriebenen und komponierten Lieder landeten erneut in den Hitparaden. Bevor Katharina 2003 ein Einser-Abitur hinlegte und ein Jura-Studium begann, sang sie 2001 auf dem Album „Ganz nah“ in dem Duett „Wenn Du gehst“:

„Ich hab keine Angst, wenn ich die Zukunft
Vor mir seh

Ich nehm deine Wärme mit,
Wenn ich durchs Leben geh"

Voller Stolz und liebevoll blickt der Vater auf einem Foto zum Album auf seine 18-jährige Tochter, die ihn umschlungen hält. Sie träumte zu diesem Zeitpunkt noch von einer Karriere wie die des Vaters, entschied sich aber schließlich anders. Nach einem erfolgreich abgeschlossenen Jurastudium und einem Ausflug in die Politik – sie saß für die CDU von 2011 bis 2015 als Abgeordnete in der Hamburger Bürgerschaft – machte sich Katharina Wolff als Personalberaterin und Gesellschafterin von Internet-Startups selbstständig.
Ihr Vater hatte da dank seines Besuchs bei Christian Seeler im Ohnsorg-Theater längst zum Schauspiel zurückgefunden. Der Intendant wies den Überraschungsgast 2005 nämlich keineswegs ab, sondern reagierte begeistert. „Sie kommen wie gerufen", sagte er. „Für Bertold Brechts ‚Herr Puntila und sein Knecht Matti' sind wir noch auf der Suche nach einer Besetzung der Rolle des Attachés, den die Tochter des finnischen Gutsbesitzers Puntila in dem Stück heiraten soll. Und sie sind genau der Richtige", schloss Seeler.
Mit Brecht und der Hauptrolle in der Oper „Aufstieg und Fall der Stadt Mahogony" hatte seine Schauspielkarriere 1980 nach der Ausbildung im Schauspielstudio Hildburg Frese begonnen, mit Brecht ging sie nun am Ohnsorg-Theater weiter. 2006 übernahm Rüdiger Wolff dann an der populären Hamburger Volksbühne die Hauptrolle in Richard Wagners „Der fliegende Holländer". Ein Wagnis, wurde doch die Oper in niederdeutscher Sprache inszeniert. Entsprechend aufmerksam verfolgten die Medien das Experiment.
Das Echo fiel geteilt aus. Zahlreiche Kritiker reagierten begeistert. Schließlich hatte Richard Wagner sein 1843 uraufgeführtes Frühwerk selbst als romantische Volksoper verstanden wissen wollen. Warum also nicht eine Inszenierung auf Niederdeutsch, der Alltagssprache der Landbevölkerung im Norden? Andere Rezensenten verrissen dagegen die Auffüh-

rung. „Der fliegende Holländer“ auf platt – das gehe gar nicht.
Der Streit der Kritiker um die Deutungshoheit sorgte für Aufmerksamkeit. Und für dauernd ausverkaufte Vorstellungen! Mittendrin Hauptdarsteller Rüdiger Wolff. Er war in aller Munde. Das Publikum war angetan von seinen stimmlichen Qualitäten, blieb aber hinsichtlich des Niederdeutschen gespalten.
Dasselbe erlebte Rüdiger Wolff später bei seinen ersten eigenen, auf CD zu hörenden plattdeutschen Stücken. Durch mehrere Fernsehsendungen gut bekannt und befreundet mit dem 2011 verstorbenen Jazzsänger und Liedermacher Knut Kiesewetter, der in Nordfriesland zu Hause war und das „Plattdütsche“ zu seinem Markenzeichen gemacht hatte, schrieb nun auch Wolff einige Liedtexte in dieser Sprache, die er sich einst an der Niederdeutschen Bühne in Flensburg angeeignet hatte.
Beim norddeutschen Publikum kamen diese Lieder gut an. Nur das Radio, so Wolff, öffnete sich nicht: „Plattdeutsche Musik hatte bei den öffentlich-rechtlichen Sendern keine Chance, und bei den privaten erst recht nicht.“ Der neue Wettbewerb auf dem Rundfunkmarkt kannte nur einen Sieger, den sogenannten Mainstream. „Alle hatten gehofft, mit den sogenannten Kommerzsendern würde das Angebotsspektrum verbreitert werden. In Wahrheit hat es sich hier wie dort mehr und mehr verknappt“, stellt Rüdiger Wolff im Nachhinein fest.
Alle Sänger, die das Niederdeutsche pflegten, bekamen das zu spüren. „Der Wettlauf um die Einschaltquote hat eine gehörige Mitschuld an der Verflachung der deutschen Volks- und Unterhaltungsmusik“, ist sich Wolff sicher.
Die aufgewühlte Welt des Rüdiger Wolff gelangte dennoch nach dem plötzlichen NDR-Aus 2004 wieder in ruhigere Bahnen. Neben seinen Auftritten im Ohnsorg-Theater konnte er sogar wieder vereinzelt und über Umwege fürs Fernsehen moderieren. Eine private Produktionsfirma hatte ihn en-

gagiert, um für den NDR die vierteilige Serie „Lieder klingen übers Meer“ zu drehen. Regelmäßig wartete Tochter Katharina als Studentin vor dem Ohnsorg-Theater, um den Vater nach Aufführungen nach Warnemünde zu fahren, wo er dann am nächsten Morgen vor der Kamera stand. Abends ging es zurück auf die Bühne nach Hamburg.
Rüdiger Wolff war zu einem Gesicht des Ohnsorg-Theaters geworden, zeigte nun seine Vielseitigkeit. Zum Beispiel in der Inszenierung „Die erste Geige“, in der er den grantelnden Lehrer Möller spielte. Er war dabei, als das Ohnsorg-Theater mit dem Travestie-Stück „Charlys Tante“ auf Tournee ging, und spielte den Zigarrenhändler Meyer und die Rolle des Artisten Mazeppa in dem auf Heinrich Manns satirischem Roman „Professor Unrat“ basierenden Stück „Der blaue Engel“. Das Klischee des ewig Freundlichen hatte Wolff abgestreift. „Du hast hier eine zweite Heimat gefunden“, lobte Ohnsorg-Intendant Seeler ihn.
Wie es das Schicksal wollte, sollte wenig später wieder jemand vor dem traditionsreichen Theater – ehemals Große Bleichen, seit 2011 am Heidi-Kabel-Platz gelegen – auf ihn warten. Nicht seine Tochter, um ihn zu Dreharbeiten nach Warnemünde zu fahren, sondern ein Unbekannter.

Irgendeiner singt hier Lieder

Auch wenn die Arbeit als Schauspieler Rüdiger Wolff nach der Trennung von seiner Frau und der verbauten Fernsehkarriere vor dem Absturz rettete, blieb er einsam. Ein Außenseiter, so wie er sich oft als Kind und Jugendlicher gefühlt hatte – trotz aller Anerkennung, die er bei Aufführungen erntete.
Bis sich im Dezember 2007 das Blatt erneut wendete. Wieder war ein Abend im Hamburger Ohnsorg-Theater erfolgreich beendet, war er vom Publikum mit Beifall bedacht worden. Rüdiger Wolff wollte sich auf den Weg nach Hause in seine neue große Wohnung in der Maria-Louisen-Straße machen. Sie kam ihm im Gegensatz zum Haus in der Dorotheenstraße, als noch die Familie zusammen war, fürchterlich leer vor. Aber was blieb ihm anderes übrig?
Da fiel ihm am Schaukasten des Theaters ein Mann auf, der intensiv das Programm studierte.
Rüdiger Wolff trat näher. Was interessierte den Unbekannten zu später Stunde so sehr an dem Aushang? Da drehte sich der Mann um, erkannte den Schauspieler von vielen Aufführungen her, die er – wie sich später herausstellte – besucht hatte, und stellte sich als ein Fan von ihm vor.
Rüdiger Wolff erinnert sich, wie sie an diesem Abend nach der Zufallsbegegnung und einem längeren Gespräch über das Theater Telefonnummern austauschten. Er, Rolf, ein Internet-Fachmann, arbeitete während der Woche als Spezialist in Hamburg. Am Wochenende lebte er bei seiner Familie im Süden Deutschlands, erfuhr er von dem Unbekannten.
Es blieb nicht beim Austausch der Telefonnummern. Man traf sich. „Wir fühlten uns beide als Einzelgänger", erinnert sich Wolff. Als ihm Rolf das kleine, einfache Zimmer zeigte, in dem er während der Arbeitswoche fernab von Frau und Zuhause lebte, bot ihm der Künstler ein leeres Zimmer in seiner Wohnung an. Sie war groß genug; in ihr hatte einst der legendäre Volksschauspieler Henry Vahl gelebt.

Nun wohnte er hier. Den hochglänzenden schwarzen Bechstein-Flügel hatte er aus dem Haus in der Dorotheenstraße mitgenommen. Er spielte darauf so lange, bis Arme und Hände es wegen der Krankheit nicht mehr zuließen.

„Zwischen unseren Zimmern lag ein langer Flur, wir hatten getrennte Betten. Doch aus der zufälligen Begegnung ist eine ganz enge, tiefe Freundschaft zwischen Rolf und mir geworden. Aber Männer haben es schwer, weil eine solche Beziehung schnell sexualisiert und stigmatisiert wird“, sagt Rüdiger Wolff.

Ja, er stehe dazu: Er empfand eine tiefe Zuneigung zu seinem Freund, eine innige Freundschaft voller Vertrauen, Verständnis und Geborgenheit. Nicht als ein „Outing“ will Rüdiger Wolff dies verstanden wissen, sondern als ein Plädoyer, sexuelle Orientierungen und zwischenmenschliche Beziehungen nicht auf hetero- oder homosexuell zu reduzieren. Häufig seien ihm androgyne Personen begegnet, die sich zu beiden Geschlechtern hingezogen fühlten. So bekannte Gitte Haenning in seiner Sendung „Talk im Fährhaus“: „Ich bin ein androgyner Mensch.“

Rüdiger Wolffs Freund half ihm über die Scheidung hinweg, schenkte ihm nach eigener Aussage verlorengegangene Nähe zurück. Jetzt war wieder jemand zu Haus, der ihn erwartete, wenn er nach einer Aufführung vom Theater heimkam. Seine Frau blieb in den letzten Jahren nur noch selten wach, bis er kam; sie musste am nächsten Morgen wieder früh in die Praxis. Anders Rolf. „Er wartete auch nach Mitternacht noch auf mich, wollte wissen, wie es gelaufen ist. Mit Rolf konnte ich plötzlich wieder über alles reden“, ist Rüdiger Wolff seinem Freund dankbar. „Er gibt mir Kraft, Mut und Zuversicht.“

So wie 2012, als erste Anzeichen der Krankheit nicht mehr zu übersehen waren. Mehr als 300 Konzerte hat er in seiner Karriere gegeben. Aber nun hatte er Mühe, das Mikrofon zu halten. Anzeichen des sogenannten „Flail-arm-Syndroms“, das in der Fachliteratur als „klinische Variante der sporadischen Amyotrophen Lateralsklerose (ALS)“ gilt. Sie ist „durch eine

schwere Parese und Amyotrophie der Schulter und Oberarmmuskulatur ohne eine signifikante funktionelle Beeinträchtigung anderer Regionen über einen langen Krankheitsverlauf charakterisiert", heißt es in der Fachliteratur.
Aber noch dachte niemand an eine unheilvolle Diagnose. Der Hausarzt überwies an Fachärzte. Diese meinten, die Erkrankung könne sowohl eine orthopädische wie eine neurologische Ursache haben. Rüdiger Wolff telefonierte mit seiner geschiedenen Frau. Die Medizinerin empfahl ihm, eine Magnetresonanztomografie (MRT) machen zu lassen, durch die krankhafte Veränderungen von Muskeln, Gefäßen und Weichteilen besser sichtbar gemacht werden könnten.
Als auch die MRT-Untersuchung keine Klarheit gebracht hatte, wurde Rüdiger Wolff 2013 zu einem Spezialisten in die Asklepios Klinik Barmbek eingewiesen. Über mehrere Tage wurde er dort untersucht. Dabei stirbt bekanntlich die Hoffnung zuletzt. Als seine Tochter Katharina ihn in dem Krankenhaus besuchte, traf sie auf den behandelnden Medizinprofessor. Ihm erzählte die junge Studentin, dass der Vater ihrer Freundin an ALS verstorben sei, einer chronisch-degenerativen Erkrankung des zentralen Nervensystems. Aus der Literatur habe sie erfahren, dass die Krankheit sehr unterschiedlich verlaufe. Aber etwa jeder vierte Betroffene – so schilderte sie weiter – klage wohl zunächst über eine zunehmende Schwäche und über Muskelschwund in den kleinen Handmuskeln und später im gesamten Arm – so wie ihr Vater.
Rüdiger Wolff ist der Dialog zwischen seiner Tochter und dem Spezialisten von damals haften geblieben:
„Hauptsache, mein Vater ist nicht an ALS erkrankt", beendete Katharina das sorgenvolle Gespräch mit dem behandelnden Arzt.
„Oh nein, ALS ist es auf gar keinen Fall. Da können Sie ganz sicher sein", antwortete der Arzt.
Dem Aufatmen folgte sechs Monate später die bittere Wahrheit. In der Zwischenzeit hatte es mehr als ein Dutzend weitere Untersuchungen gegeben. Im Spätsommer 2014 rief der

Spezialist bei Rüdiger Wolff an, zögerte nicht lange und sagte: „Wir haben uns getäuscht. Wir müssen unsere Diagnose revidieren: Es ist doch eine Variante von ALS.“ Mehr könne er noch nicht sagen. Dann war das Telefonat auch schon beendet.

Eiskalter – so erinnert sich Rüdiger Wolff nach dem schockierenden Anruf aus heiterem Himmel – hätte ihm diese Mitteilung kaum überbracht werden können. Doch es kam noch schlimmer. Damit er sich – wie es in der begleitenden E-Mail hieß – auf den Verlauf der unheilbaren Krankheit einstellen könne, sendete ihm der Professor, der zugleich Chefarzt der Neurologie in der Asklepios-Klinik war, einen Artikel, in dem das langsame Sterben eines ALS-Patienten beschrieben wurde.

Rüdiger Wolff hat diesen Artikel ausgedruckt und behalten. Darin ist zu lesen, wie fortschreitender Muskelschwund und Muskellähmung die Atmung sowie Sprech-, Kau- und Schluckapparat befallen kann. Der schwer Erkrankte in dem Artikel vermochte am Ende seine Gliedmaßen nicht mehr zu bewegen, sondern konnte nur noch mit den Augen kommunizieren. „Es war einfach unmenschlich, wie ich auf diese Weise mit diesem Schicksal konfrontiert wurde“, sagt Wolff.

Verzweifelt und verstört, stand er neben sich. Dann wechselte er den Arzt und geriet an einen Neurologen, der zwar an der Diagnose nichts ändern konnte, aber ihm Mut machte: Der Verlauf der Krankheit ALS sei höchst unterschiedlich. Es gäbe die spinale Verlaufsform, bei der es zu Lähmungen und Muskelschwund an Rumpf und/oder Beinen komme. Dann sei da die bulbäre Form mit Lähmungen der Gesichts-, Hals und Kaumuskulatur. Schließlich komme es beim Fail-Arm-Syndrom zu Lähmungen und Muskelschwund an Schultern, Nacken, Armen und Händen.

Vor allem aber – so der Mediziner – schreitet das Absterben der sogenannten Motoneuronen, durch die Signale aus dem Hirn zu den Muskeln gelangen, in unterschiedlicher Geschwindigkeit voran. Der Verlust der Nervenzellen im Ge-

hirn und im Rückenmark wird zunächst durch Muskelschwäche, Muskelschwund oder Steifigkeit sichtbar. Hände, Arme, Beine und Rumpf können nur noch eingeschränkt bewegt werden, bis es im fortgeschrittenen Krankheitsverlauf zur vollständigen Lähmung der Skelettmuskulatur kommt. „Die ALS zählt daher zu einer der schwersten Erkrankungen des Menschen. Sie ist nicht heilbar, durch eine Behandlung können ihre Symptome jedoch gelindert werden", heißt es in einer Broschüre der Berliner Charité. Über die Lebenserwartung Betroffener gibt es nur allgemeine statistische Daten.
Prof. Dr. Thomas Meyer, einer der führenden deutschen Neurologen auf dem Gebiet der Amyotrophen Lateralsklerose, umschreibt die Krankheit in seinem gleichnamigen Buch, erschienen im Verlag Kohlhammer, in Kurzform so:
„ALS ist eine schwere neurologische Erkrankung, die zu fortschreitenden Lähmungen der Betroffenen führt. Es handelt sich um eine neurodegenerative Erkrankung des motorischen Nervensystems. Darunter ist der fortschreitende Abbau (Degeneration) derjenigen Nervenzellen in Gehirn und Rückenmark zu verstehen, die für die Steuerung der Muskulatur verantwortlich sind. In der Folge der ALS entstehen fortschreitende Lähmungen (Paresen) oder eine unkontrollierte Muskelanspannung (Spastik) der Willkürmotorik. Diejenigen Muskelgruppen, die bewusst vom Menschen angespannt werden können, werden als Willkürmotorik bezeichnet. Die Zunge, die Schlundmuskulatur, die Rumpf- und Atemmuskulatur, aber vor allem die Extremitätenmuskeln gehören zur Willkürmotorik. Alle Muskelgruppen, die keiner willkürlichen Kontrolle des motorischen Nervensystems unterliegen, sind bei der ALS ausgespart. Dazu gehören die Herzmuskulatur sowie sämtliche Muskelgruppen der inneren Organe (z. B. Magen-, Darm- und Gefäßmuskulatur). Durch die gemeinsame Betroffenheit des Nerven- und Muskelsystems wird die ALS auch als eine neuromuskuläre Erkrankung bezeichnet."
Wie sollte er mit dieser Diagnose umgehen? Rüdiger Wolff,

der ewig lächelnde Moderator, der gefeierte Schauspieler und Sänger, zermarterte sich den Kopf.
„Leben Sie, leben Sie, leben Sie", hat Wolff die Worte des neuen Arztes noch im Kopf, als dieser ihn aus dem Krankenhaus entließ. Ein kluger Rat. Wenig später sollte Rüdiger Wolffs Tochter Katharina ihr Buch „Selbstverständlich Frau" vorstellen. Der Vater ging zu der Lesung und sagte ihr: „Keine Angst, ich werde nicht so schnell sterben." Er war bereit, auch diesen Kampf anzunehmen. Jetzt war es wirklich die Rolle seines Lebens.
Neuen Mut und Lebenswille hatte Wolff durch seinen Freund gewonnen, der ihn ermunterte, sich noch stärker der Vertonung literarischer Werke zuzuwenden. „Diese Arbeit hat dir schon Freude bereitet, als du noch Schüler in Flensburg warst und Gedichte von Theodor Storm in Liedform gegossen hast. Das musst du weitermachen", bestärkte Rolf den Flensburger Künstler, der nun auf dem Weg zum Komponisten und Chansonier war.
So entstanden in den darauffolgenden Jahren die CD's „Sündhaft blau" (2015) und „Stationen" (2016). „Sie sind ein Stück von mir", sagt Rüdiger Wolff, nicht zuletzt, was die Inhalte der literarischen Perlen angehe. „Seitdem ich weiß, dass ich an der neurologisch bedingten Muskelerkrankung leide, ist das Leben für mich viel intensiver, bewusster und noch wertvoller geworden. Ich besinne mich auf die Werte, die Kästner, Tucholsky und Busch schon zu ihrer Zeit immer wieder angemahnt haben. Frieden, Freiheit und Demokratie bilden für mich die Grundpfeiler unserer Gesellschaft. Sie zu schützen, muss unsere oberste Priorität sein. Wenn wir nicht aufeinander zugehen, wenn wir einander nicht zuhören, wenn wir Fortschritt nicht in den Kontext von Menschlichkeit und Umweltbewusstsein stellen, dann gefährden wir, was das Leben so kostbar und schön macht."
Die Schicksalsschläge und die Krankheit haben aus Rüdiger Wolff keinen verbitterten Menschen gemacht, keinen Künstler in Moll. Seine künstlerische Welt blieb wie der Titel seiner

CD: „Sündhaft blau". Zu Kompromissen, wie er sie in seiner Showkarriere so oft machen musste, war er nun nicht mehr bereit.
Wolff ist gelassener geworden. Einmal, so erzählt er, saß er vor Beginn eines Konzerts schon hinter dem noch geschlossenen Vorhang auf der Bühne des legendären Odeon-Theaters in Goslar. Da hörte er, wie eine offenkundig ältere Dame in der ersten Reihe einen Konzertbesucher neben sich fragte: „Wissen Sie, was heute gespielt wird?" Die Antwort bringt ihn noch heute zum Schmunzeln: „Irgendeiner singt hier Lieder."
Im Konzert sang er dann auch aus seinem Album „Dideldum!", auf dem er Gedichte von Wilhelm Busch vertont hat. In einem davon heißt es:

„Ganz richtig, diese Welt ist nichtig,
Auch du, der in Person erscheint,
Bist ebenfalls nicht gar so wichtig,
Wie deine Eitelkeit vermeint."
(Gedichtsammlung „Schein und Sein", veröffentlicht 1909)

Der künstlerische Prozess, die Erfahrungen als Entertainer und im Showgeschäft und schließlich die Krankheit haben Rüdiger Wolff frei gemacht. Wichtig sei, was bleibt.
Plötzlich stellte sich nicht mehr die Frage nach Ruhm und Karriere. Egal, in welche Schubladen ihn andere stecken wollten – und welchen Erwartungen er glaubte gerecht werden zu müssen. Plötzlich war er „irgendeiner" – nicht der gefeierte Schauspieler, nicht der Schlagerstar, nicht das Fernsehgesicht, auf das kein Sender verzichten wollte. Das machte frei.
Wer ist er wirklich, wenn er nicht als Schauspieler auf der Bühne in fremde Rollen springt, wenn er nicht vor der Fernsehkamera den stets freundlich lächelnden Moderator spielt?
Er wollte anerkannt sein – und musste sich verstellen. Der Anpassungsdruck begann früh und ging bis hinein in seine Familie. Rüdiger sollte „Star" sein, berühmt, umjubelt, reich.

In gut einem Dutzend Aktenordnern hat er Hunderte von Zeitungs- und Magazin-Ausschnitten abgeheftet. Sie sollten Beleg seiner Popularität sein, dabei sind sie oft nur Beweis dafür, dass Medien und Unterhaltungsbranche von „bunten" Promi-Geschichten leben und Scheinwelten inszenieren. Jetzt, da Rüdiger Wolff im Rollstuhl sitzt, interessiert sich kaum noch ein Blatt, ein Sender für seine Geschichte.
Ärmer ist er deshalb nicht geworden. Im Gegenteil.

Wendepunkte

Rüdiger Wolff sitzt in seiner Wohnung im sechsten Stock eines komfortablen Apartmenthauses in der Hamburger Hafencity. Die Balkontür ist offen. Vor ihm liegt unten am Wasser das kleine Kreuzfahrt-Terminal. An einem Hafenkai vertäut, ist weiter entfernt die gut 40 Meter hohe Takelage der restaurierten historischen Viermastbark „Peking" zu sehen. Der mehr als 100 Jahre alte Frachtsegler wurde aufwändig von New York in seinen Heimathafen Hamburg zurücküberführt.

Einst fuhr die „Peking" für die Reederei F. Laeisz um das stürmische Kap Hoorn. Reeder Carl Laeisz vermachte der Hansestadt zur Jahrhundertwende 1,2 Millionen Mark für den Bau „einer würdigen Stätte für die Ausübung und den Genuss edler und ernster Musik". Seine Witwe Sophie stockte den Betrag auf zwei Millionen Mark auf. So konnte zwischen 1904 und 1908 jene Musikhalle am heutigen Johannes-Brahms-Platz erbaut werden, in der auch Rüdiger Wolff aufgetreten ist. Die Halle galt bei ihrer Eröffnung 1908 als größtes und modernstes Konzerthaus Deutschlands.

Rüdiger Wolff fühlt sich in seinem neuen Domizil wohl, auch wenn er die große, als Doppelhaus konzipierte Backstein-Villa aus den 1930er Jahren in Hamburg-Winterhude nicht vergessen hat. Dorthin war er als Student gezogen – frisch verliebt in die Medizinstudentin Dörten, die dort in einer WG lebte. Das Haus in der Dorotheenstraße war das kleine „Schwanholm" für ihn. Da war die große Privatbibliothek untergebracht. Auf den Böden lagen wertvolle Teppiche. Viele waren von Ehefrau Dörten während Forschungsreisen nach Indien erworben worden.

Zu seinem 43. Geburtstag hatte Dörten Wolff ihrem Ehemann ein besonders schönes Stück aus Neu-Delhi mitgebracht. Zwei Wochen lang hatte sie damals zusammen mit Prof. Dr. Kailash K. Gauri vom Universitätsklinikum Eppendorf in Indien über den Zellstoffwechsel geforscht, um Neurodermitis und Diabetes besser behandeln zu können.

Natürlich durften in der Villa in Winterhude die Tasteninstrumente nicht fehlen. Im Empfangszimmer der 180 Quadratmeter großen Wohnung stand der Bechstein-Flügel. Das Klavier von Opa Huth war dafür ins Arbeitszimmer im ersten Stock gewandert.
Auf den Instrumenten komponierte der Hausherr seine Lieder, und auf ihnen hatte seine Tochter Katharina das Klavierspielen erlernt. Sie sang im Schulchor des Johanneums und bekam Gesangsunterricht. Mit 14 Jahren trat sie in der Fernsehsendung „Herbst-Melodie“ an der Seite ihres Vaters als Co-Moderatorin auf und beeindruckte Zuschauer ebenso wie Regisseur Thomas Mauz mit ihrer erfrischenden, selbstsicheren Art. An historischen Schauplätzen entlang des Weserberglandes wurden in der Sendereihe Land und Leute vorgestellt, ergänzt durch Schlagerdarbietungen von Künstlern wie Udo Jürgens oder Vico Torriani. Der jungen Katharina Wolff war das musikalisch zu altbacken. Sie setzte durch, dass auch Video-Clips von Céline Dion und Michael Jackson in die Sendung eingebaut wurden – „etwas für das jüngere Publikum“, wie sie sagte. Erst mit dem Abitur entschied sich die spätere Diplom-Juristin gegen eine Künstlerkarriere und für einen „soliden“ Beruf. Dabei mag auch eine Rolle gespielt haben, dass sie hautnah erlebte, wie ihr Vater im Showgeschäft immer wieder fremdbestimmt wurde. Die Manager der Plattenindustrie, die Programmgewaltigen im Fernsehen: Alle hatten vor allem Einschaltquoten und Verkaufszahlen im Kopf und engten den Radius des Künstlers und Moderators Rüdiger Wolff ein. Katharina Wolff, die selbstbewusste junge Frau, wollte mehr als nur Gleichberechtigung. „Selbstverständlich Frau“ heißt ihr 2014 erschienenes Buch. Untertitel: „Emanzipation war gestern, heute geht es um Selbstbestimmung“. Als erfolgreiche Unternehmerin hat sie ihr niedergeschriebenes Credo in den darauffolgenden Jahren in die Tat umgesetzt.
Zurück zu den Anfangsjahren in der Dorotheenstraße. Die andere Hälfte der Villa richtete Dörten Wolff bald nach der Geburt Katharinas 1983 als Praxis für Allgemeinmedizin ein. Sie

ging ihren eigenen Weg, bewältigte das Großziehen der Tochter genauso wie den Beruf als Medizinerin.
In einem Illustrierten-Interview wird ihr Mann 1993 mit den Worten zitiert, dass seine Ehefrau „in den Jahren unserer Ehe genug Souveränität und Vertrauen gewonnen" habe, „um mit meiner häufigen Abwesenheit umzugehen". Auch Eifersucht plage sie nicht, obwohl er oft Dutzende von Liebesbriefen und Heiratsanträgen erhalte.
Dörten Wolff kommt in dem Magazin-Beitrag nicht selbst zu Wort, aber sie ist bei vielen PR-Veröffentlichungen des prominenten Moderators immer wieder auf Fotos dabei – mal, als ihr Mann sie mit einem großen Blumenstrauß überrascht, dann beim Einkaufsbummel und viele Male bei Gala-Empfängen im Gespräch mit Prominenten aus Politik, Kultur und Wissenschaft. Sie scheint auf diesen Fotos mittendrin zu sein im glitzernden Glamour des Musik-, Fernseh- und Showgeschäfts. Aber, so glaubt Rüdiger Wolff heute, die Harmonie trügt. Ihre Ehe habe unter der Oberfläche unmerklich Risse bekommen: „Es arbeitete im Untergrund wohl so wie auf unserem Grundstück an der Steilküste."
Trotzdem blickt Rüdiger Wolff dankbar auf die 27 Ehejahre zurück, die 2008 mit der formalen Scheidung endgültig zu Ende gingen. „Es war eine besondere Ehe. Wir waren mit unserer wundervollen Tochter Katharina eine glückliche Familie", betont er. Neben dem Feriendomizil an der Flensburger Förde seien gemeinsame Reisen auf die Inseln Kreta und Sizilien oder nach Rom und auf die Kanarischen Inseln unternommen worden. Herrliche Zeiten seien dies gewesen, Oasen inmitten randvoller Arbeitstage, die jeder Ehepartner auf so unterschiedlichen Gebieten zu bewältigen hatte. Das Familienglück sei keineswegs selbstverständlich gewesen, denn er und Dörten seien „alles andere als einfache Menschen". Gemeinsam hätten beide stets „immer mehr gewollt".
Das Erreichte sei nie genug gewesen. Die Karriere als Fernsehmoderator bis hin zum Anchorman der „Schaubude": zu wenig!

Eine gut gehende Praxis als Ärztin führen: zu wenig! Eine wissenschaftliche Reputation musste her.
„Jeder von uns hatte den Kopf voller Ideen und Pläne, war voller Ehrgeiz. Verwegen schauten wir stets nur nach vorn, hielten zu wenig inne. Über unsere Visionen ging die Nähe zueinander verloren“, lautet ein Erklärungsversuch Rüdiger Wolffs. „Ursprünglich wollte ich vor allem mit meiner Musik und mit dem Schauspiel Menschen etwas geben, vor allem künstlerisch tätig sein und den Aufstieg schaffen. Und sie wollte als Ärztin mit selbst erforschten und entwickelten Präparaten an Krankheiten herangehen, die noch nicht austherapiert waren.“
Unmerklich nahmen jedoch mit jedem Schritt auf der Karriereleiter zugleich die materiellen Ansprüche zu. Das Fernsehgeschäft und die damit verbundene Popularität habe ihn zu einem Moderator „versteinert“. Er wollte es nicht wahrhaben und habe erst durch die harten Einschnitte zu sich selbst gefunden.
Die großen Ziele, die jeder für sich verfolgte, nagten am Ende am Vorrat der Gemeinsamkeiten von Dörten und Rüdiger Wolff. Doch inzwischen ist die Phase der schmerzhaften Trennung in einen regelmäßigen, freundschaftlichen Kontakt gemündet.
2004, nach dem NDR-Aus, hatte sich Dörten Wolff noch als große Stütze ihres Ehemanns gezeigt. Sie richtete ihn wieder auf. Das Desaster mit dem Feriengrundstück an der Flensburger Förde entzweite das Paar – so Rüdiger Wolff – schon eher. Hätte er auf seine Frau hören und das Grundstück früher verkaufen sollen, anstatt immer mehr Geld in sein „Schwanholm“ zu stecken, obwohl Dörten lieber Urlaub auf Sylt machen wollte?
Der Druck nahm zu, bis die Ehefrau eines Abends in das Schlafzimmer von Rüdiger Wolff kam und ihm, der sich schon ins Bett zurückgezogen hatte, sagte: „Ich kann nicht mehr.“ Sie brauche eine Auszeit.
Das war 2007. Ein Jahr später wurde das Paar offiziell geschieden. Es war der dritte Schicksalsschlag innerhalb weniger Jahre. Rüdiger Wolff blieb nur noch die Welt der Kunst: die Mu-

sik, das Schauspiel, die Grafiksammlung mit Werken, die ihm Brücken bauten über Abgründe hinweg. Als Abiturient gehört der Kunstunterricht zu seinen Lieblingsfächern. Vor allem Radierungen, Holzschnitte und Lithografien faszinieren ihn bis heute.

Tochter Katharina war 2007 bereits von zu Hause ausgezogen, ging als Studentin ihre eigenen Wege. Sowohl zur Mutter als auch zum Vater hielt sie weiterhin engen Kontakt. Als sie 2011 Mitglied der Hamburger Bürgerschaft wurde, war sie mit 28 Jahren eine der jüngsten jemals gewählten Mitglieder des hanseatischen Parlaments.

Sie hat die Energie ihrer Eltern wohl in die Wiege gelegt bekommen. Lachend erzählt ihr Vater, wie er mit seiner Frau und deren Tante, die vierjährige Katharina an der Hand, die Eutiner Festspiele besuchte. Auf dem Spielplan stand „Die verkaufte Braut" von Smetana. Als in der Ouvertüre das Spiel des Orchesters in ein leises Pianissimo von Klarinette und Flöte mündete und es im Rund der Freilichtbühne mucksmäuschenstill wurde, fragte die Tochter laut Mama und Papa mit Blick auf die übrigen Mitglieder des Orchesters: „Können die anderen nicht mehr?"

Nein, Stillstand gab's bei den Wolffs nicht. Das hatte offenbar auch Katharina früh verinnerlicht.

Über die Trennung und das Auseinanderleben von Menschen hat Kurt Tucholsky 1928 das Gedicht „Liebespaar am Fenster" geschrieben. Rüdiger Wolff hat es vertont. Auf der CD „Stationen" ist darin zu hören:

„Eines Tages trennen wir uns,
eine andere kommt … ein neuer …
Oder wir bleiben für immer zusammen:
Dann erlöschen die großen Flammen.
Gewohnheit wird, was Liebe war,
Und nur in seltenen Sekunden
Blitzt Erinnerung auf an ein schönes Jahr,
und an Stunden – an glückliche Stunden."

Wenn die Königin dem Moderator auf die Finger schaut

Carpe diem. Der römische Dichter Horaz setzte die beiden Wörter ans Ende seiner Ode „An Leukonoe". Sie sind zum geflügelten Wort geworden. Wörtlich übersetzt steht „Carpe diem" für „Pflücke den Tag" – genieße ihn.

Wie reife Früchte pflückt Rüdiger Wolff die Erinnerungen an die Begegnungen mit großen Künstlerinnen und Künstlern. Es sind Momente, die ihn aufrichten. So wie ihm zum Beispiel die deutsch-griechische Sängerin Vicky Leandros Kraft gab. Im Herbst 2001 moderierte Wolff am Sonnabend-Abend die Gala der ARD-Fernsehlotterie. Kurzfristig war er für Ingo Dubinski eingesprungen, der bis zur Klärung der gegen ihn erhobenen Stasi-Vorwürfe alle Fernsehauftritte ruhen ließ.

Ein Millionenpublikum verfolgte die Show „Das Lied zum Glück", in der die Zuschauer in der TED-Abstimmung über das „Lied des Jahres 2001" entscheiden konnten. Die teilnehmenden Künstlerinnen und Künstler lesen sich wie ein Who-is-Who der damaligen Showbranche – von Tony Marshall und Heino über Karel Gott und Bianca bis zur legendären Riverdance-Show. Ebenfalls dabei: Vicky Leandros.

Wie alle anderen Teilnehmer der Show hatte sie sich kurz vor Sendebeginn auf das obere Podest der Treppe begeben, auf der alle Künstlerinnen und Künstler nun gleich herunterschreiten sollten. Vorneweg stand Rüdiger Wolff; drei Stufen höher – ganz hinten – hatte sich Vicky Leandros eingereiht. Gleich endete die Tagesschau, dann würde das rote Lämpchen angehen und halb Deutschland der Show zuschauen.

Rüdiger Wolff erinnert sich an die Anspannung, die vor jeder derartigen Show herrsche. Jeder sei mit sich beschäftigt, höchste Konzentration angesagt. Ein Sturz auf der Showtreppe vor laufender Kamera sei der Albtraum jedes Entertainers. Andererseits dürfe man auch nicht zu sehr auf die Treppenstufen starren, sondern müsse entspannt ins Publikum schauen und den Eindruck erwecken, als schwebe man förmlich nach unten. Noch zwei Minuten bis zum Sendestart. Da löste sich Vicky Leandros plötzlich von ihrer Position, drängte sich durch die Aufstellung nach vorn zum Moderator, umarmte ihn und sagte: „Rüdiger, du wirst es großartig machen."

„Solche Augenblicke zählen", sagt Rüdiger Wolff. „Sie haben mir nicht nur damals gutgetan, zumal ich ja bei dieser Moderation nur wenig Zeit zur Vorbereitung hatte. Sie gehören zu den unvergessenen Momenten."

Zu diesen Erinnerungen zählt auch ein anderes Erlebnis mit Vicky Leandros, das all jene Stimmen Lügen straft, die der Künstlerin Arroganz und Überheblichkeit unterstellen. In einer ARD-Musikshow sollten Vater Wolff und Tochter Katharina als Schlager-Duett auftreten. Bei den Proben stellte sich heraus, dass Katharina und die in der Show ebenfalls auftretende Vicky Leandros sehr ähnliche kurze Röcke trugen. Für alle war klar, dass Katharina, die sich als Jurastudentin mit den Auftritten an der Seite Rüdiger Wolffs ein wenig Geld dazuverdiente, die Kleidung wechseln musste. Zumal Katharinas Rock nur ein kostengünstiges Imitat des teuren Designermodells war, das die berühmte Sängerin trug. Doch Vicky Leandros ging dazwischen. „Nein, nein", sagte sie, „ich wechsele den Rock." Rüdiger Wolff: „Sie muss geahnt haben, dass Katharinas Kleiderauswahl deutlich bescheidener war als ihre Garderobe, und sprang ihr deshalb zur Seite."

Ganz anders erlebte Rüdiger Wolff dagegen Heinz Drache. Zu Berühmtheit gelangt war der Schauspieler in den 1960er Jahren durch seine Hauptrollen in dem mehrteiligen Fernseh-„Straßenfeger" „Das Halstuch" sowie in Kriminalfilmen von Edgar Wallace und Francis Durbridge. „Er war das Gegenteil von Bescheidenheit und Zurückhaltung. Nie ist mir ein eitlerer Kollege begegnet", erzählt Wolff. Er selbst stand noch am Anfang seiner Schauspielkarriere, als er mit Heinz Drache auf Theatertournee ging. Sie führte ihn auch ins österreichische

Leoben. Auf dem Programm stand Jean Anouilhs „Der Herr Ornifle".
In dem Stück spielte Wolff den Sohn des Herrn Ornifle, der seinen im Bett liegenden, ohnmächtigen Vater – dargestellt von Heinz Drache – reanimiert. Der Wiedererwachte sprang in der Aufführung in dem Theater in der Steiermark auf und sprang – nur bekleidet mit einer Unterhose – auf der Bühne hin und her. Das Publikum lachte, was den Schauspieler auf der Bühne nur noch anstachelte. Tatsächlich hatte er eine zu große Unterhose an, aus der seitlich das herausfiel, was vorzugsweise vom Slip verdeckt wird. Das unten baumelnde Teil war nicht zu übersehen. Je mehr die Zuschauer zu johlen anfingen, desto spektakulärer hopste Herr Ornifle alias Heinz Drache hin und her. Er genoss die Aufmerksamkeit und überzog maßlos. Dass alles nur noch lächerlich wirkte, kam ihm nicht in den Sinn.
Im Publikum saß auch Dörten Wolff, die nach Leoben gereist war, um die erste Theateraufführung ihres Mannes in Österreich zu verfolgen. Als sie am anderen Morgen beim Frühstück auf Heinz Drache traf, traute sie ihren Ohren nicht. Sie erwartete, dass dem berühmten Schauspieler die Szene des Vorabends peinlich sein würde. Stattdessen empfing er sie prahlend mit den Worten: „Frau Wolff, haben Sie schon gehört, was gestern im Theater passiert ist? Die ganze Stadt redet von mir. Und bis in die letzte Reihe hat man ‚es' gesehen!"
Nach dem Frühstück, so erinnert sich Rüdiger Wolff, ging Drache gebügelt und gestriegelt wie an allen anderen Aufführungsorten der Tournee mit wehendem Schal und offenem Mantel durch die Fußgängerzone. „Er fand sich unwiderstehlich und wollte angehimmelt werden", schüttelt Rüdiger Wolff noch heute den Kopf, wenn er an die Szene denkt.
Viele persönliche Begegnungen verbanden Rüdiger Wolff mit Caterina Valente. Bei seinem Engagement am „Theater des Westens" hatte er bereits den Bruder der italienischen Sängerin und Schauspielerin, Silvio Francesco, als klugen, bescheidenen Kollegen kennen- und schätzen gelernt. „Auch Cateri-

na war nie eine Diva, sondern stets hilfsbereit und den Menschen zugewandt", sagt Wolff. Er selbst bekam dies zu spüren, als er sie abends im Hamburger Congress-Centrum in der Garderobe von Gitte Haenning traf, die nach einer Gala zu einem Glas Sekt eingeladen hatte. Sofort merkte Caterina Valente, dass mit dem Kollegen aus dem Norden etwas nicht stimmte. Er litt unter Halsschmerzen, was umso schlimmer war, da er am nächsten Morgen im Studio eine Schallplatte aufnehmen sollte, zu der bereits die Streicher der Hamburger Staatsoper und mehrere andere Gastmusiker engagiert worden waren. Die konnten schlecht ausgeladen werden; der Termin durfte nicht platzen. Rüdiger Wolff: „Da gab mir Caterina den Rat, ein rohes Ei in einem Glas aufzuschlagen, zu verrühren und damit zu gurgeln. Ich tat es, auch wenn das Gurgeln mit dem rohen Ei grässlich war. Aber der Rat war genau richtig, die Prozedur bewirkte Wunder. Für ein, zwei Stunden waren die Halsschmerzen verschwunden."

Sehr nahe kam der Flensburger Sänger, Schauspieler und Moderator der großen Hildegard Knef. So drehte er für die ZDF-Sendereihe „Zu Gast bei ..." drei Tage lang bei der Schauspielerin, die eine Dachgeschosswohnung in München besaß. „Wir gingen zusammen essen, unterhielten uns über Gott und die Welt", erinnert sich Wolff.

Besonders haften geblieben ist ihm die Traurigkeit der Knef, dass sie ihre Freundin Marlene Dietrich in den letzten Jahren vor deren Tod am 6. Mai 1992 nicht mehr treffen durfte. Der Weltstar, der 1901 in Berlin geboren wurde und 1939 einen amerikanischen Pass bekam, beschloss 80-jährig, sich ganz in die Pariser Wohnung in der Avenue Montaigne zurückzuziehen. Marlene Dietrich wollte, dass die Welt sie als Legende in Erinnerung behält, nicht als alte, kranke Frau. Ihre Selbstisolation galt auch für eine Freundin wie Hildegard Knef. Diese reiste trotzdem in die französische Hauptstadt und mietete sich in einem Hotel schräg gegenüber der Wohnung Marlene Dietrichs ein, um sie auf diese Weise doch noch zu bewegen, die Tür für die Freundin zu öffnen. Doch der Weltstar lehnte ab.

Ihre Wohnung glich einer Festung. Hildegard Knef konnte sich – so erzählte sie Rüdiger Wolff – lediglich am Hotelfenster zeigen und ihr zuwinken. Zum Zeichen, dass die Dietrich sie auf der anderen Straßenseite vom Fenster ihrer Wohnung aus gesehen hatte, winkte ihre Hand zurück. Sie selbst blieb hinter der Gardine versteckt.

Verstecken will sich Rüdiger Wolff nicht, auch wenn die Krankheit ihn gezeichnet hat. „Jogginghose und T-Shirt habe ich schon immer lieber getragen als Anzüge", lacht er. Er ist der freundliche, Menschen zugewandte Kommunikator geblieben, der er zu seinen Fernsehzeiten war. Wer ihn so sieht, könnte sich ihn auch als ersten TV-Moderator im Rollstuhl vorstellen. So wie er sich als Sänger, Schauspieler und Entertainer nach oben gekämpft hat, so lässt er sich jetzt nicht von der Krankheit nach unten ziehen und ins Abseits schieben. Was kommt, weiß er aus der Lektüre. Muskelschwäche, Muskelschwund und Muskelsteifigkeit gehen bei der Amyotrophen Lateralsklerose als Folge des allmählichen Absterbens einzelner Nervenzellen in Gehirn und Rückenmark, die für die Bewegung der Muskeln zuständig sind, schleichend voran. Es beginnt wie bei Wolff meist in den Händen und Unterarmen. Typisch für die ALS-Krankheit: Sie schränkt dramatisch die Mobilität der Betroffenen ein, bereitet Schmerzen, führt zu Erschöpfungszuständen und kann zu Artikulationsstörungen führen – aber bei kaum einem ALS-Patienten wird das Denken, werden die kognitiven Fähigkeiten, die Intelligenz oder das Empfinden beeinträchtigt. Und das Erinnerungsvermögen sowieso nicht.

Über die Eigenarten der Großen im Showgeschäft muss Rüdiger Wolff schmunzeln. Bei Harald Juhnke zum Beispiel sollte er als Moderator stets mit der schockierenden Ansage auf die Bühne gehen, dass der große Entertainer, den das Publikum sicher sehnlichst erwarte, entgegen der Programmankündigung leider nicht kommen könne. Man wisse ja, er habe ein Alkoholproblem …

Nach einigen Schrecksekunden erschien dann stets ein gut gelaunter Harald Juhnke und verkündete: „Alles Quatsch." Hin-

ter der Bühne gab der Berliner Entertainer dem Flensburger Kollegen neben der Moderationsanweisung noch etwas mit auf den Weg: „Rüdiger, du bist so wie ikke. Du bist wegen deiner Vielseitigkeit nicht einzuordnen. Pass auf, dass du nicht wie ich in eine Schublade gepresst wirst. Und vor allem: Fange nie an zu trinken. Sonst kommst du irgendwann nicht mehr davon los."
„Harald Juhnke war ein glänzender Schauspieler und begnadeter Entertainer. Aber das Publikum sah immer nur den Mann fürs Ulkige in ihm, obwohl er ein eher ernster Mensch war", blickt Wolff zurück. Stets habe man sich bei Begegnungen herzlich umarmt. Es gab so etwas wie eine Seelenverwandtschaft zwischen den beiden.
Ein Kalauer verband Rüdiger Wolff auf besondere Weise mit der Schauspielerin Evelyn Hamann, die an der Seite von Loriot stets zur Höchstform auflief. „Sie war eindeutig die bessere Hälfte von Loriot", ist sich Rüdiger Wolff sicher. Denn tatsächlich habe sie in den zahlreichen Sketchen und Loriot-Filmen nicht nur eine Rolle gespielt. „Die Figur der Partnerin von Loriot stammt zu drei Vierteln von ihr selbst, nicht von Vicco von Bülow", glaubt Wolff. Denn der gestelzte Humor sei ihr eigen gewesen, die Komik habe sie auch privat verkörpert und gelebt.
Als Beispiel erzählt er von den vielen privaten und beruflichen Begegnungen, bei denen sich die beiden immer mit demselben Gag begrüßten:
Haman: „Rüdiger, Lieeeber, was macht das Haus auf Sylt?"
Wolff: „Lieeebe Evelyn, das Haus steht leider nicht auf Sylt. Das steht an der Ostsee."
Hamann: „Auch an der Ostsee mag es bisweilen recht angenehm sein."
Unglaublich wandelbar sei Evelyn Hamann als Schauspielerin gewesen, sagt Wolff, von „sexy bis verklemmt" hätte sie alles perfekt gespielt. Zudem sei sie großer Wagner-Fan gewesen. Unbedingt sollte er sie einmal nach Bayreuth zu den Festspielen begleiten. Doch es klappte nicht.
Stattdessen hatte Rüdiger Wolff sie in seiner NDR-Sendereihe „Talk im Fährhaus" zu Gast. Vor dem Gespräch bat Evelyn

Hamann den Moderator: „Bitte keine privaten Fragen!" Rüdiger Wolff: „Das hatte ich auch nicht vor. Aber erst später ging mir auf, dass ich auch gar nicht gewusst hätte, was ich hätte fragen können. Sie ging ganz in ihrem Beruf auf, hatte keinen Mann, keine Kinder, widmete ihr Leben ganz der Schauspielerei, dem Beruf." Dass sie Krebs hatte, wusste in ihrem Umfeld so gut wie keiner. Als sie mit 65 starb, war die Nachricht für alle ein Schock.

Ebenfalls an Krebs erkrankte Heidi Brühl, und auch hier blieb Rüdiger Wolff bis zuletzt unwissend. Nur seiner Frau Dörten hatte sich die populäre Schlagersängerin (ihr größter Erfolg: „Wir wollen niemals auseinandergehen") und Schauspielerin (die „Immenhof"-Filme machten sie zum Idol) anvertraut. Da sich die Medizinerin auch unter Eheleuten an die ärztliche Schweigepflicht hielt, erfuhr Rüdiger Wolff im Juni 1991 erst kurz vor Beginn der Sendung von „Schaubuden"-Chef Hans-Joachim Müller-Vondey, dass die Kollegin, mit der er und seine Frau eng befreundet waren, nach einer Krebsoperation an Herz- und Kreislaufversagen verstorben war. „Rüdiger, du kanntest sie doch gut. Halte spontan einen kleinen Nachruf auf sie zu Szenen, die wir zusammengeschnitten haben", sagte Müller-Vondey. Dann, während der Sendung, sah der Moderator die Bilder von Heidi Brühl, wie sie zusammen mehrfach vor der Kamera gestanden hatten.

Hier passierte, was Rüdiger Wolff sonst nicht kannte. Wenn er raus ging auf die Bühne, war er stark. Aber nun gedachte er live und spontan der Kollegin, die er genauso mochte wie sie ihn, und bekam eine zittrige Stimme und weiche Knie. Nur mit großer Willenskraft brachte er den Nachruf zu Ende. Kaum erlosch das Rotlicht der Kamera, schossen ihm die Tränen in die Augen. „Es hat mich emotional einfach überfordert", gesteht er. Zumindest einer im Studio ahnte aber offenbar genau, was in ihm vorging. Kaum war die Sendung aus, kam der alte, stämmige Beleuchter hinter dem Spot auf ihn zu, umarmte ihn und sagte: „Das hast du großartig gemacht."

„So ist es oft im Leben", resümiert Rüdiger Wolff, „Menschlichkeit erfährst du oft von Menschen, von denen du es nicht vermutest." Da war zum Beispiel im Oktober 1990 rund um die Feiern zur deutschen Wiedervereinigung Armin Mueller-Stahl. Wolff hatte ihn zuvor einmal zu Gast in der „Aktuellen Schaubude" gehabt; man war danach Essen gegangen, hatte sich gut verstanden. Nun stand der Moderator in einem improvisierten Studio auf dem Berliner Kudamm und sendete von dort live die „ZDF-tele-illustrierte".

Aus den Augenwinkeln sah er auf dem Fußweg Armin Mueller-Stahl herannahen. Der Weltstar war offensichtlich neugierig und wollte sehen, wer und was da gedreht wird. Nachdem sich der berühmte Künstler und Ehrenbürger Schleswig-Holsteins einen Eindruck verschafft hatte, verschwand er in einem Hauseingang. „Schade", dachte Rüdiger Wolff, „ich hätte ihm gern Hallo gesagt. Mag sein, dass er sich noch an seinen Auftritt bei der ‚Schaubude' erinnert hätte, wo ich ihn mit einer kleinen Geige überraschte, die er spontan in die Hand nahm und darauf etwas spielte."

Die Überraschung kam nach Schluss der Übertragung. Armin Mueller-Stahl trat aus dem Eingang hervor, wo er sich nur unauffällig zurückgezogen hatte. Er ging auf Rüdiger Wolff zu, gab ihm die Hand und sagte: „Ich habe gewartet, weil ich nicht grußlos an Ihnen vorbeigehen wollte, da ich Sie hier durch Zufall gesehen habe. Gern erinnere ich mich noch an unser Treffen in Hamburg bei der ‚Schaubude'".

Begegnungen, die man nie vergisst. Für Rüdiger Wolff ist dieser Schatz noch größer geworden, seit er im Rollstuhl sitzt und Kontakte nach draußen schwerer geworden sind. Und doch trauert er den Zeiten, da er nicht nur im Radio und Fernsehen, sondern auch auf unzähligen Galas und Prominenten-Partys präsent war, nicht hinterher. Die Schauspielerin Helga Feddersen hat ihn, so erzählt er, eine andere Blickrichtung gelehrt. Auch mit ihr verbanden sich zahlreiche Begegnungen, TV-Talkrunden und Radiointerviews. Eines davon führte er bei ihr zu Hause.

Die Schauspielerin, die mit 25 Jahren infolge einer Operation

eine Lähmung erlitten hatte, die ihr Gesicht optisch und motorisch in Mitleidenschaft zog, war zu diesem Zeitpunkt erneut an Krebs erkrankt. Als junge Frau war es ein bösartiger Tumor an der Ohrspeicheldrüse, jetzt suchte ein Leberkrebsleiden sie heim. Ob sie nicht mit dem Schicksal hadere und sich frage: Warum ich? Das wollte Rüdiger Wolff damals von ihr wissen.
Helga Feddersens Antwort hat er nicht vergessen: „Nein. Ich habe ja schließlich auch nicht gefragt, warum ausgerechnet ich trotz meines Aussehens – schaue es dir an, dieses schiefe Gesicht! – als Schauspielerin und Sängerin so erfolgreich geworden bin. Deshalb frage ich jetzt auch nicht, warum mich erneut der Krebs ereilt hat, sondern nehme es so, wie es ist."
Rüdiger Wolff, dem Lampenfieber nichts mehr anhaben konnte, nachdem er als Kind erlebt hatte, dass alles geht, wenn nur der Schritt auf die Bühne gemacht und alle Angst überwunden ist, sieht es mit seiner Krankheit ähnlich. „Du musst du selbst bleiben und darfst nicht mit dem Schicksal hadern", sagt er in Anlehnung an die Begegnung mit Helga Feddersen.
Als Moderator und Talkmaster spielte Wolff dagegen oft nur die Rolle des formvollendeten Entertainers. Nur einmal blickte ein Gesprächspartner tiefer und sah nicht nur den perfekt gestylten, perfekt vorbereiteten Fernsehmann. Es war ausgerechnet die schwedische Königin Silvia. Sie weilte 1993 mit ihrem Mann Carl Gustav zum zweiten Mal zu einem Staatsbesuch in Deutschland. Rüdiger Wolff bekam den Auftrag, für das ZDF von diesem Ereignis zu berichten. Doch bevor der Moderator dazu nach Berlin reiste, wo das Königspaar in einem Luxushotel logierte, legte er noch schnell einen „Gartentag" auf dem Ferienanwesen an der Flensburger Förde ein. Wie üblich, verzichtete er bei der Arbeit auf Handschuhe. Die Arbeit im Freien, die Berührung der Pflanzen und des lehmigen Bodens mit nackten Händen „erdete" ihn im wahrsten Sinne des Wortes. Entspannung vor dem Drehtag mit der Königin. Nur seine Mutter, die auf „Schwanholm" im Garten mithalf, warnte: „Pass auf, dass du hinterher deine Hände wieder sauber bekommst – vor allem die Fingernägel."

Am nächsten Tag, vor der Live-Berichterstattung vom Staatsbesuch, schrubbte Rüdiger Wolff noch einmal seine Hände so gut es ging. Doch die schwarzen Krumen unter den Fingernägeln wollten beim besten Willen nicht völlig verschwinden. Dies im Hinterkopf, versuchte er während eines Vorgesprächs mit der schwedischen Königin die nicht ganz makellosen Fingerkuppen so gut es geht zu verstecken – mal hinter dem Mikrofon, mal unter dem Schreibblock.
Als später die Sendung beendet und die Fernsehkamera aus war, meinte die aus Deutschland stammende Königin fröhlich: „Na, Herr Wolff, wie ich gesehen habe, sind sie auch Gärtner – so wie ich. Das finde ich sympathisch.“ Eine wahrhaft königliche Reaktion.
Sich so geben, wie man ist – das wollte auch der Komiker, Sänger und Schauspieler Karl Dall in einem gemeinsamen Theaterstück mit Rüdiger Wolff. Das befreundete Duo verbrachte mit Ehefrauen Dörten und Barbara oft gemeinsame Tage auf „Schwanholm“. Man verstand sich bestens und beschloss, zu viert eine Kreuzfahrt zum Nordkap zu machen. Das war auf der „MS Europa“ zwar sündhaft teuer, aber die Männer wussten Rat: Beide heuerten als Künstler an. Wolff präsentierte an Bord Lieder von Theodor Storm und Kurt Tucholsky, Dall sein Komik-Programm. Damit waren sie alle Gäste der Reederei.
Was allerdings der Komiker aus Emden in der Freizeit wenig ausnutzte. Statt auf dem Promenadendeck zu flanieren oder an der Bar zu sitzen, suchten ihn die drei anderen immer wieder. „Er hielt sich ständig auf den untersten Decks beim Bordpersonal auf, unterhielt sie, die im Bauch des Schiffes schuften müssen und keine Show auf der großen Bühne verfolgen dürfen, mit Witzen und Sketchen und gab unten fröhlich Runden für sie aus“, erinnert sich sein Freund Rüdiger.
Zurück an Land machte Karl Dall, bekannt wegen seines hängenden Augenlids als Folge einer angeborenen Lidmuskelschwäche, einen Vorschlag: „Wir treten zusammen unter dem Titel ‚Der Schöne und das Biest‘ auf – genau so, wie wir sind.

Zwei Männer, die in einer Wohngemeinschaft leben, die sich gegenseitig brauchen und trotzdem ständig das Leben schwer machen. Ich schreibe das Drehbuch." Rüdiger Wolff gefiel das, auch wenn er wieder in die Schublade des „Schönlings" geworfen worden wäre.

So begaben sich die beiden Künstler zum damaligen Intendanten des „Winterhuder Fährhauses", Michael Lang, und unterbreiteten ihm die Idee. Lang lehnte ab. Rüdiger Wolff und Karl Dall in einem Stück – das ginge gar nicht. Dazu seien beide einfach zu verschieden. „Selbst dieser Vorschlag scheiterte, weil wir auf Rollen fixiert wurden. Dabei bin ich sicher, dass ‚Der Schöne und das Biest' ein Erfolg geworden wäre", sagt Rüdiger Wolff.

Die Erinnerung schmerzt nicht, sondern lässt ihn schmunzeln. „Mehr als Angebote machen konnten wir nicht." Das Erlebnis gehört zu der Reihe zahlreicher verpasster Gelegenheiten im Showgeschäft. Dazu gehört auch jener Anruf des Regisseurs Detlev Buck Anfang der 1990er Jahre. Er wollte ihm eine Hauptrolle in einer Komödie anbieten. Sie solle sein erster großer Film werden, sagte Buck.

Wolff besuchte daraufhin den Regisseur und Schauspieler in dessen Hamburger Wohnung in Altona. „Ich war erschrocken über das Chaos, das bei ihm zu Hause herrschte und dachte: Wenn er auch so seine Filme dreht, geht das schief", berichtet Wolff. Er sagte die angebotene Hauptrolle ab. 1991 kam die Komödie unter dem Titel „Karniggels" in die Kinos und wurde ein voller Erfolg.

„Es hätte der Anfang einer prima Zusammenarbeit werden können", sagt Wolff im Nachhinein. Zumal sich mit ihm und Buck die Richtigen getroffen hätten. Buck kommt nicht nur wie er aus Schleswig-Holstein. Er teilte mit Rüdiger Wolff ein ähnliches Erlebnis bei der Berufswahl. Bucks Mutter riet dem Sohn von einer Filmkarriere ab und empfahl ihm, Polizist zu werden. Bei Wolff war es bekanntlich der Vater, der seinen Filius lieber als Lehrer denn als Künstler sehen wollte.

Sündhaft blau

Ihre Wurzeln reichen bis zu den Operetten von Johann Strauss: Schlager mit ihren eingängigen Melodien und leichten, oft sentimentalen Texten waren ursprünglich „Musik für jedermann". Im „Lexikon der Musik" heißt es: „Der Schlager hat einen ganz eigenen Charakter, der kaum exakt einzugrenzen ist, da es musikalisch fließende Übergänge in die Volksmusik und volkstümliche Musik einerseits sowie in den Jazz, Pop und Rock andererseits gibt. Grundsätzlich gilt aber, dass er deutsch gesungen ist, häufig wenig tiefgreifende Texte enthält und eine Melodie, die einfach und wiedererkennbar ist. Ein guter Schlager ist in diesem Sinne ein Lied, das nach dem ersten Hören im Ohr bleibt und mitgesungen oder mitgeklatscht werden kann."

In der Kindheit und Jugend Rüdiger Wolffs begann die Schlagermusik, die es in den 1920er und 1930er Jahren mit Stars wie Marlene Dietrich und Zarah Leander, mit Hans Albers, Otto Reuter oder den Comedian Harmonists zur Blüte gebracht hatte, die Gesellschaft plötzlich zu spalten. Die Jugend rebellierte gegen die Elterngeneration, hörte Pop und Rock mit zumeist englischsprachigen Texten. Beatles und Rolling Stones erlebten einen kometenhaften Aufstieg. Schlagermusik dagegen wurde zum Inbegriff kleinbürgerlich-konservativen „Miefs".

Rüdiger Wolff geriet zwischen alle Stühle. Der Großvater weckte seine Liebe für die klassische Musik. Der Großteil seiner Schulkameraden begeisterte sich für die neue Beatmusik; auch er wurde zum Fan der Beatles. Zugleich aber beeindruckten ihn die Lieder einer Gitte Haenning oder eines Udo Jürgens. Für ihn war nicht die Musikrichtung entscheidend, sondern der künstlerische Anspruch hinter jedem einzelnen Stück – egal, ob Schlager, Pop oder Rock.

So wurde Rüdiger Wolff nicht nur als TV- und Radiomoderator zu einem Mediator, der lenkt und leitet, der bei Konflikten vermittelt und Dialoge fördert. Auch in der Musik wagte er den Spagat. Ein riskantes Unterfangen, wie er schnell feststellen sollte. Ob von Schallplattenfirmen, von den Medien oder vom Publikum: Er landete in „Schubladen", wurde von der Unterhaltungsindustrie vermarktet und ließ sich wohl auch – jung wie er war – ein Stück weit vermarkten. Das lassen Fotos erahnen, die ihn in der Studentenzeit der 1970er Jahre zeigen. Da ist ein eher rebellisch dreinblickender junger Mann zu sehen, die Haarmähne wild, Drei-Tage-Bart und offenes Hemd. Bilder weit weg von den glatten Werbeshootings, die mit seinen ersten Plattenveröffentlichungen sein Image vom „smarten Sonnyboy" prägten. Er war es nie.

Wer die selbst geschriebenen Texte seiner Lieder liest, sieht dahinter immer wieder Fragen, Zweifel, Zerrissenheit und Ängste der Vereinsamung, der Entfremdung und des Abschieds aufblitzen. Klar, es sind Schlager, und die Texte sind als solche verfasst. Aber sie lassen einen Blick ins Innere des Rüdiger Wolff zu, der es immer wieder verstand, zwischen den verschiedenen Genres ebenso wie zwischen den Zeilen eine Nische zu finden für sich und seinen Qualitätsanspruch. Zugleich verblüffen die Texte in der Rückschau, weil vieles von dem, was er in seinen Liedern thematisch verarbeitet hat, in späteren Jahren tatsächlich sein Leben verändern sollte.

In seiner 1983 erschienenen Erfolgs-Single „Wohin geh'n wir" (Text und Musik Rüdiger Wolff / Arrangeur und Produzent Achim Oppermann) heißt es:

„Auf einmal schien uns diese Welt zu klein zu werden
Wir liefen fort und fühlten uns so stark
Suchten auf getrennten Wegen neue Illusionen
Und merkten nicht, dass unser Traum zerbrach …
Wir wollten mehr und besser sein als andere Leute
Verrückt nach Sensationen im hellen Licht
Wir suchten viele Wege – gestern und auch heute
Fanden neue Freunde – nur uns selber nicht"

Tatsächlich fand der Sänger und Komponist Rüdiger Wolff erst vollends zu sich selbst, als er 2003 mit der Vertonung literarischer Vorlagen von Theodor Storm, Kurt Tucholsky, Erich Kästner und Wilhelm Busch begann und danach in gefeierten

Konzerten auftrat. Er hatte das Chanson für sich entdeckt, jenes Genre, das eine besondere Kraft aus den Texten bezieht. Sie stammen oft aus der Feder von Literaten, sind freizügiger als der Schlager und vielfach in der Welt der Satire und des Kabaretts zu Hause. Typisch ist zudem, dass die Komponisten der Chansons meist nicht mit den Autoren der Texte identisch sind.
Über 1000 Besucher strömten zu Wolffs Auftritten ins Ohnsorg-Theater. Die Stadthalle Braunschweig war ebenso ausverkauft wie das „Deutsche Haus“ in seiner Heimatstadt Flensburg. Er gastierte in den Hamburger Kammerspielen und im Winterhuder Fährhaus, füllte unter anderem die Theater in Bremen, Bremerhaven, Hameln, Hannover. Konzerte im dänischen Apenrade, im sächsischen Grimma oder im mecklenburgischen Rostock gab es. Zwölfmal hintereinander trat er in Wildeshausen auf und sang auch in Kirchen – darunter in St. Michael in Flensburg, wo alles in Kindertagen begonnen hatte.
Im September 2013 wird er von der Publizistin und Mitinitiatorin des Berliner Holocaust-Mahnmals, Lea Rosh, zu Lesung und Konzert in die Bundeshauptstadt eingeladen. Im Rahmen der Ausstellung „Erzwungenes Finale – Ende der Vorstellung“ trägt Wolff am Holocaust-Mahnmal am Brandenburger Tor von ihm vertonte antimilitaristische und antifaschistische Gedichte des Mahners und Visionäres Erich Kästner vor. Das Berliner Publikum reagiert begeistert.
Das war noch anders, als ein Jahr zuvor die live eingespielte CD „Die Zeit fährt Auto“ erschien, Untertitel: „Rüdiger Wolff singt Erich Kästner“. In einem aufwändigen Arrangement, begleitet von der Big-Band „Walt Kracht & his Orchestra“, ist darauf auch Wolffs Vertonung des Kästner-Gedichtes „Sogenannte Klassefrauen“ zu hören. Als Radiosender das Stück spielten, hagelte es Proteste, drohte ein Skandal. „Frauenfeindlich“ sei der Text des Literaten, hieß es. So etwas müsse boykottiert werden. Die Empörung zeigte, wie schwer es Satire in Deutschland hat. Bitterböse nimmt Kästner in dem Gedicht die Mode der „sogenannten Klassefrauen“ aufs Korn. Der Anfang lautet so:

„Sind sie nicht pfuiteuflisch anzuschauen?
Plötzlich färben sich die Klassefrauen,
weil es Mode ist, die Nägel rot!
Wenn es Mode wird, sie abzukauen
Oder mit dem Hammer blauzuhauen,
tun sich's auch. Und freuen sich halbtot."

Am Schluss des Schmähgedichts, in dem bewusst verhöhnt, verletzt und verspottet wird, kennt Erich Kästner kein Halten mehr. Da schreibt er in bissiger Satire:
„Wenn's doch Mode würde, diesen Kröten
Jede Öffnung einzeln zuzulöten!
Denn dann wären wir sie endlich los."

In zahlreichen Sendern kam die Wolff-Vertonung auf den Index. „Zum zweiten Male nach der NS-Zeit wurde Erich Kästner mit einem Radio-Verbot belegt, obwohl die satirische Form in den Versen unverkennbar ist und der große Literat mit seiner drastischen, spöttischen Art nur wachrütteln und Leserinnen und Leser zum Nachdenken bringen wollte", sagt Rüdiger Wolff.
Doch dann entdeckte die Kritik die anderen Stücke auf seiner CD, darunter als Neuvertonung Kästners berühmtes Anti-Kriegs-Gedicht „Kennst Du das Land, wo die Kanonen blühn?" Die Musikrezensenten horchten auf, waren beeindruckt.
Das gilt auch für die drei Jahre später erscheinende CD „Stationen", auf der Rüdiger Wolff – wiederum produziert und arrangiert von Achim Oppermann sowie Lars Jacobsen – 13 Texte von Kurt Tucholsky zu Liedern verarbeitet hat. Beifall kommt von allen Seiten. Das sei das Beste, was jemals an Vertonungen von Gedichten des großen Publizisten, Schriftstellers und Satirikers der Weimarer Republik erschienen sei, verlautete aus der Tucholsky-Gesellschaft.
Rüdiger Wolffs CD wurde für den „Preis der deutschen Schallplattenkritik" nominiert, und sogar eine Auslandstournee wur-

de geplant. Lea Rosh hatte dem Künstler eine Tournee durch Israel ans Herz gelegt. Aus dem „Flensburg-Botschafter" war ein deutscher Kultur-Botschafter geworden, der „lyrische Perlen" in Chanson-Melodien zu neuem Leben erweckte und mit seinen Interpretationen zugleich eine politische Botschaft verband.

Das galt nicht zuletzt mit Blick auf den Schutz von Umwelt und Natur. Auch ohne formale Parteimitgliedschaft fühlte sich Rüdiger Wolff seit ihrem Einzug in den Bundestag im März 1983 zu den Grünen hingezogen. „Wir müssen mehr für den Erhalt unserer wunderbaren Schöpfung tun", forderte er und engagierte sich zugleich im Naturschutzbund Deutschland. Für den NABU war er bereits als Schirmherr bei dessen Hilfsaktionen zum Schutz der Störche aktiv gewesen und hatte unter anderem Benefizkonzerte gegeben.

2017 komponierte Wolff zu dem gut 100 Jahre alten Wilhelm-Busch-Gedicht „Vertraut" eine modern anmutende Ballade und nahm sie in den TAO-Studios mit einem kleinen Orchester auf. Dazu wurde ein beeindruckendes Cover geschaffen, das eine unzerstörte Naturlandschaft in Südnorwegen zeigt. Das Foto entstand auf einer gemeinsamen Norwegenreise von Rüdiger Wolff mit seinem Freund Rolf.

Da im selben Jahr Bundestagswahlen waren, widmete Rüdiger Wolff die Single der ursprünglichen Protestpartei. Wilhelm Busch (1832–1908), so schrieb er, sei „vielleicht einer der ersten ‚Grünen' gewesen – lange bevor es die gleichnamige Partei gab". Buschs Gedicht „Vertraut", das ein Jahr nach dem Tode des zumeist nur als Humoristen bekannten Dichters und Zeichners im Sammelband „Schein und Sein" veröffentlicht wurde, zeige das. Busch habe die Natur ganzheitlich gesehen – eine zu seiner Zeit geradezu revolutionäre Sichtweise. Bei ihm bildeten Menschen, Tiere und Pflanzen eine große Einheit – „so als ob sie alle eine Seele besäßen". Diese Verwandtschaft der Kreaturen spiegele sich auch in Buschs Zeichnungen wider, in denen die Ehrfurcht vor der Schöpfung zu erkennen sei.

Besonders gern zitiert Wolff aus dem Gedicht „Vertraut" diese

Strophe, die von einer Naturverbundenheit zeuge, die auch er verspüre:

„Mit allen Kreaturen bin ich
In schönster Seelenharmonie
Wir sind verwandt, ich fühl es innig
Und eben darum lieb ich sie."

Die Single mit der Wolff-Komposition und die Widmung müssen die grüne Parteispitze beeindruckt haben. Die führenden Köpfe – darunter die damaligen Spitzenkandidaten zur Bundestagswahl, Katrin Göring-Eckhardt und Cem Özdemir – bedankten sich gemeinsam auf einer selbst gestalteten Karte. Auf ihr ist auch die Unterschrift der neuen Staatsministerin für Kultur und Medien, Claudia Roth, vertreten. Sie, die einstige Managerin der Kult-Band „Ton Steine Scherben" und ihres Stars Rio Reiser, versteht wahrlich etwas von Musik.

Der kreative Kartengruß ließ Rüdiger Wolff den ausbleibenden Erfolg der Single verschmerzen. Radiosender erklärten ihm, die Ballade mit dem Text Wilhelm Buschs bedürfe einer speziellen Anmoderation, damit die Hörer sie verstünden. Dies aber sei nicht mehr gefragt. Das Gedicht in der Wolff-Vertonung fand dafür unter dem Titel „Darum lieb ich sie" Platz auf dem Album „Dideldum – Rüdiger Wolff singt Wilhelm Busch".

Als das Album 2018 als letzte große CD erschien, besaß Rüdiger Wolff längst als Chansonier eine neue Fangemeinde. Nachdem Konzertauftritte wegen der fortschreitenden ALS-Erkrankung nicht mehr möglich waren und ihm auch die Arbeit im Studio immer schwerer fiel, stand ihm jetzt seine Mutter ganz zur Seite. Sie baute ihn auf, sorgte dafür, dass seine künstlerische Kraft nicht erlahmte, spornte ihn an.

„Du darfst nicht aufgeben", griff Mutter Annechristel dem Sohn im wahrsten Sinne des Wortes unter die Arme. Sie begleitete ihn sogar ins Studio, damit seine Kompositionen eingespielt werden konnten. Am Flügel saßen nun andere; Rüdiger Wolffs Arme und Hände waren zu schwach geworden, um ein ganzes Stück lang konzentriert in die Tasten zu greifen. Selbst beim

Aufsetzen des Kopfhörers musste ihm im Studio geholfen werden. Seine Stimme dagegen blieb kräftig und voluminös – und sie hatte einen noch wärmeren Ton bekommen.

„Ich wollte immer authentisch und ehrlich sein, wollte dem Publikum etwas Besseres bieten“, sagt Rüdiger Wolff. Mit seinen Vertonungen literarischer Werke und deren Einspielungen auf C`s zusammen mit großartigen Musikern wie Achim Oppermann (Gitarre), Volker Griepenstroh (Piano), Lennart Axelsson (Trompete, Flügelhorn), Lars Jacobsen (Violine), Bernd Jacobsen (Cello) oder dem renommierten Kontrabassisten Johannes Huth, seinem Cousin, – um nur einige zu nennen – ist ihm dies beeindruckend gelungen.

Der Künstler und Moderator hat da die 60 überschritten, in das dunkle Haar haben sich graue Strähnen geschlichen. Das Gesicht ist schmaler geworden, aber die Augen strahlen immer noch.

Auf der CD „Sündhaft blau“ singt Rüdiger Wolff Kästner, Busch und Tucholsky. In dem Stück „Augen in der Großstadt“ heißt es:

Du gehst dein Leben lang
auf tausend Straßen;
Du siehst auf deinem Gang,
die dich vergaßen.
Ein Auge winkt,
die Seele klingt;
du hasts gefunden,
nur für Sekunden …
Zwei fremde Augen, ein kurzer Blick,
die Braue, Pupillen, die Lider,
was war das? Kein Mensch dreht die Zeit zurück,
Vorbei, verweht, nie wieder.

Der Text von Kurt Tucholsky ist 1930 unter dem Autoren-Pseudonym „Theobald Tiger“ in der „Arbeiter Illustrierten Zeitung“ erschienen.

Das Paradies der Bilder

Die Kunst ist Rüdiger Wolffs Zufluchtsort. Hier findet er, der sich so oft allein und unverstanden fühlte, Freiheit. In der Musik oder im Schauspiel war er kein Gefangener mehr seiner ungestillten Träume und seiner Unsicherheit, sondern frei. Sein Exil war zugleich das Tor zur Welt, um andere Menschen zu erreichen und ihnen etwas zu geben. Als er sich als Kind zum Direktor des Zirkus „Nordstern" machte, als er als Zehnjähriger allein singend durch die volle St. Michael-Kirche in Flensburg schritt – da fühlte er sich plötzlich stark. Seine Souveränität und Professionalität als Radio- und Fernsehmoderator mag aus dieser Erfahrung rühren: Geh' raus auf die Bühne, dann bist du „Mensch – und nicht nur Zivilist", um eine Zeile aus dem von ihm vertonten Tucholsky-Gedicht „Park Monceau" abzuwandeln.

Der Pariser „Park Monceau", in dem es „hübsch" ist und in dem man – so Tucholsky – „ruhig träumen" kann, ist in Rüdiger Wolffs Wohnung in der Hafencity die üppige Grafiksammlung, die den Besucher schon vor der Wohnungstür empfängt. Als Schüler liebte Wolff neben der Musik den Kunstunterricht. Wer weiß, was aus ihm geworden wäre, wenn sein Großvater Huth nicht Kirchenmusiker, sondern Maler gewesen wäre?

Vielleicht hätte er das Talent zum Malen und Zeichnen trotzdem weiterverfolgt, wenn da nicht die väterliche Mahnung gewesen wäre, an den Broterwerb zu denken und einen bodenständigen Beruf zu erlernen. Als Sänger und Schauspieler waren da die Möglichkeiten zum Geldverdienen immer noch größer denn als bildender Künstler.

Vergessen hat Rüdiger Wolff die Leidenschaft für Malerei und Grafik aber nie. Als er Mitte der achtziger Jahre neben seiner Karriere als Sänger und Schauspieler als Radio- und Fernsehmoderator zu Geld kam und die Honorareinnahmen stetig wuchsen, legte er regelmäßig Geld in einer Zigarrenkiste zurück. „Ich verdiente gut und bin dankbar für alle Engagements“, sagt er. Auf dem Höhepunkt seiner TV-Karriere erreichten seine Gagen für eine Unterhaltungssendung zur besten Sendezeit schon mal knappe 20 000 Euro. Viel Geld, aber im Vergleich zu heute eher niedrig. Da liegen vergleichbare Engagements ein Vielfaches höher.

Für ihn reichte es, um Geld zurückzulegen. Ab und zu griff er in die Zigarrenkiste. Neben Porzellan und alten Möbeln kaufte er sich dann vor allem Lithografien, Holzschnitte und Radierungen.

Als Primaner war er Ende der 1960er Jahre wie viele seiner Generation von den ästhetischen Umbrüchen fasziniert. Happenings und Konzeptkunst kamen in Mode, die Kasseler Documenta und die Biennale 1968 schlugen Wellen, neben der amerikanischen Pop Art entwickelte sich eine westdeutsche Avantgarde. Signierte grafische Werke in hohen Druckauflagen eroberten den Kunstmarkt, voran Arbeiten von Horst Antes und dem Hamburger Zeichner, Grafiker und Illustrator Horst Janssen. Im Kunstunterricht versuchte sich Rüdiger Wolff selbst an der Technik der Kaltnadelradierung und der Bleistiftzeichnung. Vier Jahre später – 1976 – schuf er ein Bild mit durchaus politischer Botschaft: „Die Damen von Flottbek“. In der Zeichnung, signiert mit dem ursprünglichen Familiennamen „Pollack“, setzt sich Rüdiger Wolff kritisch mit der Hamburger High Society auseinander (siehe Abb. Seite 177).

Bald war in jener Zeit auch der erste Druck eines Werkes des großen Hamburger Künstlers Janssen gekauft – und der Grundstock für die Grafiksammlung gelegt. Zu ihr gehörten auch knapp fünfzig Arbeiten Horst Janssens, darunter mehrere Originalzeichnungen, Farblithografhien und Radierungen. Das „ungeheuer Filigrane“ und die Detailfülle begeistern Wolff. Die Technik der Radierung hatte Janssen von Paul Wunderlich gelernt; er beherrschte sie am Ende meisterlich. Fast 4000 Blätter und 47 Radierzyklen machen einen Großteil seines Gesamtwerkes aus.

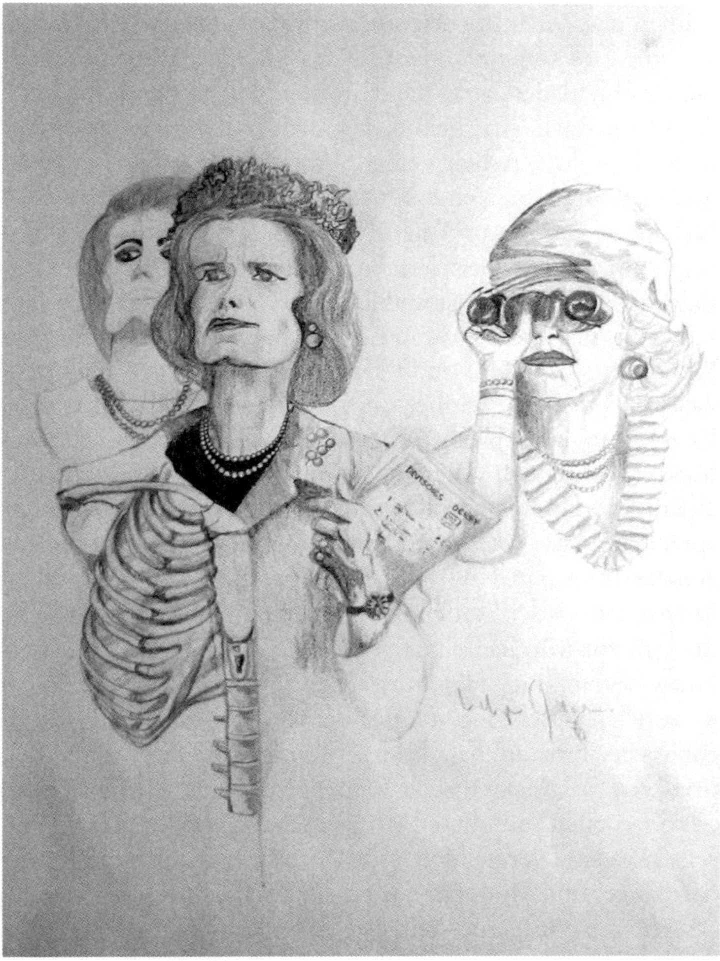

In späteren Jahren, als er schon als Fernsehmoderator einen Namen hatte, begegnete Rüdiger Wolff dem ebenso begnadeten wie exzessiven Zeichner, der als „Rauf- und Saufbold sowie als Frauenheld“ (Originalzitat NDR) bekannt und berüchtigt war. Die Begrüßung fiel so unflätig aus, wie es für den extrovertierten Künstler durchaus üblich war. „Du bist ein Arschloch, weil du vom Fernsehen bist“, empfing Janssen Rüdiger Wolff. Es hielt den Geschmähten, der um die Kapriolen des Zeichners wusste, nicht davon ab, weiter Werke von ihm zu sammeln und ihn als Gast in die „Aktuelle Schaubude“ einzuladen, was der Künstler selbstredend ablehnte. Als kleine Rache mag gelten, dass heute etliche Janssen-Bilder nicht in Wohn-, Arbeits- oder Schlafzimmer, sondern in Bad und Gäste-WC hängen.

Neben der Freude am Fach Kunst in der Schule nennt Rüdiger Wolff zwei Schlüsselerlebnisse, die sein Interesse an Grafik und bildender Kunst und letztlich auch die Sammelleidenschaft entfachten. Genau in Erinnerung geblieben ist ihm ein Weihnachtskalender von HAP Grieshaber, der stets vor dem großen Fest im Dezember im Elternhaus aufgehängt wurde. Er zeigte in den typischen abstrahierenden Holzschnitten des oberschwäbischen Malers und Grafikers Werke mit christlichen Motiven. Die ebenso moderne wie archaische Formensprache und die Intensität, die von den Drucken ausging, zogen den Jungen in den Bann.

Hinzu kam in der Studentenzeit die finnische Freundin Saija, die ihm zur Mitgliedschaft in der 1925 gegründeten „Griffelkunst-Vereinigung Hamburg“ riet. Über die gemeinnützige kulturelle Einrichtung, die sich der Kunstbildung und -förderung verschrieben hat, konnte Rüdiger Wolff halbjährlich preiswert originalgrafische Blätter erwerben. Zu den ersten „Eroberungen“ aus dieser Mitgliedschaft gehören Horst Janssens „Vase mit verwelkten Rosen“ und die „Kopfweiden“, die den Sänger und Moderator seit mehr als 45 Jahren begleiten.

Als nach der Studentenzeit sein Sammlerbudget größer wurde, ging Rüdiger Wolff auf Kunstauktionshäuser zu, die ihm nun immer wieder ausgesuchte signierte Grafiken von Lovis Corinth, HAP Grieshaber und Erich Heckel anboten. Dabei kam auch hier wieder der Brückenbauer in dem Flensburger durch. Obwohl das Spätwerk des 1858 in Tapiau bei Königsberg geborenen und 1925 in Zandvoort verstorbenen Lovis Corinth vom Expressionismus beeinflusst ist, zählt der Maler, Zeichner und Grafiker zu den einflussreichsten Vertretern des deutschen Impressionismus. Erich Heckel dagegen, zu

dem Rüdiger Wolff spätestens mit dem Erwerb des Grundstücks „Schwanholm“ 1991 besondere Nähe empfand, ist ein führender Vertreter des Expressionismus.
39 Lithografien, Zeichnungen und Holzschnitte Heckels und 32 Arbeiten von Lovis Corinth gehören zu der über 200 Werke umfassenden Grafiksammlung Rüdiger Wolffs. Ein besonderer Glanzpunkt sind darin zudem die 17 großformatigen, handsignierten Lithografien und Radierungen des „absolut genialen“ Oskar Kokoschka. Dazu kommen drei Radierungen des – wie Wolff glaubt – „wohl größten Mal-Genies des 20. Jahrhunderts“, Max Beckmann. Und schließlich sechs Werke von Karl Schmidt-Rottluff und eine Arbeit von Ernst Ludwig-Kirchner – beide 1905 wie Heckel Mitbegründer der Künstlergruppe „Brücke“.
Alle von der traditionsreichen Bilderrahmen-Handlung Kurt Viercke in Hamburg-Winterhude in handwerklicher Perfektion hinter Glas gesetzt. Schlicht die schwarzen Rahmenleisten, oft appliziert mit wenig Weißgold und manchmal ergänzt durch ein Passepartout. Für den Besitzer der Sammlung ein wichtiger Punkt: Nicht nur auf das künstlerische Werk selbst komme es an, sondern auch dessen Präsentation müsse stimmig sein. Hier kommt die Prägung Rüdiger Wolffs als Schauspieler und durch die Musikbranche und das Fernsehen zum Vorschein. Mit einer guten Inszenierung kann durch äußere Mittel die Intention eines Künstlers und seines Werkes unterstrichen und verstärkt werden. Um die besondere Bedeutung des Prozesses der „Mis-en Scène“, des „in Szene setzen“, hat er schon als Kind gewusst.
In den perfekten Rahmen passte natürlich Erich Heckel. Da war nicht nur mit dem Erwerb des Grundstücks „Schwanholm“ die Nachbarschaft zur bis heute erhalten gebliebenen Villa des großen Expressionisten, der von 1913 bis in die 1940er Jahre jeden Sommer an die Steilküste kam. Seine Werke von der Landschaft Angelns und der Flensburger Förde spiegelten Wolffs heimatlichen Sehnsuchtsorte wider. Hinzu kommen ganz andere Heckel-Arbeiten, die den Sammler immer wieder in den Bann ziehen, wenn er in seiner Wohnung mit dem Rollstuhl von Bild zu Bild fährt.

Vor einem Heckel-Holzschnitt, der Dostojewskis berühmtes Werk „Der Idiot" zur Grundlage hat und den Titel „Die Tote" trägt, hält er inne. Da kommt so vieles zusammen. Durch sein Literaturstudium ist Wolff bestens mit den Helden des Romans vertraut. Er erkennt auf der Zeichnung den Fürsten Myschkin, Nastasya Filippovna und Parfyon Rogozhin, ist begeistert von der expressionistischen Darstellung der Figuren. „Ich wollte dieses Bild unbedingt haben", betont er. Dass seine Sammlung einmal größere Ausmaße annehmen und im Wert steigen und steigen sollte, sei ihm nie richtig bewusst geworden: „So wie ich die Musik in meinen Ohren hören will, möchte ich diese großartigen Arbeiten bildender Künstler vor meinen Augen vorüberziehen lassen", sagt er. Nicht das Kommerzielle sei entscheidend, sondern „das, was mir die Werke sagen". Die Krankheit habe ihn gelehrt, was wirklich zählt.
Die Wände in seiner Wohnung sind voll von unterschiedlichsten Werken, und zu jedem kann der Besitzer eine Geschichte erzählen. Er hat die Biografien ihrer Schöpfer gelesen, hat sich in ihre Arbeiten mithilfe der Literatur hineingearbeitet.
Da sind zum Beispiel die 15 großen Arbeiten – viele davon sogar Unikate – Dieter Roths, der zu den einflussreichsten Protagonisten der Kunst in der zweiten Hälfte des 20. Jahrhunderts avancierte. Einordnen in eine der herkömmlichen Kunstkategorien ließ sich der Grafiker, Objekt- und Aktionskünstler nie. Der Betrachter muss offen bleiben für die verschiedenen Polaritäten.
Aber genau solche Herausforderungen liebt Rüdiger Wolff. Das beginnt bei der richtigen Aussprache des Künstlernamens. Als er 1988 in den Medien als neuer Moderator der „Aktuellen Schaubude" präsentiert worden war, rissen sich viele Radiosender um ihn. Das Kulturjournal von NDR 90,3 stellte ihn nicht nur vor. Am Ende des Besuchs im Radio-Studio bat der schon ältere Redakteur den jüngeren Aufsteiger-Kollegen vom Fernsehen, ob er nicht spontan die aktuellen Kulturnachrichten am Mikrofon vorlesen wollte. Rüdiger Wolff: „Arglos, wie ich damals war, dachte ich nur: prima Idee. Ich griff zu den Manuskripten, und schon ging das rote

Lämpchen an und ich war auf Sendung.“ Alles ging gut, bis eine Meldung über den österreichischen Bildhauer, Maler und Grafiker Alfred Hrdlicka vorzulesen war. Wie sich später herausstellte, hatte der NDR-Redakteur bewusst auf diese Falle gesetzt, auf die Rüdiger Wolff prompt hereinfiel und nur stotternd eine Aussprache des Künstlernamens zustande brachte. Bereut hat Wolff den damaligen „Überfall“ trotzdem nicht. Denn so begann er sich nicht nur für die richtige Aussprache des bedeutenden Wiener Künstlers zu interessieren, sondern vor allem für sein Werk. 15 Arbeiten von Hrdlicka gehörten zu seiner Sammlung. Dabei beeindruckte ihn neben den Arbeiten selbst dessen Kampf gegen Krieg und gegen Faschismus: „Er hat eine politische Haltung – so wie ich bei HAP Grieshaber dessen Engagement für politische, soziale und ökologische Themen bewundere.“

Und so schlägt die Grafiksammlung immer neue Brücken. Neben einem Nolde-Holzschnitt gibt es ein Werk des Wegbereiters der modernen Bildhauerei, Alexander Archipenko, und acht Grafiken des einst in der DDR hoch geehrten und ausgezeichneten Malers und Grafikers Willi Sitte.

Nein, eindimensional will Rüdiger Wolff die Kunst nicht sehen. Ja, sein eigenes künstlerisches Leben setze sich aus verschiedenen Welten zusammen: aus der Musik, der Literatur, aus dem Schauspiel und aus Fernsehen und Showgeschäft. Und so vielschichtig wie die Kunst sei er als Mensch. Niemand gehöre in Schubladen. Das gelte am Ende auch für den gesunden wie für den kranken Menschen. Gesundheit bedeute nicht die Abwesenheit von Krankheit, Glück nicht die Abwesenheit von Unglück und Erfolg nicht die Abwesenheit von Misserfolg.

In dem Lied „Wohin geh’n wir?“ hat Rüdiger Wolff 1983 als 30-Jähriger diese Zeilen geschrieben:

„Wir wollten mehr und besser sein als andre Leute
Verrückt nach Sensationen im hellen Licht
Wir suchten viele Wege – gestern und auch heute
Fanden neue Freunde – nur uns selber nicht.

Doch wohin geh'n wir, wenn wir uns verlieren
Wenn unsere Hände sich nicht mehr berühren
Wenn wir die Wärme und Nähe nicht mehr spüren
Wohin geh'n wir?"

Inzwischen ist Rüdiger Wolff gut doppelt so alt wie damals, als er diese Zeilen schrieb. Er steht nicht mehr als Star im Rampenlicht, wird nicht mehr auf Bühnen gefeiert, seine Schlager tauchen nicht mehr in den Hitparaden auf, er führt durch keine Fernsehsendung mehr. Er sitzt im Rollstuhl. Aber die Krankheit hat ihn nicht untergekriegt.
Rüdiger Wolff: „Was ich als Künstler und Moderator gelernt habe, gilt auch fürs Leben: Gehe hinaus auf die Bühne, dann ist alles Lampenfieber vergessen und du bist frei." Herausforderungen anzunehmen gehörte zu seinem Weg als Künstler, zu seiner Radio- und Fernsehkarriere. Jetzt muss er sich einer unendlich größeren Probe stellen. Und erlebt: Ich muss nicht in Rollen schlüpfen, um frei zu sein.
Die unheilbare Krankheit hat ihn gelassen gemacht. Er denke immer weniger daran, was er nun nicht mehr könne, sondern sei dankbar dafür, was er trotz allem immer noch kann, sagt Wolff. Womöglich hängt die auffällige Freundlichkeit und Zugewandtheit, die sein behandelnder Arzt Prof. Dr. Christian Gerloff bei vielen ALS-Kranken festgestellt hat, auch damit zusammen, dass das gern als modernes Mantra gepredigte „bewusste Leben" ohne die Auseinandersetzung mit dem Sterben und dem Tod nicht gelingen kann. Gut möglich, dass ALS-Kranke dies besonders spüren.
Keine Bühne und keine Fernsehkamera mehr, kein Mikrofon und keine Scheinwerfer. Aber Rüdiger Wolff lebt. Und eine Mission hat er noch: „Erkrankten Mut machen." Im Showbusiness werde immer nur die heile Welt gezeigt. Das sei falsch. Krankheit brauche Öffentlichkeit. Sie gehöre zum Leben – genauso wie der Tod. Man könne den Schmerz akzeptieren, ohne die Lust am Leben zu verlieren. Sein Schicksal mache ihn reicher und demütiger zugleich.

2001, lange bevor er von seiner Erkrankung erfuhr, schrieb und komponierte Rüdiger Wolff ein plattdeutsches Gute-Nacht-Lied, das auf seiner CD „Ganz nah“ zu hören ist. Man spürt darin bereits, wie der Künstler und Mensch mit sich und der Welt ins Reine gekommen ist. Ab und an hört er noch die CD. „Ich bin dankbar, was war, und hadere nicht mit dem Schicksal“, sagt er.

„Över alle Straten
Kümmt nu glieks de Nacht
Land un Lüüt gohn slapen
Bald is en nüüe Dag.

Lat dien Hoop un Sorgen
Nu ok slapen gohn
Denk nich blots an morgen
Segg ok Dank för dat war wer.
Un de Wind weit
Weit över Meer un Land
Mal lies un dann ok wedder mal so luut
Wenn de Wind dreit
Hier an de Waterkant
Süüht allens gliks bi uns ganz anners ut.

De Welt liggt nu in Freden
Allens in’ ne Reeg
God mi slechte tieden
Sünd nu all so wiet weg.“

Interview

„ALS ist nicht nur eine Erkrankung"

Die seltene Krankheit aus medizinischer Sicht
Gespräch mit Prof. Dr. Christian Gerloff

Vor mehr als 100 Jahren wurde die Amyotrophe Lateralsklerose (ALS) erstmals in der Medizin beschrieben. Noch immer liegt vieles bei dieser seltenen Krankheit im Dunkeln. Doch es gibt Lichtblicke, wie das Interview mit Prof. Dr. Christian Gerloff zeigt, der auch Rüdiger Wolff behandelt. Gerloff gehört zu den führenden deutschen Neurologen, ist Direktor der Klinik und Poliklinik für Neurologie am Universitätsklinikum Hamburg-Eppendorf (UKE) und Präsident der Deutschen Gesellschaft für Neurologie. Er erhielt zahlreiche wissenschaftliche Auszeichnungen, darunter den Förderpreis des Kuratorium ZNS und der Hannelore-Kohl-Stiftung sowie den „Scientific Paper Award" der Europäischen Gesellschaft für Neurologie. Mit dem Mediziner sprach Stephan Richter.

Herr Prof. Gerloff, die Amyotrophe Lateralsklerose – kurz: ALS – gilt als eine besonders schwere Krankheit. Was macht das Leiden so erdrückend?

Wir wissen, dass diese Erkrankung mit unterschiedlichem Tempo fortschreitet – manchmal langsam, manchmal recht schnell. Dabei werden nach und nach besonders die Kontrollstellen, mit denen der Mensch über Gehirn und Rückenmark seine Motorik steuert, beeinträchtigt. Die Folge: Der ALS-Patient wird bei vollem Bewusstsein zunehmend immobiler, unselbstständiger und immer abhängiger von der Hilfe anderer Menschen oder Mitteln, die seine muskulären Funktionen unterstützen oder ersetzen. Bildlich gesprochen, wird der ALS-Kranke langsam eingemauert und bekommt dies bei vollem Bewusstsein mit. Das macht diese Erkrankung besonders dramatisch.

Nun ist die Amyotrophe Lateralsklerose seit langem bekannt. Weiß die Wissenschaft inzwischen mehr über diese seltene Krankheit, auch wenn sie immer noch unheilbar ist?

Durchaus. Man hat inzwischen viel besser verstanden, welche Strukturen des Nervensystems bei dieser Erkrankung betroffen sind. Es zeigt sich: ALS ist nicht nur eine Erkrankung, sondern das, was wir unter ALS kennen, umfasst wahrscheinlich ein Spektrum unterschiedlichster Erkrankungen. Sie sind zu einem erheblichen Teil genetisch mitbedingt.

Wenn die Krankheit nicht nur die Motorik betrifft, welche Funktionen können noch betroffen sein?

Wir wissen zum Beispiel aus neueren Forschungsarbeiten relativ sicher, dass etwa fünf Prozent aller ALS-Patienten auch eine Demenz entwickeln, eine sogenannte frontotemporale Demenz.

Gibt es neuere Erkenntnisse über die Ursachen und Auslöser von ALS?

Hier hat die moderne genetische Forschung erheblich zur besseren Erkenntnis beigetragen. Danach ist die ALS zu einem erheblichen Teil genetisch mitbedingt. Bei etwa fünf Prozent der Erkrankungen gibt es einen familiären Hintergrund. Das heißt, es gibt in einer Familie mehrere Betroffene. Und von diesen familiären Fällen ist ein Viertel durch eine bestimmte Mutation in dem C9orf72-Gen verursacht. Dieses C9orf72-Gen ist hauptsächlich für die familiäre ALS verantwortlich. Aber auch, wenn es in der Familiengeschichte eines Erkrankten keinerlei Fälle von ALS gab, also keine positive Familien-Anamnese vorliegt, sondern es sich um eine – wie wir sagen – sporadische Erkrankung handelt, spielt dieses Gen oft eine entscheidende Rolle.

Können auch andere Faktoren bei der Erkrankung eine Rolle spielen?
Was wir heute gesichert wissen, ist, dass bei der ALS-Erkrankung der genetische Einfluss doch viel größer ist, als früher vermutet wurde. Insgesamt sind in der medizinischen Forschung neben dem Gen C9orf72 gut zehn weitere Genmutationen beschrieben, die wohl verantwortlich dafür sind, dass die motorischen und auch einige nichtmotorische Zellen zugrunde gehen. Diese Genmutationen haben allerdings eine unvollständige Penetranz, wie es in der Fachsprache heißt. Menschen können die genannten Genmutationen aufweisen und trotzdem mehr oder weniger gesund sein, während andere an ALS erkranken. Ob der genetische Defekt zum Ausbruch kommt oder nicht, ist also von Mensch zu Mensch verschieden. Nur bei einem Teil der Mutationen kommt es zur folgenreichen Zellschädigung, weil sich das Eiweiß verändert und die Struktur verklumpt.

Wie sieht es mit Faktoren jenseits genetischer Einflüsse aus. Könnten Umwelt, Ernährung oder emotionale Ausnahmesituationen mitverantwortlich für den Ausbruch der Krankheit sein?

Ohne die Seele, die Psyche und den ganzen Menschen zu sehen, kann man kein guter Neurologe sein. Aber seelische Probleme „verursachen" keine ALS. Interessant ist eher, wie stabil schwerstkranke Menschen mit ALS seelisch häufig sind. Was Umwelteinflüsse angeht, wird diskutiert, ob zum Beispiel eine erhöhte Exposition zu Blei oder landwirtschaftlichen Chemikalien das Risiko, an ALS zu erkranken, erhöhen könnte. Zumindest gibt es dazu eine vor wenigen Monaten erschienene Studie aus den USA von Mitsumoto und Kollegen. Man muss aber einschränkend festhalten, dass es sich hierbei um Analysen von Interviews handelt. Es wurden also nicht Konzentrationen von toxischen Stoffen im Körper gemessen, insofern muss das mit Vorsicht interpretiert werden. Auf jeden Fall wird derzeit daran geforscht, ob Umweltfaktoren die ALS beeinflussen. Wichtige Kandidaten sind Schwermetalle und Pestizide. Auch immer wieder diskutiert wird, ob Schädelhirntraumata das Risiko erhöhen.

Zurück zu den genetischen Einflüssen. Ist die Amyotrophe Lateralsklerose dank der modernen Forschung weitgehend enträtselt?

Nein, nein. Die moderne Forschung ist sehr viel weiter gekommen, um zu verstehen, welche unterschiedlichen Mechanismen bei ALS vorliegen und Schädigungen verursachen können. Aber trotz allem ist das Rätsel noch nicht so gelöst, dass man sagen kann: Wir haben die Krankheit verstanden und können kausal, sprich: auf der Grundlage von Ursache und Wirkung therapieren. Wie gesagt: Wahrscheinlich ist ALS nicht eine einzige Erkrankung, sondern besteht aus einem Spektrum von Erkrankungen, die in unterschiedlicher Form zum Ausdruck kommen, unterschiedlich schnell verlaufen und neben den motorischen Symptomen noch weitere Indikatoren haben.

Was können die ersten Anzeichen einer ALS-Erkrankung sein?

Die ersten Anzeichen sind häufig sehr unspezifisch. Da gibt es zum Beispiel Patienten, die an einem Arm oder Bein eine Lähmungserscheinung bemerken. Dann wird oft zunächst danach gesucht, ob nicht ein Nerv eingeklemmt ist oder ob ein Bandscheibenproblem vorliegt. Aber typischerweise fehlen bei einer ALS-Erkrankung Schmerzen und Sensibilitätsstörungen. Anders ausgedrückt: Sind die Lähmungserscheinungen schmerzlos und tritt z. B. kein Taubheitsgefühl auf, sollte man hellhörig werden. Dann gibt es auch Erkrankungen, bei denen gleich die Sprech- und Schluckmotorik betroffen ist. In diesen Fällen klagt zum Beispiel ein Patient, dass seine Stimme nasal geworden sei und er sich immer mal wieder verschlucke. Auch das kann ein Frühzeichen sein.

Wenn ALS diagnostiziert ist: Wie viel Hilfe kann die moderne Medizin Erkrankten bieten und welche Möglichkeiten gibt es, das Fortschreiten der Krankheit zu verlangsamen?

Um es klar zu sagen: Es gibt nach wie vor keine Heilung der Krankheit im klassischen Sinne, also durch eine kausale Therapie. Aber es gibt gute Studien, die einen positiven Effekt bestimmter neuer Therapien belegen. Und nicht zu vergessen: Physiotherapie, Logopädie, Ergotherapie sind dauerhafte und wirksame Ansätze, um das Leiden von ALS-Patienten zu lindern. Dazu gehört auch die medizinische Heilmittelversorgung wie die Ernährung mithilfe einer Sonde, damit die Patienten genügend Kalorien zu sich nehmen können, ohne sich zu quälen. Und es gibt eine gute Datenlage über Möglichkeiten, Patienten rechtzeitig zu helfen, wenn die Atemmuskulatur schwächer wird und der Sauerstoffaustausch in der Lunge nicht mehr ausreichend ist. Hier kann schon eine Heimbeatmung, bei der zum Beispiel nachts eine Maske aufgesetzt wird, dafür sorgen, dass die Lunge besser belüftet wird. Studien zeigen, dass dies lebensverlängernd wirkt und vor allem die Lebensqualität eines Patienten verbessert.

Spezifisch wirksame ALS-Medikamente gibt es noch nicht?

Doch, die gibt es. Dazu gehört als Substanz das Riluzol, das nachweislich das Fortschreiten der Krankheit etwas bremst. Riluzol ist einer von vielen Bausteinen in einer multimodalen ALS-Therapie.

In US-Medien wurde ein Antioxidans-Mittel als Hoffnungsträger in der ALS-Therapie gefeiert. Was ist dran an solchen Sauerstoffverbindungen?

Das Medikament Edaravone ist noch relativ neu und hat einen kuriosen Verlauf: Eine randomisierte klinische Studie konnte für eine gemischte Gruppe von ALS-Patienten keinen Nutzen im Vergleich zu Placebo zeigen. Trotzdem hat das Mittel in den USA, Kanada, Japan, Südkorea und in der Schweiz eine Zulassung erhalten, weil sich Hinweise auf eine positive Wirkung in einer Untergruppe von Patienten fanden. Die Zulassung eines Medikamentes auf dieser Datenbasis ist ungewöhnlich, und in der EU wurde der Antrag auf Zulassung zurückgezogen. Ich sehe auch nicht, dass es so etwas wie ein „Gamechanger", ein Durchbruch in der ALS-Therapie sein könnte. Ansonsten gibt es Studien, wonach ein bisher gegen die Parkinson-Krankheit eingesetztes Medikament etwas bringen könnte. Eine andere Studie untersucht, ob eine hochkalorische fettreiche Ernährung in der ALS-Behandlung Besserung verspricht. Aber das sind alles noch keine belastbaren Ergebnisse.

Wie gut steht es um die Versorgung von ALS-Erkrankten in Deutschland – gerade, wenn Sie beschreiben, wie die verschiedensten Gesundheitsbereiche bei der Therapie zusammenarbeiten müssen?

Das ist eine Frage, die Sie wohl zuerst den Patienten stellen müssen. Was die Diagnostik und die Versorgung in Spezialkliniken und -ambulanzen sowie in Universitätskliniken und großen Krankhäusern mit hoher Expertise angeht, ist Deutschland gut aufgestellt. Der Erkenntnisstand über die Krankheit ALS und deren Behandlung ist weit verbreitet; es ist keine unbekannte Erkrankung mehr. Schwieriger wird es beim Übergang zur Versorgung zu Hause, gerade auch, was die medizinischen Heilmittel betrifft. Aber auch hier gibt es inzwischen Internetplattformen, die in der Information und Kommunikation helfen. Was danach die praktische Umsetzung bei der Versorgung zu Hause betrifft, kommt es darauf an, wie findig und umtriebig die Angehörigen und das soziale

Umfeld der Patienten sind. Hier ist sicherlich noch Luft nach oben.

Wie erleben Sie Patienten, die von der Diagnose erfahren? Wie reagieren deren Angehörige auf so eine Nachricht?

Das ist naturgemäß sehr unterschiedlich. Ein Eindruck ist aber beherrschend: Patienten, die mit der Diagnose ALS umgehen und mit ihr leben müssen, sind in der klinischen Erfahrung von Ärzten und Therapeuten überdurchschnittlich freundlich, gefasst, liebenswert und verständig. Man hat oft den Eindruck, die Patienten machen sich mehr Sorgen um die Menschen um sie herum als um sich selbst.

Haben Sie für dieses erstaunlich gefasste Verhalten Betroffener eine Erklärung?

Dafür gibt es letztlich keine bewiesene Erklärung. Sicher beruht dieses positive Bild, das wir von ALS-Patienten haben, auch darauf, dass man als betreuender Arzt eine hohe Empathie hat mit einem Menschen, der kognitiv völlig intakt – also bei vollem Bewusstsein – die Krankheit ertragen muss. Wenn dann der Patient auch noch so bravourös wie am Beispiel Rüdiger Wolffs beschrieben seine schwierige Situation meistert, beeindruckt das schon sehr. ALS-Patienten gehen oft in sich, klären für sich, was wichtig ist im Leben und was nicht. Da nimmt man eine Art Lebensweisheit wahr-

Aktuell konzentrieren sich Medizin und wissenschaftliche Forschung ganz auf den Kampf gegen die Corona-Pandemie. Das gilt auch für die Verteilung von Forschungsmitteln. Kommen da Anstrengungen auf dem Gebiet seltener Krankheiten wie der ALS zu kurz?

Richtig ist, dass sehr viel Geld in die Corona-Forschung geflossen ist. Und ja, die Versorgung von Patienten mit neurologischen Erkrankungen außerhalb von Corona hat in der Pandemie gelitten. Trotzdem war es angebracht und notwendig, dass öffentliche Forschungsgelder in die Corona-Forschung geflossen sind. Zugleich wäre es aber unfair, der Deutschen Forschungsgemeinschaft und anderen Drittmittelgebern vorzuwerfen, auf dem anderen Auge blind zu sein. Wir haben in Deutschland unverändert recht gute Möglichkeiten, öffentliche Forschungsmittel für experimentelle neurologische Forschung einzuwerben. Dazu kommen noch EU-Mittel, wobei die Förderquote hier sehr viel geringer ist als auf nationaler Ebene. Ein Hemmschuh bleibt die Bürokratie. Es ist für unsere Wissenschaftlerinnen und uns Wissenschaftler schon zeitraubend, wenn wir bis zu 30 Anträge stellen müssen, um einmal erfolgreich an Mittel heranzukommen.

Gibt es spezielle Projekte auf dem Gebiet der ALS-Forschung?

Aufgrund der Erkenntnisse zu den genetischen Ursachen von ALS-Formen gibt es sehr viel genetische Therapieforschung. Seitdem bei der Bekämpfung der Spinalen Muskelatrophie zwei zugelassene Gentherapien existieren und funktionieren, hat auch die Pharmaindustrie das Potential auf diesem Gebiet erkannt. Es gibt hier speziell in der ALS-Forschung Ansätze, Stellen an Genen zu überschreiben, die schädliche Proteine codieren. Oder es werden mit Vektoren Gene korrigiert oder ergänzt, wenn sie fehlen.

Wie weit sind diese Forschungsarbeiten mit Blick auf eine Zulassung gediehen?

Es gibt schon erste klinische Studien, ist jedoch noch nicht so weit, dass man es Patienten anbieten kann. Aber die Ansätze sind ein Hoffnungsschimmer – nicht für alle ALS-Erkrankungen, aber für jene, bei denen über eine Gentherapie eines

Tages sogar eine Heilung möglich sein könnte. Das wäre ein großer Schritt nach vorn.

Hoffnung ist das eine, die Grenzen der Medizin sind das andere. Wie belastend ist für Sie ganz persönlich die Behandlung und Begleitung von ALS-Patienten als Arzt?

Es ist nicht leicht, ansehen zu müssen, wie die Krankheit bei einem Patienten fortschreitet. Das ist schon belastend. Aber es gibt einem auch sehr viel Kraft, wenn man erlebt, mit wie viel Energie und Souveränität diese Menschen mit der schwierigen Situation umgehen. Hier lerne ich von meinen Patienten immer wieder neu. Gerade wenn man über einen längeren Zeitraum ALS-Patienten begleitet, bewegt es mich immer wieder, wie fast alle ihr Schicksal positiv meistern und dabei den Mitmenschen gegenüber freundlich zugewandt bleiben.

Anhang

Rüdiger Wolff: Fünf Liedtexte aus fünf Jahrzehnten

DIE ATTRAKTION 1975

Von nah und fern kommen die Leute gezogen
Das große Zelt sieht man von Weitem schon
Sie glauben, die Zeitung hat nicht gelogen
Hier gibt es heute: DIE ATTRAKTION!

Die Frau mit drei Brüsten, ein Mann ohne Hirn
Ein Frollein – halb Mensch und halb Tier
Man darf sich entrüsten. Und denkt dabei gern
Ich bin zum Glück ja nicht so ....

Ach, ist das schön, wunderschön, so NORMAL zu sein
So wie die Masse, dass dein Nachbar sich freut
Ach, ist das schön, wunderschön, so NORMAL zu sein
Ganz nach der Mode – der Mode von heut!

Hier gibt es Monster und Mutationen
Ein geiles Gruseln, das ist dein Lohn
Ein greller Zirkus der Sensationen
Und wenn dir schlecht wird – was macht das schon.

Du fühlst dich erhaben und besser als die
Die anders sind, hässlich und fremd
Du spürst Unbehagen
Und denkst doch dabei; ich bin zum Glück ja nicht so ...

Ach, ist das schön, wunderschön, so NORMAL zu sein
So wie die Masse, dass dein Nachbar sich freut
Ach, ist das schön, wunderschön, so NORMAL zu sein
Ganz nach der Mode – der Mode von heut!

WIE GEHT ES WEITER 1983

Wir warn so klug
Und fragten nie
Wie geht es weiter
Was wird, wenn der Wind sich mal dreht
Die Rechnung steht
Wann zahlen wir
Den Preis für unseren Traum
Der leicht zerbricht

Wir haben so viel gewollt
Schon so viel erreicht
Und laufen doch noch immer
Im Wettlauf mit der Zeit

Heut lassen uns
Die Zweifel friern
Wie geht es weiter
Wenn wir nur noch Kälte spürn?

Wir liefen einfach drauf los
Fragten nie wohin
Den Kopf voll Illusionen
Und ganz neuen Ideen

Wir wachen auf
Fast schon zu spät
Besinnen wir uns auf das
Was wirklich zählt
Wir brauchen Zeit
Und sehr viel Mut
Ich brauche dich

MEIN HERZ BLEIBT BEI DIR 1998

Irgendwann war es da
Das Gefühl – wir zwei so nah
Keine Fragen nach der Zeit
Ein kleines Stück der Ewigkeit

Geheime Liebe – gut versteckt
Sehnsucht pur – und sehr direkt
Leidenschaft, die fast verbrennt
Glück, das keinen Morgen kennt

Lass mich dich einmal noch berührn
Ein letztes Mal dich ganz nah spürn
Ganz nah spürn

Und mein Herz bleibt bei dDir
Wenn ich dich auch verlier
Wir sind stark – stark genug
Jetzt zu gehn

Endlos weit – und doch nah
Lebt in mir – das, was war
Denn mein Herz bleibt bei dir – alle Zeit – alle Zeit

Geborgenheit in einer Welt
Dir nur dir und mir gehört
Ein bisschen mehr – war schon zu viel
Der Schritt vom Weg verliert sein Ziel

Für immer seh ich dein Bild vor mir
Denn manche Träume sterben nie
sterben nie

Und mein Herz bleibt bei dir
Wenn ich dich auch verlier

Wir sind stark – stark genug
Jetzt zu gehn
Endlos weit – und doch nah
Lebt in mir – das was war
Denn mein Herz bleibt bei dir – alle Zeit

Ja, mein Herz bleibt bei dir
Wenn ich dich auch verlier
Lebt in mir – das, was war
Alle Zeit

Und mein Herz bleibt bei dir
Wenn ich dich auch verlier
Wir sind stark – stark genug
Jetzt zu gehn

Ja, mein Herz bleibt bei dir – alle Zeit – alle Zeit.

DIE BESTE ZEIT IM LEBEN 2005

Plötzlich war er für dich da
Unerreichbar fern – und doch so nah
Lang ersehnte Zärtlichkeit
Vermisst seit einer Ewigkeit.

Doch dann hast du gespürt,
Dass er mit dir wie mit einer Beute spielt
Er ist ganz und gar der falsche Mann
Er liebt dich nicht
Und doch zieht er dich magisch an.

Und du weißt, wie weh es tut
Er tut dir überhaupt nicht gut
Doch du lässt dich darauf ein
Um ihm bald wieder nah zu sein
Du weißt, wie weh es tut
Er macht dir nur dein Herz kaputt
Du gibst dich selber auf für ihn
Und weißt doch, es hat keinen Sinn
Und so vergeht für dich – DIE BESTE ZEIT IM LEBEN

Manchmal bei Gelegenheit
Schenkt er dir dann etwas Zärtlichkeit
Und sagt „Eigentlich bist du gar nicht mein Typ"
Du weißt, dass es längst andre gibt ...

Lächelnd lässt er dich erfriern
Doch grade das macht dich verrückt nach ihm
Er ist ganz und gar der falsche Mann
Er liebt dich nicht
Und doch zieht er dich magisch an

Und du weißt, wie weh es tut
Er tut dir überhaupt nicht gut

Doch du lässt dich darauf ein
Um ihm bald wieder nah zu sein
Du weißt, wie weh es tut
Er macht dir nur dein Herz kaputt
Du gibst dich selber auf für ihn
Und weißt doch, es hat keinen Sinn
Und so vergeht für dich
DIE BESTE ZEIT IM LEBEN

Du würdest alles für ihn tun
bist gegen andre Männer längst immun
Du hast dich klein gemacht –
und niemals mehr an dich gedacht
Du fühlst dich so durchschaut und allein
und glaubst, ohne ihn kannst du niemals sein
Du würdest alles – wirklich alles ihm verzeihn

Und du weißt, wie weh es tut …

© Rüdiger Wolff 2005

MEIN FREUND

2013

Seit vielen Jahren bist du schon ein Teil von meinem Leben.
Auch wenn wir uns nur selten sehn,
bist Du mir doch nah.
Du hast in einer langen Zeit
Mir oft Halt gegeben
Und auch an dunklen Tagen Warst du für mich da.

MEIN FREUND – ich dank dir für die Nähe
MEIN FREUND – und deine Zuversicht
MEIN FREUND – so wie ich dich sehe,
so kann vielleicht kein andrer Mensch dich sehn
Und wohl auch manchmal kein andrer dich verstehn.

Dein Lächeln und dein Schweigen
Sagen mehr als jedes Wort.
Ein Blick in deine Augen
jagt die Zweifel fort.
Du kannst zuhörn und verstehn ohne viele Fragen.
Und auch in weiter Ferne bist du mir doch nah.

MEIN FREUND – ich dank dir für die Nähe
MEIN FREUND – wie gut, dass es dich gibt.
MEIN FREUND – so wie ich dich sehe,
So kann vielleicht kein andrer Mensch dich sehn
Und wohl auch manchmal kein andrer Dich verstehn.

MEIN FREUND – Du bist für mich die Stille
MEIN FREUND – in einer lauten Welt
MEIN FREUND – die Zukunft kann beginnen
Auch wenn heut mancher Traum in Scherben fällt.

MEIN FREUND…
MEIN FREUND…
MEIN FREUND, so wie ich dich sehe,
So kann vielleicht kein andrer Mensch dich sehn
Und wohl auch manchmal kein andrer Dich verstehn

Diskografie

Alben

- Dideldum! – Rüdiger Wolff singt Wilhelm Busch (Himmelszelt Records, 2018)
- Stationen – Rüdiger Wolff singt Tucholsky (Himmelszelt Records, 2016)
- Sündhaft blau – Rüdiger Wolff singt Kästner, Busch und Tucholsky (Himmelszelt Records, 2015)
- Die beste Zeit im Leben (Himmelszelt Records, 2013)
- Die Zeit fährt Auto – Rüdiger Wolff singt Erich Kästner (Himmelszelt Records, 2012)
- Weihnacht mit Dir (Akasa Records, 2009)
- Dreizehn Lieder – Rüdiger Wolff singt Theodor Storm (Akasa Records, 2008)
- Liebe gibt (MCP Sound & Media, 2006) (mit Katharina Wolff)
- Nordischer Himmel (Ganser & Hanke Media, 2003)
- Ganz nah (QED, 2001)

Singles

- Darum lieb ich sie (Promotion-Single) (Himmelszelt Records, 2017)
- Die beste Zeit im Leben (Promotion-Single) (Himmelszelt Records, 2013)
- Sogenannte Klassefrauen (Promotion-Single) (Himmelszelt Records, 2012)
- Unser Weihnachtsbaum (Promotion-Single) (Akasa Records, 2010)
- Es ist kalt draußen (Promotion-Single) (Akasa Records, 2009)
- Sag niemals nie (mit Katharina Wolff) (Promotion-Single) (Akasa Records, 2009)
- Schau, es schneit (Promotion-Single) (Akasa Records, 2008)
- Live For Your Dreams (mit Katharina Wolff als „HEARTBEAT“) (Akasa Records, 2008)
- Jetzt oder nie (mit Katharina Wolff) (MCP, 2008)
- Es muss Liebe sein (mit Katharina Wolff) (MCP, 2007)
- Ein neuer Morgen (mit Katharina Wolff) (MCP, 2006)

- Irgendwo auf der Welt (mit Katharina Wolff) (Promotion-Single) (Lacrima Records, 2006)
- Liebe gibt (mit Katharina Wolff) (Promotion-Single) (Lacrima Records, 2006)
- Sommerzeit (Lacrima Records, 2005)
- Mutter / Mein Herz bleibt bei Dir (Instrumental-Version) (Lacrima Records, 2005)
- Mit Dir zusammen (mit Katharina Wolff) (Lacrima Records, 2005)
- Segeln mit dem Wind / Nordischer Himmel / Die Sonne geht auf (Ganser & Hanke Media 2004)
- Wenn der Wind sich dreht (Ganser & Hanke Media, 2003)
- Die Sonne geht auf (Ganser & Hanke Media, 2003)
- Tu's aus Liebe (mit Katharina Wolff)
- Der Himmel ist weit (Remix) (Ganser & Hanke Media 2002)
- Bis wir uns wiederseh'n (mit Katharina Wolff) (Ganser & Hanke Media, 2001)
- Mein Herz bleibt bei Dir (Ganser & Hanke Media, 2001)
- Ick heff Di vun Harten leef (Promotion-Single) (QED 2001)
- Pommes mit Mayo / Sag noch nicht „Ich liebe Dich“ (QED 2001)
- Wenn Du gehst (mit Katharina Wolff) / Halt Dich an mich (QED 2001)
- Der Himmel ist weit (G.I.B., 2000)
- Mein Herz bleibt bei Dir (G.I.B., 1999)
- Touch Of Your Smile (mit Britta von Lojewski als „HEARTBEAT“, produziert von Bernie Paul) (Virgin, 1988)
- Was aus mir wird, werden wir schon seh'n / Weil es für uns kein Gestern gibt (EMI, 1984)
- Wir sind stark / Es ist viel zu kalt (EMI, 1984)
- Für uns beide / Wie geht es weiter (EMI, 1983)
- Wohin geh'n wir / Sag noch nicht „Ich liebe Dich“ (EMI, 1983)
- Daddy's Disco / Heut bleibt das Fernseh'n aus (Teldec, 1979)

Außerdem: Unzählige Musikvideos bei „youtube.de“ und diverse Möglichkeiten zum Downloaden einzelner Titel und ganzer Alben im Internet.
www.ruediger-wolff.de

Bildnachweis

Titelseite: NDR
Elke Leuschner: S. 6
Agentur Alamy: S. 128
Die aktuelle Schaubude, Norddeutscher Rundfunk: S. 115 u., S. 117 u., S. 119 u., S. 123 o., S. 120 o.
Holger Floß, Fotojournalist: S. 114 u.
I M T Isabell Mahns-Techau, Hamburg: S. 121 u.
Jean-Marie Bottequin, München: S. 109
Pressebüro Marion Schröder, Hamburg: S. 118 u., S. 119 o., S. 120 u., S. 124, S. 126
Presse-Bild Agentur Angela u. Hans-J. Breuel, Hamburg: S. 116 o.
Theater Kiel: S. 111
Thomas & Thomas, Hamburg: S. 122 o.

Rüdiger Wolff: S. 106, S. 107, S. 108, S. 110, S. 112, S. 113, S. 114 o., S. 115 o., S. 116 u., S. 117 o., S. 118 o., S. 121 o., S. 122 u., S. 123 u., S. 125, S. 127